谋士纵横

覃仕勇 著

花山文艺出版社

图书在版编目（CIP）数据

谋士纵横 / 覃仕勇著 . -- 石家庄 ：花山文艺出版
社，2018.2（2023.9 重印）
ISBN 978-7-5511-3842-0

Ⅰ．①谋… Ⅱ．①覃… Ⅲ．①中国历史－春秋战国时
代－通俗读物 Ⅳ．① K225.09

中国版本图书馆 CIP 数据核字（2018）第 038442 号

书　　名：**谋士纵横**
著　　者：覃仕勇

责任编辑：贺　进
责任校对：齐　欣
封面设计：谢蔓玉
美术编辑：胡彤亮
版式设计：西橙工作室
出版发行：花山文艺出版社（邮政编码：050061）
　　　　　（河北省石家庄市友谊北大街 330 号）
销售热线：0311-88643299/96/17/34
印　　刷：涿州汇美亿浓印刷有限公司
经　　销：新华书店
开　　本：710 毫米 ×1000 毫米　　1/16
印　　张：16.75
字　　数：260 千字
版　　次：2018 年 8 月第 1 版
　　　　　2023 年 9 月第 3 次印刷
书　　号：ISBN 978-7-5511-3842-0
定　　价：59.80 元

目录

CONTENTS

春秋战国是一个乱世，一个长达五百多年的乱世，毫无疑问，这是一个糟糕的时代，但我要说，这也同样是一个伟大的时代。

在这个伟大的时代里，人们追求的平等、自由和仁爱的思想喷薄而出，从而出现了「百花齐放，百家争鸣」的繁荣局面，形成了丰富多彩、形形色色的思想体系，奠定了中华文明的基石。

目录
CONTENTS

韩非是中国古代历史上的伟大思想家，他的作品中闪耀着时代的思想火花，他的作品彰显出缜密的逻辑思维，他的遣词造句表现出排山倒海的气势……凭借这些，他当仁不让地位居"大家"的位子；也凭借这些，他征服了嬴政——中国历史上的第一个帝王，秦始皇。

吕不韦以商人的身份入主朝堂，已经创造了一个奇迹，而他以商人的身份成就了《吕氏春秋》，并使《吕氏春秋》一书，名噪当时，流传后世，千百年来绝无仅有。

目录

CONTENTS

引

"春秋""战国"的说法其实源自《春秋》和《战国策》两部史书。

由于《春秋》所记录历史事实的起止年代大体上与一个客观的历史发展时期相当，历代史学家便把《春秋》这个书名作为这个历史时期的称谓。为了叙事方便，司马迁在《史记》中把春秋的起止时间定为周平王东迁东周开始的第一年（周平王元年、前770年）至周敬王四十四年（前476年），总共295年。

春秋以后，齐、楚、燕、韩、赵、魏、秦七大诸侯国连年混战。随着西汉末年刘向所编辑的《战国策》一书的面世，"战国"一词便成了后人对这一特定历史时期的称呼。与春秋相衔接，战国时期开始于周元王元年（前475年，即《史记》中《六国年表》开始的一年），止于秦王嬴政二十六年（前221年）秦灭齐统一六国的一年，共255年。

不过，关于春秋、战国的起始年份，以上所说，只是比较流行的一种说法。而实际上春秋、战国这两个时代划分，到目前为止，还有其他多种分法，且各有各的道理，始终得不到统一。

不管哪种分法，从法统层面上来看，春秋和战国其实是东周王朝的两个不同的阶段，因为，这一段漫长的历史在中国古代帝王世系表上，分别被冠以东周二十五位周天子之名。明代人冯梦龙所改编和修订的长篇历史演义小说《东周列国志》，所刻画和描写的就是春秋和战国时代的一系列历史人物和历史事件。

中国历史朝代歌中说"唐尧虞舜夏商周"，唐尧指的是尧帝，其姓尹祁，号放勋，因封于唐，故称"唐尧"；虞舜则指舜帝，舜帝姓姚，因其先国于虞，故称虞舜。传说，尧帝禅位于舜帝，舜帝禅位于帝禹。本来，帝禹也准备禅位于另一个名叫伯翳的大贤人，但帝禹的儿子启不干，启发动了政变，从而建立了中国历史上第一个奴隶制王朝——夏朝。

夏朝存在时间大约有五百年。夏朝的末代君主桀，残暴不仁、骄奢淫逸，宠幸美女妹喜，干尽了伤天害理的事儿，结果，夏朝被诸侯国商部落首领商汤率其他诸侯国灭掉了，中国历史上的第二个朝代商朝诞生。

和夏朝相比，商朝是中国第一个有直接的同时期的文字记载的王朝。甲骨文和金文的记载是目前已经发现的中国最早的成系统的文字符号。正是由于有了文字的记录，司马迁得以在《史记》中整理出了商王世系，而 20 世纪上半叶从殷墟出土的甲骨文也印证了这一世系的准确性。中国的古代历史，也开始从之前的传疑时代进入了半信史时代。

商朝的时间跨度大致也有五六百年。和夏朝的结局相似，商朝末代君主纣王残暴不仁，宠幸美女妲己，干尽了伤天害理的事儿，最终被诸侯国周部落首领姬发率其他诸侯国灭掉了，中国历史上的第三个朝代周朝诞生。

周朝是中国历史上最早有纪年的王朝，即共和元年，为公元前 841 年。和夏朝、商朝所经历时间长度的模糊不清不同，周朝的国祚是比较精确的。

史学界通常把周朝分西周和东周。西周建国的年份是公元前 1046 年，即周武王姬发灭商纣王的那一年；灭亡于公元前 771 年，即周幽王姬宫湦十一年，周幽王被戎人干掉那一年。东周则从公元前 770 年周平王东迁洛邑开始，至公元前 256 年周赧王姬延被秦昭襄王灭掉结束。西周和东周共有 791 年。

而从共和元年开始，中国历史的文字记载开始获得保存，并延续至今，没有间断。这是一个奇迹，也是中国人对人类文明最伟大的贡献之一，这是同时代的其他所有文明古国都没有的现象，而中国古代历史也从共和元年进入了信史时代。

不过，西周所记载的历史还是比较简略的，从严格意义上来说，真正的中国信史时代，应该形成于春秋时期。比起商代甲骨文与东周铭文的记载，春秋时期由鲁国史官编修、孔子整理修订的正史《春秋》才真正客观如实地体现了中国历史与思想文化的发源。所以从某种程度来说，春秋和战国也就成了中国古代历史的一个源头。

春秋战国是一个乱世，一个长达五百多年的乱世，毫无疑问，这是一个糟糕的时代，但我要说，这也同样是一个伟大的时代。

在这个伟大的时代里，人们追求的平等、自由和仁爱的思想喷薄而出，从而出现了"百花齐放，百家争鸣"的繁荣局面，形成了丰富多彩、形形色色的思想体系，奠定了中华文明的基石。

所以说，春秋战国既是一段充斥着刀光剑影和血泪的苦难史，也是一段令人热血沸腾、激情澎湃的光辉史。它用它的热血和豪情融化了上一段生硬如铁、已经沉寂死去了的时代，重铸出下一段光彩夺目、充满生机的历史；它使得中华民族的精魂在烈火中重生，腾空而起，神采飞扬，历经数千年不变。

作为一个中国人，如果不了解春秋和战国，那么其作为中国人的成色就减少几分，算不上是纯粹的中国人。而春秋和战国是大变革下思想空前解放的时代，是英雄辈出的时代。如果说，春秋战国的霸主都是不世出的大英雄，则帮助这些霸主治理国家的那些出色的政客便是豪杰。读懂了这些霸主，尤其是读懂了这些政客，也就读懂了整个春秋战国大时代。

实际上，在春秋战国的历史大舞台上最绚丽、最璀璨、最夺人眼球的就是那些纵横捭阖的政客。他们所散发的光芒，已经盖过了与他们同时代的君主甚至霸主。他们往往站在时代的制高点，通过政治体制的革新，引领时代潮流，改良社会风气，翻手为云、覆手为雨，奏出时代的最强音，成为整个世界的灵魂。如果没有他们，中华民族就不是今天这个样子，又或者湮灭于苍凉而毫无声息的岁月中去了。

管仲是一个很有意思的历史人物。他本是周王室的后代，血统高贵，但父亲早逝，幼时贫寒，和老母亲相依为命。为了生存，他做过贩夫走卒；穷困潦倒时，还做过小偷；和人合伙做生意，手脚又不干净；投身行伍，又贪生怕死，经常做逃兵；做了公子纠的家臣，又不能以死报主；曾经刺杀过齐桓公，最后却又效命于齐桓公；位居相位，生活奢靡，纳妾甚多，还美其名曰代替君主承担恶名。

从这些表现看，无论如何都看不出他是一个德才兼备的圣贤人物。管仲自己也感叹说："吾尝三仕三见逐于君，鲍叔不以我为不肖，知我不遭时也。吾尝三战三走，鲍叔不以我为怯，知我有老母也。公子纠败，召忽死之，吾幽囚受辱，鲍叔不以我为耻，知我不羞小节而耻功名不显于天下也。生我者父母，知我者鲍子也。"但是，中国的许多仁人志士，都给了他极高的评价，说他是中国古代著名的军事家、政治家、经济学家、改革家，赞誉他为"圣人之师"和"华夏文明的保护者"。孔子甚至说："管仲相桓公，霸诸侯，一匡天下，民到于今受其赐。微管仲，吾其被发左衽矣。"近代的维新派领袖、著名历史学家梁启超更称管仲是"国史上第一流人物""中国最大之政治家，

第一篇
千古一相——管仲

而亦学术思想界一巨子也"。可见，对于英雄豪杰的评价不能仅停留在为人处世上面，不必苛责小节，而领导者也要熟谙用人之道，要知人善任，才尽其用。

一 齐国的前世今生

夏桀暴逆，商汤起义；纣王无道，武王革命。

周武王灭商，建立了周朝，建都镐京（今西安市西北）。

为了对那些已被征服的土地和人民实施有效的统治，周武王"封土地、建诸侯"，把土地分封给诸侯，让他们帮助自己共同管理天下。

这些诸侯包括先代的后裔、周室的宗亲、参战的盟军、异姓的功臣。诸侯封国的出现，代替了上古长期存在的"部落"。众诸侯封国虽直属中央管辖，但国君的爵位各有高低，故封国的面积也大小不一。

其中被称为周朝第一封国的是齐国。第一任齐国国君乃是周朝的第一功臣吕尚。

吕尚，又叫姜子牙，也叫太公望，还叫师尚父。

按照《史记·齐太公世家》的说法记载，吕尚本姓姜，为"东海上人"，其祖籍为今天山东之东南部、江苏之东北部一带的东方滨海之地。他的祖先曾经做过"四岳"（尧舜时官名），并帮助大禹治水有功；到了虞夏时代，其祖先被封到"吕国"或"申国"，这两国分别在今天河南省南阳市西和陕西、山西之间。因为被封到"吕"，姜尚的祖先遂随了封国的吕姓。

周文王出猎渭水之北，初见吕尚，就惊喜地说："我国先君太公曾说'应该有圣人来周国，周国因此兴盛'，您无疑就是我们的太公盼望已久的人！"因而称他为"太公望"，携带他共乘一车而归，尊崇为师。吕尚既为周文王之师，周文王的儿子周武王便尊称他为"师尚父"。

吕尚辅佐文王、武王两代人，策划推行德政以倾覆商纣政权，进献了用兵的权谋和奇妙的计策，立下了赫赫之功，他本人也因之被后世奉为"兵家之祖"。

周武王平殷商而王天下，特意为师尚父封立齐国，建都于营丘，即现在山东省淄博市临淄城北。

吕尚到了封国，大修政事，因循当地固有的旧俗、利导并简化其礼仪，使物品得到流通，渔盐获厚利，民多归附，齐国遂成第一大封国。

齐国传国到第十一世，当政的是齐僖公姜禄甫。

齐僖公当政期间，西周天子周幽王为博宠妃褒姒一笑，"烽火戏诸侯"，种下了亡国的恶果。改年，西戎入侵，镐京陷落，西周宣告灭亡。周王室东迁洛邑，史称东周，春秋大时代来临。

作为进入春秋时期的第一任齐国国君，齐僖公在公元前720年冬干了一件非常露脸的事儿——与郑庄公结盟于石门。

齐僖公也许没料到，这是一件引领时尚潮流的大事。可以说，诸侯国之间的结盟，就始于他和郑庄公。齐僖公和郑庄公携手开创了一个时代的先河。诸侯间的结盟，从此一直贯穿于东周五百多年的大乱世。

得到了由结盟带来的种种好处，齐僖公于公元前717年夏又与鲁隐公结盟于艾（今山东泰安东南）。其后十几年间，齐僖公多次主持多国会盟。而在平息宋、卫与郑之争的会盟上，齐僖公更是以盟主的身份出现，齐国在众诸侯国中的霸主地位也就初露端倪。

"霸"通"伯"，意为"老大"；"霸主"即为众诸侯国中的老大。但这个时候说齐国是众诸侯国中的老大，尚为时过早。

二 齐国的内乱

公元前 698 年，齐僖公薨，其子诸儿即位，是为襄公。

齐襄公可不是什么好东西。

这从一件事就可以看得出他那无异于禽兽的人品——齐襄公在做太子时就和自己的妹妹文姜通奸。为此，齐僖公异常郁闷，差点要废了他。但鉴于周朝宗法制度"立嫡以长不以贤，立子以贵不以长"的原则，齐僖公还是忍了下来。

所谓宗法制度，即是按照血缘远近以区别亲疏的制度。该制度萌芽于原始氏族时期，完善于周朝，成为一种维系贵族间关系的完整制度。其中一个关键内容是严嫡庶之辨，实行嫡长子继承制。其目的在于稳固贵族阶级的内部秩序。这一制度依靠自然形成的血缘亲疏关系以划定贵族的等级地位，从而防止贵族间因争夺权位和财产而带来恶性事件。

在宗法制度下，从始祖的嫡长子开始传宗继统，并且世代均由嫡长子承继。齐襄公为齐僖公的正妻所生，属于嫡出，而且是长子，是继承国君位子的不二人选。这样，齐僖公最终还是得忍下来。

为了终结这对禽兽儿女的乱伦行为，齐僖公棒打"鸳鸯"，将文姜嫁给了刚刚即位的鲁国国君鲁桓公。

这段惊世骇俗的孽缘由此告一段落。

不过，齐僖公只管得了生前事，管不了身后事。等齐僖公蹬腿离世，齐襄公当政，龌龊不堪的兄妹奸情又死灰复燃。

公元前 698 年，鲁桓公偕夫人文姜回齐国省亲。欲火焚身的齐襄公不管不顾，把鲁桓公晾一边，与妹妹文姜日夜厮混。这下，鲁桓公不干了，提出了严正的抗议。

齐襄公为了让鲁桓公彻底闭嘴，让齐国的大力士彭生扭断了鲁桓公的脖子，将尸体丢上了回鲁国的车子。

齐、鲁两国就此交恶。

要说，交恶就交恶吧，齐襄公又做了一件相当不厚道的事情：斩杀了彭生。

齐襄公自作聪明地以为，杀掉彭生既可以平息鲁国人的怒意，消除由此事产生的不良影响，又可以杀人灭口。但这毕竟是丧尽天良的事儿，齐襄公心不自安。

公元前686年冬十二月，齐襄公到姑棼（今山东博兴县附近）巡游，并顺道到沛丘（今山东博兴县南）打猎。

飞禽走兽满山乱飞乱窜，其中有一头大野猪，不怕人，横眉怒目，四下冲撞。随从人员看那野猪，失声惊呼："天！这不是彭生吗？！见鬼了，真是见鬼了！"齐襄公寒毛倒竖，弯弓猛射。

野猪大嚎，像人一样站立起来，号叫声震得山林跟着簌簌抖动。齐襄公吓得手足瘫软，从车子上面掉了下来，摔断了腿，鞋子也不知掉到哪儿去了。随从七手八脚地赶走了野猪，将齐襄公救了回来。

齐襄公受了这场惊吓，神志恍惚，而且伤了腿，行动不便，让那些对他心怀不满的人有了报复的可乘之机。

对齐襄公心怀不满的人多得海了去了，这里着重提三个人。

一、公孙无知。公孙无知是齐僖公弟弟公子夷吾的儿子，也就是齐襄公的堂弟。齐僖公对弟弟夷吾的感情非常好，而夷吾死得早，齐僖公就格外关爱侄子公孙无知，在服饰、奉养等待遇上都给予了与儿子齐襄公同等的待遇，这就无端地滋长了公孙无知的野心。齐襄公上台，公孙无知遭受冷落，理所当然地怨恨上了齐襄公。

二、大夫连称和管至父。这两个人被齐襄公派到葵丘（今山东临淄城东三十里）戍守，去之前约好第二年另外派人去接替他们，可是齐襄公爽约了。两个人一开始以为是齐襄公贵人多忘事，让人去提醒，然而齐襄公却明确下达了命令：让他们继续戍守下去。两个人这才明白，他们被齐襄公耍了。

连称、管至父和公孙无知这三个对齐襄公心存不满的人勾结在了一起，积极寻找机会除掉齐襄公。现在，机会来了。

他们趁着齐襄公神志不清、行动不便，纠合了一伙人，杀进了宫里，把齐襄公成功肢解了。处死了齐襄公，公孙无知在连称和管至父的支持下自立为君。

不过，公子无知的人品比齐襄公也没好到哪儿去，登位后的第二年春天就在城郊被老百姓袭杀了。

齐国的君位再度出现了空缺。

有两个人，同时盯住了这暂时空缺出来的君位，展开了一场生死时速式的赛跑。

这两个人，分别是齐襄公的弟弟公子纠和公子小白。

公子纠和公子小白都是庶出，原本没有资格当国君，只能眼睁睁着齐襄公上台。齐襄公为人阴损，上台后，政令无常，干尽缺德事，哥儿俩生怕被害，分头外出避难。这会儿，齐襄公已死，又没留下子嗣，哥儿俩地位相同，都有可能成为国君，于是，争相回国。不过，比较起来，公子纠成为国君的可能性相对较大。

首先，公子纠的年纪比公子小白年纪大，是哥哥，长幼有序，按照宗法制，是立长不立幼。而且，公子纠的母亲鲁女深受齐僖公宠爱，公子纠背后有鲁国撑腰。他本人这时就在鲁国居住，身边有管仲、召忽等一干贤人辅佐，所以，国内民众都倾向于由他来担任国君。

公子小白的母亲卫姬死得早，母家卫国虽说也是周初分封的老牌大国（周文王子康叔始封），但流年不利，动乱连连，国君卫惠公为镇压国内反对势力忙得焦头烂额，根本没有工夫理会公子小白的闲篇。公子小白从齐国逃难出来，觉察到卫国不是收容自己之所，就逃往谭国（今山东济南西南），未得到接纳，又改逃到了莒国（五帝之一少昊后人封国，位于今山东莒县），在莒国一待就是八年。这八年时间里，一直矢志不渝地追随着他的，只有一个名叫鲍叔牙的旧臣。

和哥哥公子纠相比，公子小白也感觉到自己担任国君的可能性不大。但，他也有优势。那就是，他所在的莒国离齐都临淄（今山东淄博）非常近，按照鲍叔牙的说法，只要他不抛弃、不放弃，抓紧时间，赶在公子纠之前回临淄登上了君位，等生米煮成熟饭了，谁还能和你争？！

对，就这么干！小白赶紧行动，带领着鲍叔牙等人火急火燎地往临淄赶。

公子小白和鲍叔牙的想法是丰满的，但，现实是骨感的。他们太低估公子纠一行人了。

鲁国国君鲁庄公是鲁桓公与文姜的儿子，他对齐襄公杀父淫母的行为耿耿于怀，鉴于齐国国力强盛，没有公开对抗。现在，齐国出现了这么大一件事，正是鲁国拿捏齐国一把的大好时机。于是，他早早就盘算着送公子纠回齐国继任君位，以建立一个由自己操控的傀儡政权。

他一方面为公子纠大张旗鼓地造势，一方面又集结了几万人的军队，准备武装护送公子纠回国继位。

为保万无一失，公子纠的家臣管仲自告奋勇，愿意带兵堵死从莒国到齐国的路，必要时，杀死公子小白，以绝后患。

三　管鲍之交

管仲，本为姬姓，颖上（今安徽省颖上县）人，周穆王的后代，生于公元前719年，名夷吾，字仲。

虽说是周室之后，但到了他父亲这一代，已经沦落为穷苦人家。管仲出生不久父亲就病逝了，以至于管仲小小年纪，就早早地走向社会，挑起了家庭重担。

说起来，管仲和公子小白的谋士鲍叔牙还是同乡好友。鲍叔牙比管仲大了两岁，经常照顾管仲。

二人合伙做小买卖，鲍叔牙考虑到管仲家境贫寒，出资时，自己就尽量多出，多承担风险。一开始，生意做得还不错，赚了些钱，但管仲的手脚不干净，经常瞒着鲍叔牙挪用盈利的钱。这种事儿，如果是一次两次，别人也许难以觉察，但次数一多，就露出马脚了。不过，鲍叔牙却不戳穿他，若无其事地继续和他一起合作，而且到了年底分红，对这事儿也一字不提，按五五分成，管仲居然也毫不羞愧地坦然接受了。

知道内情的人都替鲍叔牙抱不平，说："管仲出资既少，平时开销又大，年底居然还厚着脸皮和你平分效益，显然是个贪财好利的人，这种人，就不要再和他合作了。"

鲍叔牙板起脸斥责他们说："你们知道什么？管仲家生活困难，又要奉养老母亲，他比我更需要钱。我和他合伙做生意就是想要帮帮他，我心甘情愿这么做的，请你们不要在我，也不要在其他人面前说管仲的坏话。"

离乱人，不及太平犬。

春秋乱世，诸侯国之间纷争不已，两个人的商业活动受到了战争的影响，在商场上混不下去了，就一起充了军。

在军队中，鲍叔牙一如既往地关心和照顾着管仲。每次打仗，管仲总是躲在最后面。军队冲锋了，管仲冲得比乌龟还慢；而军队退兵了，管仲却奔跑得比兔子还快。

大家都鄙视他，说管仲贪生怕死，他的存在简直就是齐国军队的耻辱。领队听了群众的反映，恨得牙根直痒痒，将管仲捉起来，准备问斩，以儆效尤。管仲大叫冤枉，却又无可奈何。

关键时刻，又是鲍叔牙挺身而出，替管仲大做辩护。他说："管仲绝不是贪生怕死的人，他之所以这样，是因为他家里有八十多岁的老母亲无人奉养啊。"

管仲听了鲍叔牙为自己做的辩护，感动得泪流满面，仰天大呼："生我者父母，知我者唯有鲍叔牙！"

过了两年，管仲的老母辞世，他再无牵挂，安心为齐国效命。战场上果然比谁都勇敢，他很快就得到了提拔，并成了公子纠的谋士。

现在，管仲为了能让公子纠顺利登位，急匆匆地带了一队人马来拦截公子小白，走到莒国和齐国的交界处，刚好遇上了鲍叔牙、公子小白等人。

管仲皮笑肉不笑地上前拦住公子小白的去路，说："你在莒国住得好好的，现在是要干啥去呀?"

公子小白答道:"我要回国办丧事!"

管仲躬身行了一礼,说:"国内丧事,已由你的哥哥公子纠着手操办,你就不用操劳了,赶快返回莒国吧!"

鲍叔牙虽说一直呵护和关照着管仲,但现在是各为其主,就不能什么都由着管仲了。他拍马上前,冲着管仲喝道:"我们公子回国办什么样的事情,还轮不到你来管。再说你也用不着满嘴扯谎话,你们公子纠真的回到了齐国,你就不会带人来拦截我们主公了。"

管仲被鲍叔牙说得脸红一阵、青一阵,嗫嚅无语。鲍叔牙看他不说话,便招呼公子小白的车夫驾车赶路。

管仲一看不好,这公子小白要是回了齐国,自己这事儿可不就办砸了?他取出弓箭,瞄准车上的公子小白"嗖"一箭射去。公子小白惨叫一声,一头栽倒在车上,动也不动,显然已经中箭毙命。鲍叔牙等人目瞪口呆,半天回不过神来。

管仲心中窃喜,带着人马飞快闪人。

得知公子小白已死,公子纠就用不着急了,一路观光游玩,慢慢悠悠地逛返齐国。这么一来,短短百余里路,他们竟然走了足足六天。到齐、鲁边界,有齐国的使者拦住了他们的车马,说,我们奉齐国新君公子小白之命,特来通知鲁国,请你们不必送公子纠回国。

这一下,轮到管仲等人目瞪口呆了。

原来管仲那一箭射中的只是公子小白衣服上的"带钩",并未对公子小白造成大的伤害。

带钩,即是那个时代的衣带扣。公子王孙的带钩多用玉石制成。那天,管仲射中的就是公子小白身上用玉石制成的带钩。坚硬的玉石救了公子小白一命。公子小白机智过人,他十分清楚,若是管仲觉察一箭不中,势必再补上一箭,自己小命难保,于是装作中箭的样子,惨叫一声倒在车里一动不动,成功地骗过了管仲。

鲍叔牙目送管仲远去,玩了一手将计就计,佯称公子小白已死,率部抄小路疾驰入了临淄。终于公子小白赶在公子纠之前登上了君位，是为齐桓公。

管仲发觉自己上了公子小白和鲍叔牙的当，不由得恼羞成怒，挥剑将齐国使者杀了。

公子纠也失去了理智，狂性大作，命令鲁国大将曹翙率领护送自己入齐的鲁国士兵进攻齐国。

对于公子纠的反应，齐桓公和鲍叔牙早有预料，他们指挥齐国军队沉着应战，很快把鲁国军队打败。

公子纠和管仲狼狈不堪地逃回了鲁国。

齐桓公可不愿意公子纠继续存活在这个世上，他命令鲍叔牙领三十万齐军进攻鲁国。

鲁庄公组织起军队进行抵抗。但齐、鲁两国势力悬殊，鲁国终究顶不住齐国凌厉的攻势，最后只得求和。

求和？可以，但鲁国必须答应两个条件。

面对鲁国派来的使者，齐桓公提出了两个条件：一、鲁国必须把齐国的政治犯公子纠杀掉；二、鲁国还必须把公子纠手下的两个同谋管仲与召忽引渡回齐国，不然绝不退兵。

鲁庄公无计可施，答应了齐桓公的全部要求，处死了公子纠，并把召忽和管仲打入囚车，准备将他们押送回齐国。

召忽表现得非常有骨气，他大声疾呼道："召忽身为人臣，不能为主上讨贼，反事仇敌，还有何面目活在世上！"一头撞到殿柱上，自己终结了自己的生命。管仲比较爱惜自己的性命，不想死，极其配合地钻进了囚车。

管仲有自己的一套君臣观和生死观。

他曾明确地对世人说："为君死这种事儿我绝不会干。我只能为三件事去死，一是社稷破，二是宗庙灭，三是祭祀绝。除此三件事，我不能让自己轻易死去。因为，死了的管仲对国家没有任何意义，只有活的管仲才有利于国家。"

在很多人看来，管仲曾向齐桓公射出过罪恶的一箭，这次回到齐国，他一定会死得极其难看。然而，坐在囚车上的管仲却深信自己不会死。他了解老友鲍叔牙对齐桓公的影响力。

实际上，引渡管仲与召忽回国，就是鲍叔牙的意思。

齐桓公登上君位，要拜鲍叔牙为上宰，由他主持国政。鲍叔牙坚决推辞说："君若是要厚待臣，则赐我衣物，使臣不至于冻死、饿死就可以了。治理国家，并不是臣的所能！君如果要拜上宰，管仲乃是最合适不过的人选。管仲的才能，可以远甩我鲍叔牙几条大街。和管仲相比，臣不如他者有五：一、宽惠柔民，臣比不上他；二、治理国家不失其柄，臣比不上他；三、忠信可结于百姓，臣比不上他；四、制礼义可法于四方，臣比不上他；五、执枹鼓立于军门，使百姓知勇，臣比不上他。"

鲍叔牙不提管仲的名字还好，一提管仲的名字，齐桓公就气不打一处来，恨恨地说："那天管仲射我一箭，正中带钩。这箭，我还收藏着，等哪天遇上了他，就拿出来射入他的身体，一解我心头之恨，我怎么可以拜他为上宰？"

鲍叔牙深深一拜，说："臣闻明主用人不拘一格，不念旧恶，管仲有经济之略，主公当释嫌重用，方能富国强兵。"

鲍叔牙一席话终于说动了齐桓公，这才有了将管仲引渡回国之事。

在回国的路上，管仲所担心的事不是自己将怎么面对齐桓公，而是鲁庄公的反悔。他看见齐国押送自己的士兵走得慢吞吞的，不由得大为着急，抓狂中，创作了一首歌，名为《黄鹄》，云："黄鹄黄鹄，戢其翼，絷其足，不飞不鸣兮笼中伏。高天何局兮，厚地何蹐！丁阳九兮逢百六。引颈长呼兮，继之以哭！黄鹄黄鹄，天生汝翼兮能飞，天生汝足兮能逐，遭此网罗兮谁与赎？一朝破樊而出兮，吾不知其升衢而渐陆。嗟彼弋人兮，徒旁观而踟蹰！"

齐国的押送人员听着歌声，忘记了疲劳，行走的速度不由得大大提高。

果然，管仲走后，鲁国就有人对鲁庄公说："管仲为天下奇才，一旦为齐国所用，必然对鲁国产生极大的威胁，你应该杀掉他，以绝后患。"

鲁庄公省悟过来，派军队来追，而管仲一行早就出了鲁国国境。

在山东蒙阴地界的堂阜河畔，鲍叔牙已等候管仲多时了。远远地看见管仲的囚车来了，他便大步上前，打开囚车，放管仲出来。

管仲故作惊讶，说道："管仲不过一个罪该万死的刑徒，兄长为什么要释放我？"说完，摆出一副寻死觅活的架势。

鲍叔牙一把抱住他，说："兄弟怀抱经济大略，不遇明主，犹如明珠藏于土里，如今主上亲贤纳士，大度宽仁，兄弟若抛弃私怨而侍奉他，便可一展胸中抱负了！"

管仲摇头说道："我原是公子纠的谋士，不能追随他殉节而亡，如果又侍奉他的仇人，我还是人吗？"

鲍叔牙批评他说："我听说大丈夫贞而不谅，你如果能舍怨事仇，展经纶之才，致太平之治，则垂功名于竹帛，扬声誉于后世，又何必计较区区小恩小信？"

管仲于是就不再装模作样了，大大方方地跟随着鲍叔牙前往齐都临淄。

四　管仲拜相

尽管管仲早有心理准备，可等到了临淄，齐桓公专门为他安排的迎接仪式还是让他大吃了一惊。

临淄城万人空巷，城里的人都跟随着齐桓公出城相迎。当管仲终于出现，齐桓公满面春风地牵了管仲的手一起走上辇车，在万众瞩目中起驾回朝。

管仲幼时贫寒，为了生存，做过贩夫走卒；穷困潦倒时，还做过小偷。虽说跟随了公子纠，社会地位有所提升，但他又刺杀过齐桓公，现在却得到齐桓公这样隆重的礼遇，要说管仲没一点儿感动，那绝对是假的。

在齐国朝堂，齐桓公毕恭毕敬地向他请教："如何才能安定国家？"

管仲毫无保留，和盘托出，说："礼义廉耻，国之四维，四维不张，国家便濒临灭亡。礼义，治人之大法；廉耻，立人之大节。要安定国家，就要立国之纲纪；

而要立国之纲纪，就必须以礼义廉耻而使其民则。"

齐桓公最关心的是自己的霸业是否能成，问："如要称霸天下，什么才是正道？"

管仲微微一笑，说："上天，尊重上天便是正道。"

上天？齐桓公不由得抬头望天。

管仲忍住笑，说道："我所说的上天，并不是苍苍莽莽的上天。君王应该以百姓为天，百姓与之则安，辅之则强，非之则危，背之则亡。百姓心生怨意而君主不灭亡者，自古未有。主上要成就霸业，就必须以民为天，以民为本，发政施仁，以爱民为先，所有的政令都贯彻民本思想。"

齐桓公继而请教："民本思想如何贯彻？"

管仲从容答道："勤修政事，将民心拧成一股绳，让百姓之间相亲相爱，修改法律，赡养孤寡，减刑罚，薄税敛，招揽贤士，发展教育，政令不改，建立国家的威信，即可从民心、财政、经济、法令、生产、教育、信义等方面实施爱民之道了。"

一席话，说得齐桓公频频点头，不过，他还是有些担心，弱弱地问："寡人有奢侈浪费的毛病，经常会使酒腐于爵，肉腐于俎，这会不会影响霸业的开创呢？"

管仲盯着齐桓公，缓缓答道："奢侈浪费肯定不是什么好事，但对霸业的影响不算大。"

齐桓公长舒了一口气，赶忙问："那什么行为会影响霸业呢？"

管仲神情肃穆，屈指数道："影响霸业的事情有五：一、不知贤；二、知而不用；三、用而不任；四、任而不信；五、信而复使小人参之。"

齐桓公听得心悦诚服，连声赞道："好！说得太好了！"

接下来，管仲又针对齐国目前政治、经济、军事、外交等各方面的建设都提出了自己独特的见解。齐桓公驰然神往，越来越坚信管仲就是治理齐国内政的不二人选，当即向一众大臣宣布自己的想法："寡人欲使管仲治国，何如？"

群臣纷纷表示赞同，却有一个人投了反对票。

这个人，居然是之前一直在齐桓公面前大力推荐管仲的鲍叔牙。众人都觉得匪夷所思。哟嗬，这管仲不就是您一直力挺的人吗？怎么这会儿又投了反对票了？

一时间，所有的目光都投向了鲍叔牙。

面对众人的目光，鲍叔牙不慌不忙，从容自若地说道："臣闻'贱不能临贵'，管仲不过一介囚徒，低贱至极，怎么能统治高贵的人呢？"

众人明白了，原来他是替管仲要官职呢，好你个鲍叔牙！

齐桓公也真不含糊，立刻宣布，管仲即日起为齐国上卿，位居群臣之上。管仲赶紧跪下谢恩。

鲍叔牙却仍旧摇摇头，说："臣又闻'贫不能役富'，贫穷的人不能使役富有的人，主公除了置管仲相位之外，还必须增加他的收入，提高他的身价。"

齐桓公哈哈大笑，马上宣布，封给管仲三处封邑，另外，将齐国一年的市租赐给他作为奖金。

这下，鲍叔牙该没话说了吧！

可是，那边管仲在笑嘻嘻地谢恩，这边的鲍叔牙仍是摆手，说："臣还闻'疏不能制亲'，关系疏远者不能裁定关系亲密者之间的事，主公还必须对管仲隆以父兄之礼。"

太过分了！众人一齐怒视鲍叔牙。

管仲也有些汗颜了，看着鲍叔牙，心想，够了，叔牙兄，您要这要那，当心玩出了火！

齐桓公却相当够意思，又宣布："管仲即日起为寡人仲父。"

这真的太够意思了。

当年的周武王不就是尊齐国的先祖吕尚为"尚父"吗？好了，吕尚是"尚父"，现在管仲是"仲父"，两个人的身份有得一比。这还不算，齐桓公还下令，从此以后所有齐国人都要避"夷吾"这两个字的讳。

此令一出，满朝哗然。

要知道，从三皇五帝到春秋，只有避君王的讳，从来没有避臣子讳的，齐桓公这么做，算是开了先例了。现在，管仲的身份、地位、身价都有了质的提升，可以拜相了吧？齐桓公得意扬扬地看着鲍叔牙。

鲍叔牙并不买账，昂首挺胸地说："相国，地位仅次于君主，用招募的方式拜相，是轻视相国的举动，相国的地位受到轻视，则国君的地位也会受到轻视。"

啊？！到底有完没完哪！众人盯着鲍叔牙，眼睛里快要喷出火了。这也不行，那也不行，你鲍叔牙到底要怎么样才算满意？

是啊，你鲍叔牙到底要怎么样才算满意？齐桓公脸上的笑容凝固，直直地瞅着鲍叔牙。

鲍叔牙脸不改色，一字一顿地说："非常之人，必待以非常之礼，主公应该选择黄道吉日郊迎管仲登相位。这么一来，四方豪杰之士听说主公尊贤礼士而不计私仇，哪有不思效力于齐国之理？"

是这么个道理！齐桓公一拍大腿，说道："全听你的！"命太卜选择吉日，郊迎管仲。

为了把戏码做足做齐，齐桓公还在第二年的正月大朝期间举行了一次祭祖仪式，责令有司打扫宗庙，设置几筵，又具猪牛羊三牲祭祀告祖，称："我自从得到了管仲的教导和辅佐，目益明，耳加聪；不敢独擅，特地祷告于先祖。"

然后他回头恭恭敬敬地对管仲说："仲父佐我！"

管仲倒退三步，再拜稽首，等于接受了齐国历代先祖的授权，从此开启了他治齐的时代。

五　管仲治齐

管仲治齐，果然是以民为本。

管仲公开宣扬说："政之所兴，在顺民心。"他不主张用严酷的刑罚来威慑百姓，认为"刑罚不足以畏其意，杀戮不足以服其心"。

那么如何才能做到"顺民心"？

管仲明确提出，必须"从其四欲"，即"百姓厌恶劳苦忧患，我就要使他们安逸快乐；百姓厌恶贫困低贱，我就要使他们富足显贵；百姓厌恶危险灾祸，我就要使他们生活安定；百姓厌恶灭种绝后，我就要使他们生养繁衍"。基于此，他的结论是："仓廪实而知礼节，衣食足而知荣辱。"

据《管子》一书记载，管仲"入国四旬，五行九惠之教，一曰老老、二曰慈幼、三曰恤孤、四曰养疾、五曰合独、六曰问病、七曰通穷、八曰赈困、九曰接绝"。他关注民间疾苦与弱势群体，建立起一系列社会保险制度与福利制度。此外，他重新划定行政区域，建立郡县制雏形，对中华两千年的帝制影响深远。

周朝的行政区划简单，以国都为中心，国都郊内称乡，郊外叫遂。通常，每国有三乡三遂。管仲为了细化管理，把齐国的三乡变成了二十一乡，每个乡之下设"轨""里""连"等行政机构，三遂则变成了五属，每个属之下设"邑""卒""乡""县"等行政机构，使得行政管理能直达每一户每一人，从而形成了先进而完整的国家行政管理体系。

相比同期其他还处于封建领主自辖其地、政出多门的管理混乱的国家，齐国已经发展成了分级管理的现代化国家雏形，这称得上是管仲超越了时代的一个创举。

管仲还在行政组织中层层建立军事组织，将军权牢牢掌控在国君手里。在西周时代，军事组织是寓于宗族组织中的，每有战事发生，封建领主就以宗族家长的身份召集本族成员组成军队，跟随国君去战斗。可见，彼时的国家军队其实是由贵族私人武装组成，这不仅对君权存在极大的威胁，且难于调度和管理，军心涣散、战斗力不强。而经过管仲的大力改革，贵族私人武装逐渐转化为真正的国家军队，战斗力也得到了巨大的提升，这为齐桓公日后的霸业打下了坚实的基础。

有了行政管理和军事上的保障，管仲将国家机器的手伸向了国家的重要经济资源，以"国有企业"垄断国家经济命脉，限制地方豪富的经济掠夺。

齐国临海，有渔盐之利，被称为"海王之国"。不过，这些资源都掌握在当地贵族豪富手里。这些贵族豪富利用自身特权，欺行霸市、囤积居奇、哄抬物价，肥了他们自己，瘦了国家财政收入，而且造成市场混乱，民不聊生。管仲实施了"官山海"经济政策，销山为钱，煮海为盐，对渔盐、铜铁等有关国计民生的重要物资实行民间生产，统一由国家购销；并建立国家粮库，用国家商业挤压私人商业，形成一种计划和市场相结合、垄断和竞争相结合、国营和私营相结合的经济体制，以保证国有资源不流失，保证国家财政稳步发展，保证渔盐之利国家专擅。

管仲还设立了用以调节市场的九个国家经济管理机构，类似于今天的国家物价部门，通过政府采购和抛售，调剂物资余缺，平准物价，以从宏观上对国家经济进行调控，保证市场有序发展。司马迁为此大赞道："管子设轻重九府，行伊尹之术，则桓公以霸。"可以说，管仲是中国历史上第一个拥有完备国家经济观念的政治家。自管仲始，中国才真正开始对国家经济进行宏观调控。

管仲关于宏观调控的理论集中体现在《管子》一书，其中的《轻重》篇就重点论证了国家控制商品流通和社会经济生活的相关内容，探究商品流通规律，介绍了价格理论、货币理论和商品轻重关系理论，总结出平衡物价、国家专营、调控货币、战略物资国有等一套完整的国家高度集权的经济管理模式。

对于农业上的改革，管仲和他的助手们废除了之前的井田制，实行了均田制。所谓井田制，即是指农奴除了耕种封建领主的私田之外，还必须在国家的公田上劳作，受到了双重剥削，积极性不高，甚至消极怠工，造成公田大片荒芜。而均田制则打破公田、私田的限制，把各种土地按照肥瘠程度进行折算后分到农奴手中，废除井田制，建立土地税收制度，允许土地买卖，承认土地私有化。这样，就顺应了时代发展，适应了当时生产力和生产关系，大大促进了生产力的发展。与"均田分力"相配套的是"相地而衰征"的新田赋制改革，即依据土壤的肥瘠征收数额不等的实物农业税。"相地"又称"相壤"，就是把可耕地核正准确，再对土壤进行质量区分，彻底废除劳役地租，统一收取实物地租，做到包产到户，多劳多得。据《管子》一书所记，齐国农业税征收制度为"赋禄以粟，案田而税，二岁而税一，上年什取三，中年什取二，下年什取一，岁饥不税"。用实物谷粟征税，两年征一次，丰收多征，荒年少征甚至不征，极大地减轻了百姓负担，中国农奴开始了向农民的过渡，社会巨变的序幕悄然拉开。

和中国古代其他政治家最大的不同是，管仲特别重视商业发展，这也许跟他早期从商经历所积累起来的商业意识有关。为了促进工商业的繁荣和发展，他规定，在齐国的二十一个乡和五个属中，五属住农人，主要负责农业生产；二十一个乡里面，其中十五个乡住士，为齐国军队的主要征兵地；另外六个乡，三个乡住工，三个乡住商，此六乡一万两千户全部不用服兵役，专门经商从工，发展齐国工商业，增加国家财政收入。

可以看得出，管仲所制定的"分居"制正是后世"保甲连坐"制的雏形。

而要发展商业，就必须加快货币和商品的流通，就免不了要招商引资。管仲为了吸引外资，就大搞开放政策，并给予外国商人"稽而不征"的优惠待遇，只是盘查不法商人，对于正常经商行为，则减免甚至不收关税市税。对于前来齐国经商的商人，他提出"空车来的不要去讨取税费，步行背东西来的不要去交税"。并且专门建立款待外国商人的客舍，每三十里有一处，来一搭车者供应自个饭食，来三搭车者供应马的饲料，来五搭车者装备可供自在调遣的人员，若是巨资交易的商人，食宿费全免。

为了吸引外来商人，管仲乃至首开公营色情业。他在国都临淄开了七间官办的倡寮（女市），每一间有妓女百人，共七百人，"征其夜合之资，以充国用"。所以说，管仲也是中国官营娼妓的创立人和推动者。

这么一来，"天下之商贾归齐若流水"，齐国首都临淄一跃而成当时世界上最发达的商业城市。

《战国策·齐策》是这样描画临淄的繁华景象的："临淄甚富而实，其民无不吹竽鼓瑟，弹琴击筑，斗鸡走狗，六博蹋鞠者。"

据核算，当时临淄的居民人数已高达30多万，是同期国际上最大规模、最富裕充足的城市，而与其同时代的雅典城居住人口尚不足5万。

按照《管子》书中所载，齐国的商业贸易已不仅仅局限于中国，甚至还发展到了海上朝鲜等东亚诸国，史学界有"中国最早的海上贸易航线"或者"东方海上丝绸之路"的说法。齐国地处海边，渔业和煮盐业一贯兴旺，管仲大力鼓励和推进商品出口。他规定，渔盐能够自在出口，关口只挂号而不予交税。其他的出口商品也实施单一税制，在关口征过税了的，在市场上就不再征了，反之亦然。

短短数年，管仲就将齐国打造成了一个经济大国。

利用经济杠杆这柄有力的武器，管仲还和鲁国打了一场没有硝烟的经济贸易战，成功地将鲁国打垮，这堪称中国历史上最早的贸易战。

六　管仲制鲁

早在公元前 684 年，也就是齐桓公登基后的第二年，齐桓公咽不下前年鲁国助公子纠夺位的那口恶气，命鲍叔牙率领大军前往征讨鲁国。哪知鲁国的军队中出现了一个名叫曹刿的猛人，此人深谙战争的玄妙之机和军队士气衰振的规律，觑准了齐军一鼓作气，再而衰，三而竭的特点，发起了雷霆万钧的一击，齐军大溃。

齐桓公郁闷极了。

随着管仲治齐时间的推移，齐国国力大增，齐桓公就开始琢磨着什么时候再出兵把砸了的场子找回来，将鲁国人好好教训一顿。

管仲看穿了齐桓公的心思，拍着胸脯说："这事儿就交给我了。"

看着管仲胸有成竹的模样，齐桓公反而有点儿不踏实。要知道，打仗，并不是管仲的特长。

管仲笑了，说："上兵伐谋，其次伐交，其次伐兵，其下攻城。要征服别人，打仗，其实是最低层次、最迫不得已的做法，我管仲可以不需要打仗就让鲁国乖乖认栽，尊奉我们齐国为老大。"

不是吧？这么神奇？！齐桓公顿时来了兴趣，"那么，请问，仲父您准备怎么不战而屈人之兵呢？"

管仲笑而不答。

管仲的计划是和鲁国打一场贸易战。

要打贸易战，自已就必须要具备强大的经济实力才可稳操胜券。

那么，齐国当前的经济实力是否已经够强大了呢？国家所储备的资金是否已经足够了呢？

自齐国政府实行了"官山海"政策，齐国盛产的渔、盐、铁等物为齐国聚积起丰厚的财富。要知道，春秋是青铜向铁器过渡的时代，铁成了越来越重要的生活生产物资，所有的针织用具、农业用具都由生铁铸成，齐国铁器铸造业极为发达，畅销于各国，获利巨大。另外，更为重要的是，盐是人类生活不可或缺的生活物资，偏偏只有齐国临海专门出产海盐，齐国只要在盐价上稍微往上提一点，就可以轻而易举地获得巨额的财富。单此两项，齐国财政就可以敛集起足够的资金打任何一场贸易战。

既然在经济上已经有充足资金作为保障了，那么，应该从哪儿着手去制约鲁国的经济呢？

管仲对齐桓公说："鲁国纺织业发达，鲁人多以织绨为生，主公就下令我国的上层贵族和各阶层的土豪改穿产自鲁国的绨料衣服，您本人也身体力行，带动和鼓励全国的百姓跟着购买，让鲁国从事织绨生产的人先富起来。"

齐桓公吃惊地张大了嘴巴："仲父不会是想用钱来砸死鲁国人吧？！"

管仲诡异地一笑，说："欲取之必先予之，我们要征服他们，就先要给他们甜头尝。我们可以限制国内纺织业，让国内的纺织品完全依赖从鲁国进口，让大量的货币不断地涌入鲁国。在厚利之下，鲁国的农民就会放弃农业生产，转行到纺织生产中，那时……"齐桓公省悟过来了，连声称好。

在齐桓公和管仲的通力合作下，鲁国绨衣充斥了齐国的大街小巷，人人都以穿鲁国绨衣为时尚，鲁国绨衣的需求量大增。这么一来，就出现了供不应求的局面。鲁国绨衣成为紧俏商品，价格一增再增，仍是满足不了齐国人的需要。当政的齐桓公和管仲不仅没有限制鲁国丝织品进口，反而派人去跟鲁国的供应商联系，以高价订货。鲁国人不知是计，开始大量扩展纺织业，无数的农民加入纺织业大军中来。

短短一年时间，鲁国大批农田都种上了桑麻，从事养蚕、纺织的人员遍布全国各地，但市场似乎永远不会饱和，鲁国经济发展速度快得惊人。

鲁庄公看到国富民足，心花怒放，一个劲儿叫好。他为自己国家生产出来的"拳头产品"绨衣感到骄傲和自豪，沉醉在一片繁华景象之中。

他哪里想得到所有的这一切，都是虚的、假的。

鲁国在齐国的引导和操控下，从一个农业大国转型成了一个轻工业纺织国家，国家的经济，不过是泡沫经济，只要齐国轻轻吹一口气，这些泡沫就会无影无踪了。

但齐国并不着急，齐桓公和管仲还在等待最合适的时机。

而后又过了一段时间，估摸鲁国的粮储消耗得差不多了，齐桓公和管仲突然下令闭关，停止进口鲁国纺织品，停止向鲁国出口粮食，号召全国百姓穿回齐地生产的帛料服装，同时将库存的鲁绨向中原各国低价倾销。

这么一来，鲁国经济在一夜之间就全盘崩溃了。

鲁国的绨衣堆积如山，毫无用处。所有的纺织厂全部倒闭，国家的税收趋近于零，国家财政赤字一个劲儿地疯涨。

鲁庄公大为恐惧，全身的血液仿佛凝固了。

这还不是最惨的。最惨的是鲁国生产的粮食不能自给自足，各地都陷入了粮荒之中。很快，国内饥馑，民不聊生。鲁国民众不堪其苦，纷纷逃亡进入富庶的齐国。

再这样下去，鲁国就要灭亡了。

公元前683年，鲁庄公别无选择，只好宣布归顺齐国，依靠齐国的救济勉强度日。

就这样，管仲以看不见的经济杠杆为武器，兵不血刃地降服了一个国家，可谓高明至极。

无怪乎孔子说："桓公九合诸侯，不以兵车，管仲之力也。"齐桓公能够九合诸侯、称霸天下，而不以兵车之力，管仲居功至伟。

七　尊王攘夷

管仲的一系列改革使齐国民足、国富、兵强。接下来，他为齐桓公的称霸大业走出了关键的一步：尊王攘夷。

尊王，即是拥护周王室。管仲认为，只要举起尊王的旗帜，就能借周天子之名，名正言顺地得到盟主的地位。攘夷，是指北地的狄人和戎人屡屡内侵，对中原各国造成严重威胁，管仲说了，只要领头伐夷，就一定能得到各国的拥戴。

无论尊王还是攘夷，因为鲁国的降服，这两件事儿办起来特别顺利。

为什么这样说呢？这里，得简单介绍一下鲁国的来历。

武王伐纣，岐周代商。武王封自己的弟弟周公旦于少昊之虚曲阜，是为鲁公。也就是说，鲁国的创始者是历史上大名赫赫的周公旦！不过，周公旦因辅佐天子，未能到鲁地就封，乃由嫡长子伯禽前往就封。周公旦劳苦功高，且是周礼的主要制定人，为了纪念他的功绩，周成王赋予鲁国"郊祭文王""奏天子礼乐"的资格，并寄希望作为宗邦的鲁国能够"大启尔宇，为周室辅"。所以，鲁国虽然弱小，却一直是周礼所在，在春秋诸国中有着他国不能代替的地位。

要尊奉周王室，就得先从鲁国做起。

而且，刚刚归顺齐国的鲁庄公为了向齐桓公表忠心，特别给齐桓公说了一门亲事：女方竟然是周天子庄王的女儿王姬！

哇，这门亲事一旦成功，齐桓公就成为周王室的乘龙快婿了，尊王攘夷岂不更加名正言顺？

实际上，按照当时的政治传统，周天子嫁女，基本上都是由鲁国国君来说媒主婚，其实，也只有鲁国国君有这个说媒主婚的资格。

在鲁庄公的精心运作下，公元前683年冬天，齐桓公得偿所愿地迎娶了周王女王姬。他非但迎娶了周王女王姬，徐、蔡、卫等姬姓中小诸侯也各自送来女儿，作为周王女的陪嫁之媵妾。

齐桓公驾着香车宝马，满载美人，成为一时佳话。

《诗经》甚至收录有盛赞此事的《国风·召南·何彼秾矣》，诗云：

何彼秾矣，唐棣之华！曷不肃雍？王姬之车。何彼秾矣，华如桃李！
平王之孙，齐侯之子。其钓维何？维丝伊缗。齐侯之子，平王之孙。

迎娶王女，齐国的国家地位提升了许多。紧接着，齐桓公又接受了管仲的建议，每当国与国间出现了争端，就敢于出头，召集众诸侯国开会，不怕麻烦，不怕其他势力，认真处理国家纠纷，必要时，就放弃本国的一定利益，树立威信，争取诸侯们的拥护。

前682年夏，宋国（今河南商丘一带）发兵攻打鲁国。宋国大将南宫长万在乘丘惨败，其本人也被鲁军擒获，战后虽然得赎回宋国，但声名狼藉，在国内的地位一落千丈。为了找回做人的尊严，南宫长万产生了极端想法，竟然击杀了宋闵公，改立公子游为国君。

以臣弑君，乃是大逆不道的行为，南宫长万由是遭受千夫所指、万口所唾，宋国发生了一场翻天覆地的内乱。

齐桓公在管仲的催促下，便借这个机会，召集诸侯开了个会，目的是稳定宋国政局，同时呼吁各国共同维护安定团结的局面。

会议在北杏（齐地，今山东省东阿县境内）召开，虽然来的只有宋、陈、蔡、邾几个小国，但这是齐桓公"九合诸侯"的第一合，效果还不错。会上，在宰杀牛、羊的环节上，齐桓公得以负责操刀割下了牛耳朵。"执牛耳"，成了地位最高的人。

可是，对于齐桓公当仁不让的"执牛耳"行为，宋国新上任的国君宋桓公是不服气的。

他之所以不服气，是因为周朝所分封诸侯共有五个等级，自高到低分别是公、侯、伯、子、男。宋桓公位列公爵，而齐桓公只是侯爵，地位明显要比齐桓公高出一等嘛！

会议没开完，宋桓公就提前回家了。

宋桓公的行为让齐桓公大为扫兴，齐桓公磨刀霍霍，想攻打宋国。

管仲连称不可，说："宋国没配合您，没给您好脸色，您就发动军队去攻打，这也太……太师出无名了吧？而且，这次会议本来是帮助宋国战后重建的，可这会议才结束，您就发动军队去进攻宋国，岂不太儿戏了？"

"那，我是不是应该当作什么事都没发生？"

"不，绝不！"管仲说，"我们必须打上一仗，但不是打宋国，而是打鲁国。"

"打鲁国？"齐桓公差点儿没跳起来。

"是的，打鲁国。与其去攻打遥远的宋国，不如攻打相邻的鲁国。鲁国本来已经归顺我国，但这次会盟，他竟然从中作梗，串联起卫、郑等诸侯国拒绝参加，这样反复无常的国家，就应该狠狠给他一下子。而且，鲁国乃是周王尊亲，国家地位尊贵，如果彻底征服了它，其他国家谁不唯我马首是瞻？"

"哦，是这样。"

齐桓公欣然采纳了管仲的意见，遂率军攻灭了鲁国的附庸遂国（虞舜之后封国，位于今山东宁阳县西北），并乘势攻陷了鲁国大片土地。

经济上搞不过齐国，军事上也远逊于齐国，鲁庄公只好认命，发书请求与齐桓公会盟于柯邑（今山东阳谷县西北），自愿签订丧权辱国协议。

会盟中，齐桓公以胜利者的身份趾高气扬地登上了高坛，一刀割下了牛耳，准备与鲁庄公歃血为盟，订立和约。哪知，站在鲁庄公旁边的鲁国大将曹刿突然拔剑而起，劫持了齐桓公，要他归还齐国攻占的鲁国土地。

好汉不吃眼前亏，齐桓公被迫答应了曹刿提出的全部要求。

这对齐桓公而言，是一次耻辱的会盟。

会盟结束，齐国上上下下都建议齐桓公背弃和曹刿订下的盟誓，再次兴兵攻鲁。管仲却力排众议，说："在暴力胁迫之下所签订的盟约完全可以背叛，但主公不可这样做；鲁君、曹刿之徒可堪仇恨，可主公不怨，则可以取信于天下矣。"

齐桓公一听，是这么个理。于是他遵守和曹刿订下的约定，毅然归还了鲁地。

这下不得了了，天下人都大赞："鲁君，齐之仇也；曹刿，齐之贼也。齐侯信于仇贼，又况于非仇贼者乎？"天下诸侯，由是翕然而归。

齐桓公以他的仁义和信义征服了天下诸侯。

公元前680年春，齐国可以好好教训教训那个不听话的宋国了。齐桓公召集了陈、曹两个小国，气势汹汹地扑向宋国。

齐桓公的仁义和信义行为，也得到了周天子的支持，周卿士单伯率领王师加入了齐军的阵营。

这下，宋国的宋桓公不敢再轻视齐桓公了，赶紧向齐国致歉，请求原谅。齐桓公要以仁义和信义服天下，就痛痛快快地接受了宋桓公的道歉，向宋国递出了橄榄枝。

这年冬天，周卿士单伯与齐桓公、宋桓公、卫惠公、郑厉公在鄄地（卫地，今山东鄄城县西北）会见，商谈会盟事宜。

这是"九合诸侯"的第二合，在盟会中，宋、卫、郑三个中原大国正式承认了齐桓公的霸主地位，《左传》称："齐始伯也。"

公元前678年秋，宋的属国郳（今山东滕县东，又名小邾国）叛宋，齐桓公替宋国出头，率宋、郳二国同去征讨郳国。郑国（今河南新郑）竟然趁宋国空虚，撕碎了前年"鄄之盟"的盟誓，悍然侵宋。

齐桓公勃然大怒。

为了重整国家间秩序，维护王室权威，齐桓公率齐、宋、卫三国联军一同伐郑，狠狠地教训了一顿郑国。并于这年冬天，齐会鲁、宋、陈、卫、郑、许、滑、滕等八国于幽（今北京通州方兴一带），这是"九合诸侯"的第三合——幽之盟。

这次会盟，参与的诸侯人数众多，人心最齐，齐桓公的霸业达到了一个新的巅峰。

公元前667年，周惠王遣卿士召伯廖赴齐地，赐封齐桓公为伯侯，在手续上正式确认了齐桓公的诸侯领袖地位。

公元前664年，山戎侵燕，燕国向齐国告急。

齐桓公便以盟主的身份率军北伐山戎，救护燕国，大军追杀山戎直抵孤竹（今河北卢龙县一带）才凯旋。

劫后余生的燕庄公千恩万谢，一路相送齐军，进入齐国境内还不肯回去。齐桓公严肃地说："非天子，诸侯相送不出自己的国境，我不能对燕国无礼。"下令分开沟界将燕庄公所经过的地方全部割送燕国。此举，齐桓公德布天下，诸侯闻之，无不心悦诚服，纷纷归附于齐国。

公元前622年，狄人侵邢（河北邢台），齐桓公又发兵救邢，把邢人迁到夷仪（今山东聊城），另筑新城以安置之。

公元前660年，狄人入侵卫国，杀卫懿公。齐桓公出兵救卫，将卫的剩余人口迁到楚丘（今河南滑县），使卫国得以保存。

齐桓公的一系列救患扶危的行动，得到许多诸侯的拥护，在诸侯中威信不断提高。《国语》称"天下诸侯知桓公之非为己动也，是故诸侯归之"。《管子》也记载，从此，齐桓公"令固始行于天下矣"。

公元前652年，周惠王去世。齐桓公会同各诸侯国拥立太子郑为天子，这就是周襄王。

周襄王新继大位，派人送祭肉给齐桓公以示感谢。

公元前651年，齐桓公在葵丘（今河南考城东）召集鲁、宋、卫、郑、许、曹等各诸侯国会盟，举行受赐典礼，并依据管仲的建议，订立了盟约。

葵丘大会应该说是中国历史上的第一次多边外交会议。这次会议不仅推选出了霸主，而且通过了一项盟约：各国要尊重王室，扶助弱小国家，共同抵御夷狄入侵。盟约还规定了处罚条款：如哪个国家违背盟约，其他各诸侯国可联合起来共同讨伐。这项盟约是中国历史上第一个多边外交文件。

至此，齐桓公在管仲辅佐下，先后主持了三次武装会盟、六次和平会盟，还辅助王室一次，史称"九合诸侯，一匡天下"，成为公认的霸主。

霸主齐桓公的多边外交活动对于稳定中国的局势，促进社会的发展发挥了积极的作用。汉高祖刘邦由衷而赞："盖闻王者莫高于周文，伯者莫高于齐桓也！"

而管仲为齐桓公创立霸业立下了不朽的功勋，孔子也因之赞道："管仲相桓公，霸诸侯，一匡天下，民到于今受其赐。微管仲，吾其被发左衽矣。"

八　大堤将决

功成名就的齐桓公自我感觉良好，觉得自己的功业可追三皇五帝，内心急剧膨胀，竟然异想天开，想去泰山搞封禅大典，这可把管仲吓坏了。

泰山又称岱宗，在古代，"泰"与"岱"字相通，都是"大"的意思，泰山即大山。人们认为，泰山是最接近天日的地方，是通天的神山。封禅泰山，即："此泰山上筑土为坛以祭天，报天之功，故曰封。此泰山下小山上除地，报地之功，故曰禅。"

这是一项无比神圣的大事，也是一项至高无上的荣誉。

封禅泰山，是"王者受命，易姓而起"的大事，只有在江山易主，或者在久乱之后重致天下于太平的王者方可封禅天地，等于向天地报告重整乾坤的伟大功业，同时表示接受天命而治理人世。搞了封禅仪式，既可以粉饰太平，又可以"夸示夷狄"，而且，据说黄帝就是因封禅而成"仙"——封禅说不定可以让人成仙呢。

可是，按照管仲的说法，"德不周洽，不得辄议斯事；功不宏济，不得仿佛斯礼"。他认为，自古以来，只有无怀氏、伏羲、神农、炎帝、黄帝、颛顼、帝喾、尧、舜、禹、汤、周成王等十二人有资格封禅泰山。齐桓公不过一个诸侯，却要跳过周天子行封禅事，实乃大逆不道之举，也是齐国"尊王攘夷"事业的大倒退，一旦搞起来，势必会前功尽弃而成众矢之的。

管仲由此坚决反对封禅，直言齐桓公只是诸侯而不是受命于天的王，无权封禅。

齐桓公大为不满，说："寡人南伐至召陵，观望熊山；北伐山戎、离枝、孤竹；西伐大夏，远涉沙漠；逼束马匹、悬钩战车而登上太行，直达卑耳山方才回转，诸侯无人违抗寡人。寡人三次召集兵车会盟，六次召集乘车会盟，九次联合诸侯，一举匡正天下。如此功业，从前三代开国受命而王也不过如此，何以不可封禅？"

管仲看齐桓公已被骄傲自大的火焰烧昏了头，便从另一个角度来劝阻，说："古时举行封禅大典的国家，盛在祭器里的是郁山上的黍和北里长的禾；铺在地上作为垫席的是江淮之间特产的三脊菁茅。此外，事先还必须出现祥瑞之兆，如东海出现比目鱼，西海出现比翼鸟，还有不召而自至的凤凰、麒麟等祥瑞之物得有十五种之多。现在，我国的情况是凤凰、麒麟不来，象征祥瑞的嘉谷不生，然而蓬蒿蔡莠等杂草却很繁茂，鸱枭之类的凶禽恶鸟却不断来临，我们如何准备封禅礼物呢？而没有礼物进行封禅岂不使天下人笑掉大牙？！"

齐桓公一听，泄气了，封禅之事从此不了了之。

不过，齐桓公骄傲自满的思想是暂时消退了，取而代之的却是享乐腐败的思想。他大兴土木，比照周天子的建制增加宫室规格，又大封后宫，完全沉溺于声色犬马之中。

针对他的奢侈腐败，管仲的评价是："今君之食也，必桂之浆；衣练紫之衣、狐白之裘。"饮桂花之浆，穿练紫之衣、狐白之裘还不算什么，齐桓公还一味沉醉于酒乡之中，"日夜相继，诸侯使者无所致，百官有司无所复"，完全荒废了政事。

这种情况下，奸佞小人乘隙而入，充斥齐桓公左右。

这里面有三个人，不得不提。其一，竖貂。此人原是齐桓公的近臣，为了能够寸步不离齐桓公左右，而又不让齐桓公猜忌自己与后宫有染，主动阉割了自己。其二，易牙。此人乃齐桓公的厨子。一次，齐桓公戏言遍尝美味，只是不知道人肉是什么味道。易牙就把自己年幼的孩子烹调成美食，上呈给齐桓公品尝。其三，开方。此人本是卫国的长公子，却放弃卫国储君不做，到齐国侍奉齐桓公十五年，即使是亲爹病故，也不回家瞅一眼。

对这三个人，齐桓公宠爱得不行。他觉得，竖貂为了侍奉自己，不惜自残身体，堪称忠心耿耿、不二良臣；而易牙为了满足齐桓公的口腹之欲，竟然用自己的儿子来充当食材，可谓前无古人、后无来者；公子开方舍国忘家、抛弃世间的一切来追随自己，同样难能可贵。

可是，管仲对这三个人却有截然不同的结论，他告诫齐桓公说："竖貂、易牙、开方这三人居心叵测，主公您必须疏远他们。"

齐桓公大为惊讶，说："竖貂为了陪伴寡人，宁肯自宫，可见其爱寡人胜于爱他自己。这样的人也要怀疑吗？"

管仲说："人情莫过于爱惜自己，竖貂连自己都忍心伤残，怎会爱主公呢？"

齐桓公又说："易牙为了寡人，宁肯杀死自己的儿子，这说明了他爱寡人胜于爱自己的儿子。这样的人还需要怀疑吗？"

管仲摇头说："享受骨肉之情、天伦之乐是每个人的心愿，易牙为了满足主公的要求不惜烹了自己的儿子以讨好国君，天良丧尽，哪里值得亲近？"

齐桓公又说："开方宁可舍弃卫国太子之位，来到齐国，父母去世也没有回去，可见其爱寡人胜于爱父母。这样的人也要怀疑吗？"

管仲说："卫公子开方舍弃了做千乘之国太子的机会，屈奉主公十五年，父亲去世都不回去奔丧，如此无情无义之徒，如何能真心忠于主公？况且千乘之封地是人梦寐以求的，他放弃千乘之封地，俯就于主公，他心中所求的必定过于千乘之封。主公也应疏远这种人。"

管仲说这些话的时候，已经病倒在榻上，奄奄一息了。

人之将死，其言也善。

齐桓公看着面如白纸、形容枯槁的管仲，悲从中来，饮泣道："仲父以前何如从未跟寡人提到过对这三个人的看法呢？"

管仲答道："老臣知道主公宠爱他们已经到了不能自拔的程度，所以老臣只是暗中提防，如果他们是洪水，那老臣就是大坝。如今，大坝将倒，洪水必将泛滥成灾。所以只能提醒主公您今后多加小心他们了。"

听了管仲的话，齐桓公心都要碎了，将管仲那只枯瘦的右手放到自己的掌心，凄然说道："仲父啊，你一定要好起来，不然这齐国的国政谁能担当啊？"

管仲大口大口地喘气，说："主公，老臣的命数已尽，怕是熬不过今年了。自从我们君臣相识以来，您对老臣的恩宠，臣时刻铭记于心，也想继续报答主公您的厚爱，然而死生有命，这一切都不是人力所能挽回的，微臣是真的不行了。"

齐桓公说："仲父，那您看今后齐国的国政交给谁比较妥当？"

管仲说："知道臣子的莫过于君王了。"

齐桓公问："那您看鲍叔牙怎样？"

齐桓公以为，鲍叔牙既是管仲的知己，也是自己最尊敬的老师，应该是最佳的人选了。

谁知，管仲却一口否定了，他说："臣与鲍叔牙相交多年，他为人刚正不阿，是个可靠的正人君子，可是他却不是个可以主政的人。他的为人善恶分明，眼里不容沙子，是个完美主义者，若是看到别人身上有一个缺点就终生不忘。要知道，人无完人，每一个人都或多或少地存在一些缺点，若是鲍叔牙来主政，势必不利于臣子间的团结。"

哦，原来是这样。

齐桓公若有所思，半晌，才问："那么，隰朋怎么样？"

管仲说："隰朋的为人，眼光远大而能虚心下问，对于国政不该管的不管，对于家事不必知的不知，举重而若轻，在家不忘公务，在公门不忘家事；侍君无二心，也不忘自身，倒是个合适人选。"但管仲又感叹说，"上天降生隰朋，是以其来充当我管仲的喉舌的，现在，身体要死了，喉舌也存活不久了。"预言了隰朋也将不久于人世，哀叹不已。

几天之后，管仲便溘然离开了人世。

齐桓公让齐国大夫高庄子主持管仲的葬礼，管仲安葬在今天的淄博市临淄区南的牛山上。

齐桓公本来也想依从管仲的话，疏远竖貂等三个人，可这种日子没过几天，就觉得索然无味，于是重新与三个人狎玩，不知不觉地，大权就旁落到了这三个人手里。

公元前643年，齐桓公得了重病，在竖貂等三个人的挑唆下，齐桓公的五个儿子各率党羽争位。齐桓公躺在病榻上，无人顾及，竟于当年冬十月七日活活饿死。五公子之间互相杀伐，齐国一片混乱。齐桓公尸体在床上放了六十七天，尸虫都从窗子里爬了出来，仍是无人理睬。直到十二月十四日，新立的齐国国君才把齐桓公收殓。

齐桓公一世英雄，竟落如此下场，令人不胜唏嘘感慨。而齐国的霸业也就随着管仲和齐桓公的离世烟消云散了。

如果说，管仲是通过行政手段来治理国家，那百里奚更多的是通过自己的德行来治理国家。

百里奚被秦穆公用五张黑公羊皮从市场上买来，身居相位，尊民爱民，勤勉政事，"劳不坐乘，暑不张盖。行于国中，不从车乘，不操干戈"，获得了秦国人民的爱戴和信赖。因为百里奚的出现，秦国的德行礼义可与管仲时代的齐国相媲美。其最杰出的事迹就是史书上所说的"三置晋君，一救荆祸"，并且，面对仇敌之国晋国的灾荒，能从人道主义出发，毅然奉上万斛粮食，运粮队伍从秦都到晋都，八百里路途首尾相连，络绎不绝，是为"泛舟之役"。而从私德上来说，百里奚不抛弃糟糠之妻，几十年孤身独守、苦苦相盼，也充分地体现了一个圣贤之士所应该具备的美德。千百年来，百里奚的故事为人们所传颂。

另外，关于百里奚的本籍，世有楚国宛人和虞人或齐人的几种说法。现平陆县槐下村所竖立的墓碑，为北魏太和二十年，即公元496年立，此墓非百里奚墓，而是其子孟明视墓地。百里奚故宅及墓冢在今南阳市中心城区西百里奚村一带。且我国著名秦史学家马非百先生所著《秦集史》对百里奚为南阳人进行了详尽的考证，已否定"虞人说"，故今采"楚国宛人说"。百里奚卒年为公元前626年之说，参考于明人所著《周史》，该年，百里奚97岁。

一 漂泊的岁月

话说，在楚国宛邑（今南阳市）南面七里处有一条溪流，名叫梅溪，溪西住着一户人家。户主姓百里，名奚，字井伯，是一个博学多才的读书人。

百里奚虽然饱读诗书，但日子过得很潦落，困苦不堪，到了三十一岁，才讨到一房媳妇，三十二岁，才生养了一个儿子。

有了媳妇和儿子，生活就更加拮据了，常常是有一顿没一顿的。俗话说，一文钱难倒英雄汉。百里奚胸藏丘壑，有治国大略，却解决不了一家人的温饱，不免长吁短叹，黯然神伤。

妻子杜氏识字不多，却深信自己丈夫是旷世奇才，就鼓励他到外面闯荡一番。

到外面闯荡，百里奚何尝不想？只是楚国宗法制度极其森严，平民是没有希望入仕为官的，除非离开楚国，到别的国家去，可是，想着这才娶来不久的妻子、刚刚出世的孩子，他又怎么忍心远游？

杜氏似乎看透了百里奚的心事，说："西边不亮东边亮，活人不能让尿给憋死，你就放心地去吧。楚国没有出头机会就到别的国家去呗，男儿志在四方。你也不用太牵挂我们娘儿俩，我帮人家缝缝补补、洗洗涮涮，做点零活，总能找到一口吃的。不能委屈了你一个大男人，为了我们母子，一天到晚窝在家里。"

贫贱夫妻百事哀，多体贴的妻子啊！百里奚的眼睛湿润了。

离家的那天清早，杜氏宰杀了家中唯一的一只下蛋母鸡给丈夫钱行，柴火不够，就干脆把门闩劈了，塞进了灶里。她笑着对百里奚说："家里反正也没有什么值钱的东西了，小偷都懒得光顾，这门闩有和没有都一个样。"

听着妻子故作轻松的话，百里奚再也控制不住自己了，眼眶里的泪犹如决堤的水，一下子全涌了出来。

吃过早饭，走出村口，百里奚恋恋不舍地回头看着妻子和儿子，带着哽咽，用几乎是发誓的语气说："我一定要出人头地，让你们娘儿俩过上好日子。"

妻子的回答是："你是盖世无双的奇男子，一定会有国君看中你，一定会建立一番事业的，到时，别忘了回来接我们！"

这一年，是公元前685年。

百里奚从宛邑出发，先到达宋国，后来又到了齐国，因为无人引见，都没有得到录用。

齐国当政的是齐襄公。前文说过了，齐襄公可不是什么好东西，齐国的上层建设非常混乱，别说没人替百里奚引见，就算有人引见，估计也没人顾得上理会。在齐国郳地，百里奚不但没能进入朝堂任事，甚至连找个打短工的主顾都找不到。这下糟了，他很快就陷入困境，沦落到了沿街乞讨的地步。

难道我百里奚真的没有翻身之日了吗？眼看冬天将到，衣衫单薄的百里奚心中暗暗打鼓，说不准，自己会过不了这个冬天，冻死在郳地街头。

幸而，天无绝人之路，百里奚很快就遇上了他的命中贵人——蹇叔。

蹇叔，宋国铚邑（今安徽濉溪县临涣集）人。和百里奚一样，他也是来齐国寻找发展机会的，但，他是士人出身，家里好歹还有几亩薄田，吃穿不愁，身上的积蓄还算充足，在齐国租有房屋。百里奚讨饭就讨到了他的屋檐下。蹇叔是个热心肠的人，把自己吃剩的残羹冷饭端出来送给百里奚，听百里奚操着一副楚国口音，就好奇地打听起百里奚的身世来。

和齐、鲁、宋、郑等中原国家比较起来，楚国比较特殊。

楚国建国于荆，也就是今天的荆州，国都丹阳，即今天的枝江。

早在商朝的时候，岐周与荆楚都是商朝属下的小部族。岐周代商，楚君接受了周的子爵封号，位居诸侯的最末一等，负责看守祭祀的燎火，地位低下。相对于黄河灌溉下的中原地区，荆楚又是一片尚未开化的蛮荒之地。于是，在中原国家的眼里，楚国被认为是和山戎、赤狄一类的蛮夷部族，被冠以了"南蛮"之称，和三苗、百璞、百越、巴蜀等蛮族混为一体。不过，也正因为楚国地处蛮荒，发展空间巨大，且容易脱离周王室监控的视线，所以扩张奇快，向南、向西、向东侵占了大量土地，征服了大批民众，一跃而成诸侯国中地盘最大的国家，进而自称"我蛮夷也，不与中国之号谥。而王为加位，我自尊耳"。于公元前704年自立为王，与周天子分庭抗礼，骎骎乎有向北侵犯之势。

所以，得知百里奚是楚国人，蹇叔不免用异样的目光打量他。不过，经过短暂的交流，这异样的目光很快就消失了。蹇叔觉得百里奚很对自己的胃口，跟自己是同一类型的人：有追求，有抱负，渴望建功立业。

蹇叔索性把百里奚请到了家里热聊，结果是越聊越投机。两个人都觉得对方是世上高人，干脆结拜为了兄弟，蹇叔大百里奚一岁，做了大哥。百里奚傍上了这位大哥，暂时摆脱了困境，衣食行住有了着落。

两个人在齐国又混了几个月，到处找熟人、拉关系，指望有人能搭个线见上齐襄公一面，可到头来，均是竹篮打水一场空。

转眼冬尽春至，新的一年来了。蹇叔眼瞅着自己的盘缠快用光了，不想耗下去了，建议百里奚和他一起先回宋国，回头再想其他办法。百里奚也觉得在齐国待下去没什么前途，同意了。

然而，山重水复疑无路，柳暗花明又一村。就在两个人打点好行李、准备动身之际，事情发生了变化。齐国爆出了特大新闻：齐襄公被上卿管至父和连称弄死了，公子无知成为新一代齐国国君。

表面上，齐襄公被弄死与他们没有直接关系，但一朝天子一朝臣，公子无知接任了国君的位子，就要招揽大批效忠于自己的人。这么一来，入仕的机会不就摆在眼前了吗？

实际上，公子无知还真张贴出了招贤榜文，到处招收治国人才。百里奚高兴地蹦了起来，摩拳擦掌地对蹇叔说："真是来得早不如来得巧，大哥，我们的机会终于等到了。"他把行李往地上一放，就要去报名参加面试。

蹇叔却给他泼了一盆冷水，说："兄弟，你要去给公子无知效力，脑子还没坏掉吧？”

"这……这话却是从何说起？"看着蹇叔，百里奚傻了眼，莫名其妙，不知他什么意思。

蹇叔表情严肃，一点儿也不像在开玩笑，说："兄弟，你了解公子无知吗？他的口碑很差，虽然篡夺了国君的位子，但一定不能长久，而且，齐襄公有儿子流亡在国外，一定会回来的。去给他效力，脑袋怎么掉的都不知道！"

百里奚一下子省悟过来了，连叫好险好险，都怪自己入仕的心情太过迫切，要不是蹇叔及时提醒，差点就走了错路。

于是，哥儿俩按照原计划回宋国蹇叔的家去了。

在蹇叔家吃白食的日子里，虽说有吃有穿，但百里奚看着蹇叔和老婆、孩子一家子团团圆圆、开开心心的热闹劲儿，难免就会联想到自己。他想到自己的老婆、孩子，牵挂着他们，不知道他们过得怎样，同时，也对自己几年来的一事无成自怨自艾、黯然流泪。

百里奚不知道这种吃白食的时光会延续到什么时候，茫然失措，种种不安与日俱增。他眼看入仕的机会越来越渺茫，就开始有了离开蹇叔、自谋生计的想法。

一天，他听人说周庄王的儿子王子颓喜欢养牛，心中便合计了一下。得，自己在乡下也曾养过牛，颇有心得，不如就去帮王子颓养牛，自食其力，减轻兄长蹇叔的负担；同时，也算是替王室打工，看能不能在王室里谋到一两条门路。

合计停当，便向蹇叔辞行。

蹇叔也觉得这么耗着不是事，必须到外面游历寻找机会才能实现两个人的抱负，就跟百里奚说："树挪死，人挪活，一静不如一动。兄弟，既然你有这样的想法，我也不能拦你，你先去，过段时间我也过去，看看在王室里面能不能打开局面。"

有了蹇叔的支持和资助，百里奚备足了盘缠，顺利地到达了洛邑，成了王子颓手下的一名养牛郎。

可真别说，之前百里奚的心思全花在读书上，结果是满腹经纶、学富五车；现在，百里奚把心思全花在养牛上，结果那些牛全都膘肥体壮、龙精虎猛。

王子颓喜得合不拢嘴。

要说，王子颓作为王室的第二把手，不过因为牛儿肥了，就乐成这样，至于吗？其实，王子颓为了夺取周王的宝座，一直在暗中招揽人才。通过养牛，他发现百里奚是个不可多得的人才，他能不高兴吗？他准备把百里奚培养成忠于自己的家臣，就给百里奚加薪提职，并承诺，以后有机会，就让百里奚担任大夫。

百里奚暗暗高兴，觉得自己不虚此行，这次来帮王子颓养牛那是养对了，看来，自己的愿望就快要实现了。他又开始想念留在楚国的妻儿了，也许，在不久的将来，我就可以将他们接到洛邑生活了。他想了妻儿，又想蹇叔。蹇叔兄，你怎么还不来呀，你来了，我就把你推荐给王子颓，咱们哥儿俩就一同为王子颓效力，做一番事业。

正想着蹇叔，蹇叔来了。

百里奚还没来得及将自己的现状告诉蹇叔，蹇叔先转达了一条震惊的新闻：齐国的公子无知被杀了！

啊！百里奚惊出了一身冷汗，幸亏自己听了蹇叔的劝告没有冒冒失失地投靠他，否则说不定自己也跟着遭殃了。

"良禽择木而栖，这至关重要。"蹇叔听百里奚说了王子颓许诺担任大夫的事后，严肃地对百里奚说。

"什么意思？"看了蹇叔的表情，百里奚一激灵，急问道。

蹇叔说："我这一路走来，特别打听了有关王子颓的事。要我说呢，王子颓这个人志大才疏、心怀不轨，他手下多是善于谗谄的小人，成不了大事，跟他，别是羊汤没吃到反惹一身膻。"

百里奚心有不甘，说："到手的机会不要了？"

"这哪是什么机会？大丈夫不可轻易委身于人，若是决定了在人家手下做官，就不能轻言离去，离去就是不忠，而要与之同患难，显然又是不智。听大哥一句劝，离开洛邑。"

可是，离开了洛邑，岂不又成了无业人员？想着一眼望不到头的苦难日子，百里奚真是欲哭无泪。

看着百里奚的一副苦瓜相，蹇叔笑了。来洛邑之前，蹇叔和一个故交旧友取得了联系，而这位故交旧友将是百里奚的第二位命中贵人。这位故交旧友名叫宫之奇，辛宫里（今山西平陆县张店镇附近）人，时任虞国大夫。

虞国国小民弱，蹇叔并不看好，但他认为适合百里奚暂时栖身，至少，不像在王子颓手下做事会招致杀身之祸。所以，他这趟来，是想把百里奚带到虞国，通过宫之奇，让百里奚在虞国谋上一官半职，解决生计问题。

原来是这样！

百里奚感动得一塌糊涂。

什么叫朋友？这就叫朋友！什么叫结义兄弟？这就叫结义兄弟！

这样，在蹇叔和宫之奇的帮助下，百里奚做上了虞国的大夫。

屈指算来，从离开宛邑到现在，百里奚已经在外流落了十多年，这十多年的时间里，不知老婆孩子过得怎么样了？

在虞国工作了一年多，百里奚觉得自己也算小有成就了，便派人到宛邑接娘儿俩过来，满心欢喜地期待着能合家团圆，过上幸福的生活。可是，耐心地等了几个月，从宛邑回来的人却带回了一个让百里奚悲痛万分的消息：百里奚的妻子杜氏早在十年前就带着孩子外出讨饭去了，现在下落不明。

这……还能说什么呢？哭吧。百里奚仰天长啸、伏地痛泣，撕心裂肺。想想自己七尺男儿，却没能照顾好老婆孩子，让老婆孩子外出讨饭，百里奚羞愧难当，痛不欲生。他发誓，今生绝不再娶别的女人，无论是找遍天涯海角，也要把杜氏他们娘儿俩找到！

在虞国担任大夫的二十多年的时间里，百里奚果然践行自己的誓言，没有再娶，而是一趟趟地派人到各地寻找杜氏娘儿俩的踪迹，可惜，每次派出的人都是空手而归。杜氏娘儿俩就像是人间蒸发了一样，活不见人、死不见尸，也不知是生还是死。

百里奚眼泪流干，但他始终坚信，他们娘儿俩一定还活着，说不定就在世界的某个角落受苦受难，巴巴地等着自己去拯救呢。百里奚不止一次萌发过亲自回楚国宛邑找他们的念头，可终因政务缠身，没能成行。

虞国在现在的山西平陆、夏县一带，国家很小，在大国的夹缝中求生，处境很难。这也是蹇叔坚决不肯在虞国入仕的原因。蹇叔也曾劝过百里奚，提醒他不要太过沉迷于虞国的为官生活。百里奚觉得自己已经到了五十知天命之年，而且老婆孩子又没有音信，纯属光棍一条，也不那么执着于做什么惊天大事了，便婉拒了蹇叔的劝导，说："大哥，我并不是沉迷于虞国的官场，到了这把年纪，一条腿都迈进棺材了，又无儿无女，我看开了，过得一天是一天了，啥都别说了。"

蹇叔一听，也是这么个理，就摇了摇头，叹了一口气，走了。

蹇叔看问题、看形势的眼光总是很毒、很准。在齐国，他说公子无知不行，结果公子无知很快就被人处死了。在洛邑，他说王子颓不行，结果王子颓也很快就挂了。他说虞国发展空间太小，而且虞国的国君虞公才能中下，且贪欲心强，虞国不能长久，结果也真被他言中了。

虞国和虢国相邻，同是小国，要在乱世中生存，就必须结成盟国，同心协力对抗大国的吞并。这一点，百里奚和宫之奇都看得很清楚，坚决推行虞虢联盟政策，这就使得其他要吞并虞虢两国的国家无隙可乘，不敢对两国轻举妄动。

可是，因为虞公的贪婪，公元前 655 年，虞虢两国的结盟被晋国送来的宝马珍玉破坏了。

二 百里奚拜相

晋国的诞生，来源于一个充满传奇色彩的故事——桐叶封唐。

且说，吕尚姜太公除了是周武王的尚父之外，还是周武王的岳父。这个七八十岁的老人把自己的一个女儿嫁给了周武王。这个女儿名叫邑姜，为周武王生了两个儿子，长子名叫姬诵，即周成王；幼子名叫姬虞，字子于，由于是成王的弟弟，又称为叔虞。

　　周武王灭商后在位四年就挂了，成王小小年纪就登上了王位。成王和叔虞哥儿俩的感情非常好。有一天，成王与弟弟做游戏，把一片桐树叶削成圭形，塞给弟弟，说："我把这个封给你。"摄政的周公旦知道了，认为天子无戏言，且其时唐国谋乱被平定，周公旦便封叔虞于唐。唐在河、汾之东，即今天山西南部的翼城、绛县、曲沃一带，地方百里。叔虞死，子燮袭位，因国境内有晋水，改国号唐为晋。由此可见，晋国与周王室有着很深的渊源。而这种渊源，也成了晋国能发展成为大国的很重要的政治资源。

　　自叔虞开始，中间经过曲沃之乱，传国八代，到了晋献公。

　　晋献公是一个很有作为的国君，继位后，便奉行尊王政策，开拓疆土，提高声望，攻灭骊戎、耿、霍、魏等国，击败狄戎。

　　为了平灭虢、虞等周边小国，晋献公采取了一条"假道伐虢"之计，即以良马和玉璧贿买虞公，要从虞国借一条通道征伐虢国。贪婪的虞公利令智昏、财迷心窍，竟然答应了晋献公的请求。宫之奇和百里奚都看出了其中的巨大危险。宫之奇谏阻虞公说，晋吞噬同姓之国不止一二，之所以迟迟不敢对虞、虢两国动手，是因为虞、虢两国唇齿相依，若虢国一亡，虞必不能幸存，万万不可借道于晋国。

　　无奈虞公不听，却振振有词地说："虢国是一个小国，与之相交，就像是交了一个弱朋友；而晋国是一个大国，与之相交，就像是交了一个强有力的朋友。为了交好一个弱朋友而去得罪一个强有力的朋友，那是傻子才干的事！"他坚持借道给晋国。宫之奇劝谏不成，便让百里奚接着谏。百里奚却拒绝不干，说："虞公智力低下，向智力低下的人进献良言，就像委珠玉于道。夏桀杀龙逢，纣王杀比干，就因为这两个人强谏。我不能劝谏，而你也要危险了。"

　　宫之奇顿足叫道："如此，虞国必然灭亡了，你和我一起逃亡吧。"百里奚摆手说："你自己逃走就可以了，如果再带上我，不是加重了你的罪吗？"

　　于是，宫之奇走了，百里奚坚定地留了下来，准备用自己的眼睛来见证虞国的灭亡过程。

果然，晋国横穿虞国国境，顺利灭了虢国，回师途中突袭虞国，虞公及百里奚等文武官员皆成为阶下囚，良马和玉璧，均物归原主。

晋献公并不杀虞公，而是待以寓公之礼，给他做个小地主，并以其他的骏马和玉璧相赠，打趣说："我是不会忘记你借路给我攻打虢国的恩惠的。"

虞公羞愧难当，暗悔当初没有听取宫之奇的劝谏。回到晋献公特意为自己所安置的庄园，虞公发现百里奚默默地跟随在后面，就严厉地斥责他，说："你的贤明远远高于宫之奇，宫之奇尚且知道不能借道给晋国，你必定也知道，怎么不对我进行劝谏？"

百里奚和颜悦色地说："主公既然听不进宫之奇的劝谏，又怎么能听得进百里奚的劝谏？我之所以不进行劝谏，就是想留下来以保护主公的安危。"

虞公更加羞愧得抬不起头。

有一个名叫舟之侨的虢国大夫，投降了晋国，知道百里奚的贤能，想把百里奚推荐给晋献公，便前来劝说百里奚。

百里奚断然拒绝，说："你不用劝我，我决定了，今生就在虞公身边侍奉虞公终老一生了。再者说了，君子即使终生埋没自己的才能也不去敌国的土地，更何况是到敌国做官呢？就算我要做官，也绝不会做晋国的官。"

舟之侨一听，好嘛，你百里奚不就是在讽刺我、埋汰我吗？一怒之下，就想好好整整百里奚，让百里奚吃不了兜着走。

你百里奚不是说要终生陪伴在虞公身边吗？我偏不让你遂愿；你百里奚现在跟随着虞公不是吃穿无忧吗？我偏要让你沦落为奴隶，穷困饿死。

舟之侨处心积虑地寻找着搞垮整倒百里奚的机会，可真别说，机会很快就来了。

秦国的国君秦穆公即位已经六年，中宫空缺，他看中了晋献公的长女伯姬，想聘为夫人，派大夫公子絷前来晋国求婚。

与晋国那来自周王室的高贵血统比较起来，秦国的地位是比较低下的。

传说，秦国国君的祖先是来自黄帝长子少昊氏一系。而实际上，到了周朝第八代王周孝王的时代，秦国国君的祖先只是一个养马的马夫。因为马养得好，周孝王一时高兴，就将秦地几十里的土地封给了这个马夫，让他做附庸于邻近大诸侯的小国国君。就是这样一个地处偏僻的蕞尔小国，没有自暴自弃，不放弃对富国强兵的追求。经过一百多年的发展，秦国不断蚕食周边小国，占领被戎人和狄人侵占的原周朝在陕西的领地，渐渐成了一个不容小觑的中等以上的国家。

不过，说到底，秦国地处偏僻，毫不起眼，还没有受到其他国家的重视。秦穆公为秦国第八任国君，为了与中原文化接轨，重回华夏民族的大家庭，他想到了与晋国联姻的法子。

晋献公让太史占卜，得出的结论是：与秦国利于姻好，不利于战争。于是，他同意了这门亲事。

伯姬出嫁之日，心怀恶意的舟之侨使坏，向晋献公进了谗言，让百里奚作为陪嫁奴隶前往秦国。

侍奉虞公终老一生？想得美！

在虞公身边衣食无忧？做梦！

去那个还没开化的秦国做你的奴隶吧，哈哈哈！

百里奚彻底傻了眼，悲叹道，我空有济世之才，未能遇上明主施展，年近老迈又成了奴隶，比仆妾都不如。耻辱啊，赤裸裸的耻辱！

悲叹过后，百里奚又想，既然这么屈辱，那就不如去死吧！在死之前，他与命运做了最后一次斗争：逃亡。逃亡不成，再死不迟。

伯姬出嫁途中，百里奚偷偷地开溜了。

陪嫁的奴隶有数百人，可秦穆公唯独对百里奚一人有巨大的兴趣。原因是秦穆公的手下，有一个来自晋国名叫公孙枝的谋士，不断在秦穆公耳朵旁赞叹百里奚是个世间罕有的大贤士。

秦穆公本来看了陪嫁人员中有百里奚的名字，却没见到百里奚本人，就有些奇怪。他又听见公孙枝不断赞叹百里奚，就更加奇怪了，问道："你倒说说，这百里奚的贤能表现在哪儿？"

公孙枝应声答道："百里奚知虞公不可谏而不谏，堪称智慧；跟随虞公投降了晋国却不肯出仕于晋国，堪称忠贞。这是一个经世之才，可惜不遇其时罢了。"

秦穆公的胃口一下子被吊起来了："这样的贤人，寡人怎么才能得到呀？"

公孙枝略一沉吟，说："百里奚的籍贯在楚国，他一定是逃回楚国去了，主公可以派人到楚国去寻访。"

秦穆公于是派了大批探子到楚国去探访。公孙枝料想得不错，百里奚是逃回楚国了。

原先，百里奚想逃入宋国寻找结义兄弟蹇叔，但因路途受阻，便改变了主意，逃回楚国宛邑。他想，这么多年来，老婆孩子一直没有下落，死之前，就回家乡看上最后一眼吧。

回到了宛邑，家人的确已无处寻觅，百里奚人也老了，心也累了，就哪儿也不想去了，在家乡帮人养牛。百里奚曾在洛邑养牛得到过王子颓的青睐，养牛是他的一项绝活，牛养得又壮又肥。楚国国君楚成王听说百里奚善于养牛，就向百里奚虚心请教养牛的秘诀。

百里奚告诉他："时其食，恤其力，心与牛而为一。"

"心与牛一"是统治艺术的一种最高追求，与后来孔子的"仁者爱人"是同一意思，可惜楚成王悟不出里面的真正含义，也没能真正读懂百里奚，最终只是让百里奚养养牛，以致错过了百里奚这样的超级贤才。

秦穆公终于打探到了百里奚的下落，就想用重金将百里奚赎回。

公孙枝制止说："现在楚成王还不清楚百里奚的潜在价值，才让百里奚养牛。如果用重金赎取，那不就是等于告诉了他百里奚是千载难遇的人才？他既知道了百里奚是千载难遇的人才，那不就留给自己使用了，又怎么肯把百里奚交给我们呢？"

秦穆公一听，呆住了："对啊。可是，不赎，寡人又怎么才能得到百里奚呢？"

公孙枝说："可以贵物贱买，主公可以用一个奴隶的市价，也就是五张黑公羊皮来换百里奚，那样楚成王就不会怀疑了。这也是管仲脱身鲁国的策略。"

秦穆公连声称好。

于是，秦国的使者就声称百里奚是从秦国出逃的奴隶，要把他赎回来定罪，用五张黑公羊皮顺利地完成了交换。

百里奚被秦国使者接走时，发生了一个小插曲，即那些跟随百里奚一起养牛的人以为百里奚真的会被秦国国君治罪，他们已经和百里奚建立起深厚的感情，纷纷上前抱着百里奚痛哭，不忍放手。

百里奚哈哈大笑，说："我早听说了，秦国国君有称霸天下之志，现在却不辞千里寻找一个老弱逃奴，一定是要重用我，我这次入秦，必将大富大贵，你们用不着哭泣！"坦然登上了囚车。

到了秦国，秦穆公亲自迎接，一看，百里奚不过一个胡子拉碴、老态龙钟的糟老头子，不由得大失所望，失声说："老成这样，那你已经多少岁了呀？"

百里奚呵呵笑道："不老不老，老夫今年才七十岁。"

秦穆公摇头说："七十岁，还不老啊？"

百里奚说："如果你想让我逐飞鸟、搏猛兽，我的确是老了点。如果你想让我和你坐在一起策论国事，那还年轻着呢。你想想，当年姜太公年已八十，垂钓于渭水之滨，周文王知贤爱贤，车载以归；周武王拜为师尚父，终定周鼎。我现在遇了主公，岂不比吕尚遇上文王更早了十年？"

秦穆公壮其言，同时也以其将自己相比于周文王而高兴，正色请教说："敝国生活在戎狄的包围之中，不能与中原诸侯会盟，请先生不吝赐教，寡人怎么做才能不落后于中原诸侯？"

百里奚从容答道："主公不因为我是亡国之虏而虚心下问，我怎么敢不竭尽愚智相答？雍岐之地，是文王武王发迹之地，山如犬牙，原如长蛇，周室不能守而交给了秦国，这是天意要助秦国成就大事。秦国生活在戎狄的包围之中，就不得不努力提升自己的军事力量，而军事力量强大，无须参与中原诸侯的会盟已足扬威。且西戎有小国数十个，合并了他们的土地就可以饱食无忧，凭借这些土地上的百姓就可以捍卫平安，这是中原诸侯不能和我们相比的地方。主公若以德抚兼以力征，既可以雄踞西陲，又可以扼山川之险对垒中原，等待时机东进，则霸业可成。"

秦穆公情不自禁地站了起来，鼓着掌，由衷地赞道："寡人能得到先生，犹如齐国得到管仲！"

自初见面开始，秦穆公与百里奚连着谈论了三天，言无不合。

到了第三天，秦穆公要拜百里奚为上卿，委以国政。百里奚却坚辞不受，他认为，另有人的才能在自己之上，上卿的职务，应该由这个人来担任。

这个人是谁？当然是百里奚的结义兄长蹇叔了。

秦穆公知道百里奚之外还有另一个大贤人蹇叔，惊喜万分，就用重礼将蹇叔请来秦国，让他和百里奚一起做秦国的上大夫。

因百里奚是秦穆公用五张黑公羊皮换回来的奴隶，故世人称百里奚为"五羖大夫"。

三　听琴认妻

百里奚颠沛流离，筚路蓝缕，历经艰辛，十分了解民间的疾苦。他主政后尊民爱民，勤勉政事，即使劳累也不坐车，酷暑炎热不打伞，在国内巡游不带随从，不设武装防卫，获得了秦国人民的信赖。韩非子在《韩非子·说疑》中赞其"为其臣也，皆夙兴夜寐，卑身贱体，竦心白意"。

百里奚将安抚、教化、缉和境内各民族，发展生产，充实国力放在了首位。《淮南子·修务训》说："百里奚转鬻……蒙耻辱以干世主，非以贪禄慕位，欲事起天下利而除万民之害。"为官为政，不贪恋权势，不贪图富贵，而是要大济天下苍生。他敬惜民生民力，鼓励民众开边垦荒，提倡教化，开启民智，并按照周朝的官制和朝仪，改变了秦国落后的国体，将中原先进科技、文化、政治和耕作技术散布于境内各民族。《史记·商君列传》说百里奚"发教封内，而巴人致贡；施德诸侯，而八戎来服；由余闻之，款关请见""不操干戈，功名藏于府库，德行施于后世"。

在百里奚的励精图治下，秦国府库充盈，百姓安乐，秦国短期内便得到了大治，境外的巴、戎等少数民族为秦国威势所慑服，纷纷归顺亲附。

一时间，百里奚成了秦国最受尊敬的人。

然而，百里奚并不快乐。每当忙完了烦琐的政务，每当日落，每当暮色四起，就有一种浓重的寂寞和孤独袭上他的心头。他还是那么怀念生死未卜的老婆孩子，有时，屋子里已经很黑了，他也不许下人点灯火，他一个人端坐在黑暗中，辨认着黑的颜色、品尝着黑的滋味，听着自己的心声，自己跟自己说话。老婆啊，你到底在哪儿？孩子啊，你过得怎么样？

一天夜里，百里奚像往常一样在屋子里端坐，百无聊赖。

院子里相府的乐工在拨弄着琴弦，叮叮咚咚，有一搭没一搭。

不知什么时候，琴音一变，呜呜咽咽，如泣如诉，并伴有歌声响起：

百里奚，五羊皮！忆别时，烹伏雌，舂黄齑，炊扊扅。今日富贵忘我为？

百里奚，五羊皮！父粱肉，子啼饥，夫文绣，妻浣衣。嗟乎！富贵忘我为？

百里奚，五羊皮！昔之日，君行而我啼，今之日，君坐而我离。嗟乎！富贵忘我为？

一开始，百里奚并不怎么留意，待听清楚了歌声里有自己的名字，便竖起耳朵细听，渐渐听清了歌词大意，似乎是指责百里奚忘恩负义，只知道自己享乐，忘记了老婆孩子。

百里奚越听越不对劲，歌里唱有离别时杀老母鸡、砍门闩做柴的细节，这……这唱歌的人是谁啊？难不成，是……她？百里奚再也坐不住了，跟跟跄跄地从黑暗的屋子里冲出，直奔大院，嘴里哆哆嗦嗦地叫道："老……老伴儿，是……是你吗？"

院子里正在抚琴唱歌的是一个头发花白的老妇人，听了百里奚的呼唤就止住了手，抬起了头，颤抖着声音说："老头子，是你吗？"

这个老妇人正是百里奚分别了四十多年的结发妻子杜氏！

原来，杜氏自丈夫离别之后，家乡遭遇上了灾荒，没奈何，只好带上儿子外出逃荒，风霜江湖、含辛茹苦。这一年流落到秦国，她听说秦国有一个人人敬重的大夫名字也叫百里奚，惊喜之余，也有些担心，担心这个百里奚只是跟自己的丈夫同名同姓而不是自己的丈夫。于是，她设法到百里奚府中当了洗衣的用人，希望能见到大夫百里奚，好好认一认，到底是不是自己的丈夫。她恰巧遇上了乐工弄琴，就大起了胆子，借了琴，自弹自唱，指责大夫百里奚抛妻弃子，以引他出来相认。

夫妻两个人相见，当场就抱头痛哭起来。

秦国上下知道了这件事，都为百里奚不忘旧情的品质所感动。

秦穆公也特意送来了许多财宝，以示祝贺。

百里奚的儿子孟明视已经四十开外，长得仪表堂堂、身躯凛凛。秦穆公心中喜欢，将他拜为大夫，与蹇叔的两个儿子西乞术、白乙丙合称"三帅"，掌管秦国军队。

四　辅秦称霸

鉴于秦国"小国僻远，诸夏宾，比于狄"，而周王室是天下共主，为了提高秦国的地位，百里奚高举尊王大旗，处处与周王室套近乎，竭力维护周王室的利益和地位，争取得到周王对秦的承认。

公元前636年，周的京都洛阳发生战乱，周襄王避难到竹川（河南襄城县附近）。百里奚劝秦穆公把周襄王接到秦国，乘机称霸。秦穆公担心遭到晋国阻拦，竟把称霸的机会拱手让给了晋文公，自己只是带兵助晋文公为周襄王平息叛乱。饶是如此，秦国还是立下了令东方列国瞩目的大功。后来秦穆公称霸西戎，周天子即专门派出特使送来金鼓祝贺，给秦国很高的礼仪待遇，大大提升了秦在东方列国中的地位。

针对秦穆公一心要跻身于东方文明大国之列的迫切心理，百里奚又对晋、楚等大国采取友好睦邻政策，努力营建了良好和平的发展环境。为此，《史记》大赞百里奚"三置晋君，一救荆祸"的仁义行为。

"三置晋君"是指秦国立晋国惠公、怀公、文公为国君。

公元前651年，晋献公薨，晋献公的宠妃郦姬想让自己的儿子奚齐继位，不久奚齐却被大臣杀死了。晋国国君的君位出现了空缺。为了保持大周时局的稳定，百里奚在搞好自己的国内政治前提下，亲自带兵护送公子夷吾归国继位，称为晋惠公，此为"一置晋君"。

晋惠公在归国前许诺自己登位后将西河八城割给秦国，可他成功登位了就翻脸不认人，不但抹杀了自己曾经许下的诺言，还宣布与秦国绝交。晋惠公这一手，搞得秦国人很失望。

公元前648年，晋国遭受了严重自然灾害，仓廪为之一空，为了渡过难关，晋惠公厚着脸皮向秦国借粮。

秦国人认为这是上天对晋国人违背誓言、出尔反尔的报应，坚决不借。甚至有人认为这是天赐灭晋的良机，应该发兵攻晋。

百里奚却力排众议，说："福祸各有轮替，再说，我国借粮给晋国，也不是给夷吾一人，而是为了晋国的黎民。"最终，秦穆公同意了百里奚的意见，派了大量的船只运载了万斛粮食，由秦都雍城（今陕西凤翔南）出发，沿渭水，自西向东五百里水路押运粮食，随后换成车运，横渡黄河以后再改山西汾河漕运北上，直达晋都绛城。运粮的白帆从秦都到晋都，八百里路途首尾相连，络绎不绝，史称"泛舟之役"。

这次人道主义的义举，征服了晋国的人心。

而到了第二年，秦国发生灾荒，而晋国却获得大丰收，秦国请求晋国卖一些粮食给秦国。晋国不但不肯卖粮救灾，反而趁火打劫，出兵攻秦。秦晋两国在韩原展开决战，结果，在秦军付出了惨烈的代价后，险胜，生擒晋惠公。为了给秦国发展争取好的外部环境，百里奚主张放晋惠公归国，而秦穆公也同意了。此为"二置晋君"。

公元前637年，晋惠公去世了。百里奚又辅佐秦穆公设法从楚国把晋国公子重耳先接到秦国，然后护送他回国，逐走了晋惠公的儿子子圉。这年，重耳登位，史称晋文公。此为"三置晋君"。

至于秦国的"救荆国之祸"，史籍上已难于查寻，但据此可知，秦国也曾帮楚解除了祸患。

秦国对晋、楚等有影响的大国实施与邻为善、救邻之患的友好政策，尤其是不念旧恶、施惠敌国的行为，占领了道义的制高点，赢得东方各国的好评，也为秦国向西方发展营造了良好和平的环境。

在晋文公时代，百里奚着力修复秦晋之间的友好关系，并于公元前632年与晋军结盟，在城濮打败了进犯中原的楚国军队，一跃而成继晋国以后北方最具实力的强国。

公元前628年冬，晋文公死。秦穆公急于称霸中原，不顾百里奚和蹇叔的反对，强行远征郑国，结果在崤山遭到了晋军的伏击，三百乘战车和数千兵士悉数战死。

崤山惨败之后，秦军又与晋军进行了两次大型的军事较量，双方互有胜负。

经过这两次较量，百里奚意识到秦国东进的道路受阻于晋，便调整了战略方向，避实击虚，向西发展，拓地开边。

秦国的西边生活着大大小小几十个戎狄部落和小国，如陇山以西有昆戎、绵诸、翟，泾北有义渠、乌氏、胸衍之戎，洛川有大荔之戎，渭南有陆浑之戎。这些戎狄部落和小国虽然生产落后，但却骁勇善战，不易对付。百里奚为了征服这些狄戎势力，便恩威兼施，萝卜大棒一齐下，能利诱就进行利诱，不能利诱就出兵猛攻。

按照百里奚所制定的战略方针，公元前623年，秦军大举包围绵诸，在酒樽之下生擒了绵诸王。几十个戎狄国闻讯大惊，先后归服了秦国。秦国辟地千里，国界南至秦岭，西达狄道（今甘肃临洮），北至胸衍戎（今宁夏盐池），东到黄河，史称"秦穆公称霸西戎"。

百里奚执政，"立之于本朝之上，倚之于三公之位，内不惭于国家，外不愧于诸侯，符势有以内合"。

齐景公曾问孔子："当年秦穆公国小偏僻，怎么可以成就霸业？"

孔子答："秦国虽小，志向却很大；所处地方虽然偏僻，但施政却很公正恰当。

秦穆公用五张黑羊皮赎回百里奚，授给他大夫的官爵，把他从拘禁中解救出来，连谈了三天三夜，便把执政大权交给了他。用这种精神来治理国家，就是统治整个天下也是可以的，何况称霸呢！"

百里奚辅佐秦穆公倡导文明，增修国政，和悦百姓、施善政于天下，让人民得到更多好处和实惠，终于使秦国由一个西陲小国摇身变成了可与晋国、楚国争高低的强国，成为名副其实的春秋五霸之一。这些为以后秦国兼并六国，且最终统一中国的千古基业奠定了牢固基础。

公元前621年，百里奚告老还乡，居住在楚国宛邑，数月后病逝，葬于宛邑城西。

秦国不论男女都痛哭流涕，连小孩子也不唱歌谣，正在舂米的人也因悲哀而不发出相应的号子。

宋黄庭坚游南阳过百里奚冢，曾赋诗《过百里奚大夫冢》云：

客行感时节，况复思古人。

何年一丘土，不见石麒麟。

断碑略可读，大夫身霸秦。

虞侯纳垂棘，将军西问津。

安知五羊皮，自鬻千金身。

末世工媒孽，浮言垢道真。

幸逢孟轲赏，不愧微子魂。

百里奚德行高洁，奉行以德治国的理念。相对而言，晏婴治齐，所表现出来的更多是一种睿智、一种情怀，超然物外，又悲天悯人、心系苍生。如果说百里奚是道义和德行的化身，则晏婴就是智慧的代名词。千百年来，关于晏婴在外交、治国、劝谏等领域所表现出来的机智和勇敢的故事一直传颂不衰。但晏婴留给后人最大的精神财富却是他的思想，他那"谋于上，不违天；谋于下，不违民"的民本思想虽然质朴无华，却照耀千秋。

当今世人只知道孔子是伟大的圣人，其实相比孔子，晏婴毫不逊色。司马迁在《史记·管晏列传》中在记述晏婴的事迹后感慨地说："假令晏子而在，余虽为之执鞭，所忻慕焉。"对晏婴可谓推崇备至。

第三篇
心系苍生的一代贤相——晏婴

一　崔杼弑君

话说，齐桓公自管仲离世，晚年昏庸，生活愈加颓废，又重新启用了佞臣公子开方、易牙、竖貂等人，齐国便开始走下坡路。

公元前643年，齐桓公患病不起，他的五个儿子各率党羽争位，大打出手。因为争得太激烈，无人顾及齐桓公的死活，该年冬十月齐桓公饿死在病榻上，整整六十七天，尸不入殓。

五公子争位，在齐国开了一个坏头，此后，齐国内部纷争不息，国力迅速衰落。传位至齐顷公，齐军与晋军开战，在鞍之战中惨败而归。到齐灵公当国，齐国背盟讨伐鲁国，结果被晋、鲁、宋、卫、郑、曹、莒、邾、滕、薛、杞、小邾国等盟军击溃，一败涂地，自此国势衰微，齐灵公本人也得了重病。

公子光原本是齐灵公先前所立的太子，但齐灵公又改立了宠姬所生的公子牙。在灵公病重之时，大夫崔杼、庆封等将公子光从外地迎回，杀死公子牙母子，齐灵公闻变吐血而亡，公子光即位，即为齐庄公。

要说，齐庄公既然是崔杼扶立起来的，那就应该好好珍惜崔杼、重用崔杼，一起振兴齐国才对。而且，说起来，崔杼也不是外人。崔杼和齐庄公一样，都是吕尚姜太公的后人。姜太公死后，传位给儿子丁公姜伋，丁公姜伋的嫡长子季子风格很高，将太子之位让给弟弟叔乙，自己食采于崔邑（今山东省章丘市），子孙以邑为氏，季子就是崔杼的先祖。可齐庄公竟然看中了崔杼新娶的老婆棠姜，趁崔杼不在家，软硬兼施地将棠姜逼奸于床。

天下没有不透风的墙，齐庄公给自己戴绿帽子的事很快让崔杼知晓，崔杼恨得牙根直痒，但因对方是国君，却又无可奈何。

齐庄公觉察到崔杼拿自己没办法，就越来越放肆，对崔杼越来越轻慢。之前是隔三岔五偷偷摸摸地光顾崔家，到后来就天天公开地逛入崔家，基本到了鸠占鹊巢的程度。棠姜跟他在一起的时间比跟崔杼的时间多得多，而且，齐庄公都不用掩饰什么，人人都知道他在崔家干什么勾当。

有人劝他稍稍收敛一下，他大为恼怒，为了表达自己对崔杼的不屑，他还将挂在崔杼家里崔杼常戴的帽子赐给了别人。

俗话说，乌龟缩久了也会伸脖，兔子急了也会咬人。

你占了人家的床，睡了人家的媳妇，不但没有一点儿愧疚感，还要把人家的衣物随便给人，这可不是想找死的节奏吗？

崔杼忍无可忍，终于出手。

那天，莒国国君来齐国访问，齐庄公准备在都城的北郭举行招待宴会。崔杼佯称自己有病，拒绝出席。崔杼算准了，齐庄公一定会到崔府探病，早早在府内埋伏了甲兵。

果然，齐庄公装模作样地来探病了，但他没有直接来崔杼的房间，而是先去棠姜的房间。可笑的是，不知死到临头的齐庄公到了棠姜的门前还卖弄着风骚，"拊楹而歌"，向着房内唱起了浪漫的情歌。

歌声一起，伏兵四出，很快把他乱刀砍死。

齐庄公一死，崔杼也冷静下来了。他知道，事情搞大了。暂时，他还不知道下一步该怎么办，于是静观其变。

对于崔杼弑君的行为，齐国官员的反应不外乎以下几种：一、公开支持崔杼，痛斥齐庄公的兽行，为崔杼的除暴行为叫好；二、高举忠君大旗，讨伐崔杼；三、躲起来，暗中密切关注时局的变化。

很多人的表现是第三种——不闻不问不理，听任事态发展。而作为和崔杼一起扶立齐庄王的大功臣——庆封，却是义无反顾地选择了第一种，坚定地和崔杼站在一起。他收到齐庄王死亡的消息，便第一时间赶到了崔府，发表声明，支持崔杼。

忠臣申蒯绝对是第二种。他表现得很生猛，领着自己的家臣气势汹汹地前往崔府讨说法，为了骗取崔家门人开门，他还砍下了自己的一条左臂，待一入门，就拔剑呼天，三踊乃斗，和他的家臣一起壮烈战死在崔家大院内。

有一个人的表现，并不在上述三种情形之中，非常奇怪。这个人，就是齐国大夫晏婴。

晏婴，字仲，齐国前大夫晏弱之子，夷维（今山东高密市）人，貌不惊人，身长不满五尺，但足智多谋，刚正不阿。

他到了崔府大门，却没有进去。

"你也要为国君战死吗？"他的手下人问。

晏婴脸色如常，说："他是我一个人的国君吗？我为什么要为他而战死？"

手下人于是问："那么我们要不要逃走？"

晏婴反问："是我的罪过吗？我为什么要逃走？"

手下人迟疑地说："那……要不要回去？"

晏婴摇头，说："国君死了，回到哪儿去？作为百姓的君主，应该是管理好这个国家，而不是欺凌百姓；作为国君的大臣，应当为这个国家服务，而不仅仅是为了俸禄。国君要是为了国家而死，我当然也要为国家而死；国君要是为了国家而逃亡，我也要为国家而流亡；若是他为了自己的私欲而死，为了自己的私欲而逃亡，谁也不会、谁也不应该为他而死或随他而逃亡。再说了，国君当初是崔杼立的，现在也是他杀的，我哪能为他而死？哪里能为他而逃亡？"

说话间，大门开了。晏子径直进去，趴在齐庄公的尸体上哭了几声，顿足三次，就扬长而去。

有人对崔杼说："不能放他走了，快杀了他！"

崔杼制止说："他是百姓所景仰的人，放了他，可以得民心。"

二　晏婴守道义

晏婴继父任为卿时，已是齐灵公末年，齐国国势日蹙，偏偏齐灵公又喜欢用兵弄武，搞得国弱兵疲。晏婴虽屡进忠言，却收效甚微。

齐灵公死了，继位的齐庄公却也同样昏庸无能。其即位后就一门心思想着要对外用兵、建立武功、树立威望，以巩固自己的地位，将晏婴的劝谏当成耳边风，穷兵黩武，不但发兵攻打晋国，还兴兵伐鲁。

晏婴心灰意冷，将家中贵重物品上充国库，余财尽散给周围百姓，携带妻儿老小到东海之滨的渔村隐居。

崔杼杀齐庄公，一方面是要泄私愤，另一方面也因为晋国已联合了众诸侯将要大举伐齐。他正好借杀齐庄公向晋国谢罪以求解除战争。

杀死了齐庄公，崔杼看除了申蒯一人有过激反应之外，国内平静无事，便和庆封一起拥立齐庄公的异母兄弟杵臼为国君，是为齐景公。

为了树立个人权威，崔杼在太公庙召集满朝文武，派甲兵将现场里三层外三层地围了个水泄不通，然后逼迫众人歃血盟誓，以效忠于自己。

有几个原则性较强的大臣不肯遵从，立刻被当场扑杀，血腥味弥漫了整个太公庙。在刀剑的威逼下，很多人选择了屈从。大臣们一个接一个地上前歃血，很快就轮到晏婴了。大家都瞪大了眼睛，屏住呼吸，注视着晏婴的一举一动。

从某种程度上来说，晏婴就是正义和智慧的化身，他向来就是人们所效法的对象，大家都想知道他是怎么应付目前这种局势的。

崔杼所拟定的誓词是："不效忠于崔杼的人不得好死！"

晏婴从容举杯，俯而饮血，跟着仰而呼天，大声起誓："效忠于崔杼的人不得好死！"

崔杼勃然大怒，用剑顶着晏婴的胸，用钩钩着晏婴的颈，恶狠狠地说："你若改变你的誓词，则齐国就是我和你的；若不肯改变，只怕要血溅当场。"

晏婴凛然回答道："崔杼，你读没读过《诗经》？诗曰：'莫莫葛藟，施于条枚，凯弟君子，求福不回。'你认为晏婴会是回而求福之徒吗？要杀便杀，请速动手！"

崔杼气得浑身发抖，手中的剑和钩划破了晏婴的前胸和颈脖，鲜血渗了出来。晏婴却毫无惧色，冷笑着盯着崔杼。崔杼被盯得心中起毛，他的一个心腹看他面露犹豫之色，就上前附耳低声说："万万不可！庄公无道，您杀了他，国人反应不大；而若是杀了晏婴，麻烦就大了。"崔杼咬了咬牙，狠狠地跺了跺脚，收回了剑和钩。

晏婴哼了一声，扬长而出。

太公庙外面晏婴的车夫看主人出来了，赶紧服侍主人登车，扬起鞭子，准备快马加鞭，尽快离开这个是非之地。

晏婴态度从容，抚摸着车夫的手说："镇定，不要失态。快了不一定就有活路，慢了也不一定会死。鹿生活在山上，却命悬于厨师之手。如今，我就是那头鹿。"结果，晏婴一路平安到家，并未遭到不测。

《吕氏春秋》因此赞叹道："晏子可谓知命矣！命也者，不知所以然而然者也。人事智巧以举措者，不得与焉。故命也者，就之未得，去之未失，国士知其若此也，故以义为之决而安处之。"

三　晏婴使楚

新即位的齐景公仍然没能与晋国搞好关系，以致引起了晋国数次震慑性的军事攻击，齐军屡遭败迹。为了与强晋相抗，齐景公准备与南面的楚国修好，共同对付晋国。

楚国经过楚庄王和楚共王两代人的治理及扩张一度成为争霸天下的强国。诸侯畏服楚国的强盛，小国来朝，大国来聘，贡献之使，不绝于道。

这时候，执政的楚灵王内心极其膨胀，目空一切，狂妄自大，听说来出使楚国的齐使晏婴身材矮小、其貌不扬，便有了要捉弄晏婴的想法。他对群臣说："晏婴身不满五尺，贤名却传遍天下。如今海内诸国，楚国最为强盛，寡人打算好好羞辱晏婴一番，以彰显楚国的威风，你们有什么整人妙招？"

听楚灵王这么一说，楚国文武百官都来了精神，一个个投其所好地出谋划策，进献整人的阴招。

其中，太宰芳启疆表现得最为活跃，出的点子最损。他抓住晏婴身材矮小这一特点，奏请楚灵王命人在国都郢城的东门旁边专门凿了一个小门，准备请晏婴从这个小门进城，以进行人身攻击。

第二天，晏婴来了，身穿破裘，轻车羸马，到了郢城的东门前。

守门的楚国卫兵手脚麻利地关了大门，一脸坏笑，请晏婴从旁边的小门入城，说："晏大夫请从这个门入城，这是我国国君专门为您老人家量身定做的。"

晏婴一看这架势，明白了，敢情这是楚灵王搞的鬼。好嘛，你楚灵王为君不尊，戏弄外国使臣，看来，我晏婴不给你们点颜色看看你就要欺我大齐无人了。

于是，晏婴清了清嗓门，当场发飙，道："这不是一个狗洞吗？只有出使狗国才走狗洞，我现在出使的是楚国，不知道应该从大门入还是应该从狗洞入？"

楚国的守卫一听，傻了眼了，无言以对，派人飞报楚灵王。

楚灵王一拍大腿，叹息道："本来想戏耍他，谁知反被他戏耍了，也罢，开东门让他来见我吧。"

东门打开，晏婴刚驱车入城，就遇上了楚灵王发来迎接齐国使者团的车辆。车上所乘全是全副武装的高大汉子，盔甲鲜明，手握大弓长戟，端的是威风凛凛，状如天神。

看得出，这又是楚灵王的精心安排。究其用意，无非是想反衬出晏婴长相的猥琐和身材的短小。

晏婴嘿嘿冷笑，说："我今天代表齐国前来与贵国修好，又不是来攻城打仗；再者说了，我不过一介文士，用得着你们这样如临大敌吗？都闪一边去！"晏婴的语气越说越严峻，说到最后"都闪一边去"时，不怒自威，不容置辩，那些楚国甲士猛吃一惊，不由自主地闪到了一旁。

晏婴也不客气，长驱直入，驰奔朝门。

朝门外守候着十余名峨冠博带的楚国官员，一个个道貌岸然、不怀好意，分列两边。

好家伙，一场口舌之辩看来不可避免了。

果然，晏婴才一下车，楚郊尹斗成然就迎了上来，高声说道："齐国乃是姜太公所封之国，兵甲强于秦、楚，货财通于鲁、卫，而自从桓公之后，屡遭宋、晋侵犯，现在朝晋暮楚，齐君臣四处奔波臣服于诸侯，难得安宁。现在的齐侯之志，不下当年桓公，晏婴之贤也不让昔日管仲，怎么让齐国沦落到了今天这个田地？是不是你们君臣不思进取，光想着凭借先人所开创的基业来侍奉大国了？"

斗成然这一通发问可谓尖锐至极，显然是要给晏婴一个下马威。

晏子却不慌不忙，从容答道："天地万物，本来就不存在恒久不变的东西，兴败强衰，乃是国家发展的基本规律。自周失政于诸侯，诸侯连年征战，五霸迭兴，齐国称霸于中原，秦国威振于西戎，楚国称雄于荆蛮之地，这一切固然有人为的因素，可大多数靠的是天意。晋文公虽有雄才大略，尚且逃亡四方；秦穆公霸于西戎之后，文治武功盛极一时，其死后子孙衰弱，也难振往日之雄风；就连你们楚国，自楚庄王后，也多次遭到晋、吴二国的打击，困苦不堪。难道只有齐国衰弱不成？我国齐侯因时而变，要与诸侯平等交往，这怎么说成是臣服呢？所谓识时务者为俊杰，通机变者为英豪，你的父辈作为楚国的名臣，不也是曾经这样做的吗，莫非你不是他们的后代？"

斗成然哑口无言，羞愧而退。

楚上大夫阳匄出列说："不错，你晏婴的确是识时通变之士，但是崔杼、庆封两个人弑君、立君如同儿戏，你作为齐国的世家大族，上不能讨伐叛贼，下不能避位明志，中不能为君王而死，是不是太过留恋名誉地位了？"

阳匄的话相当无礼，但晏婴只是微微一笑，侃侃答道："抱大志者，不应拘守于小节；有远虑者，岂能局限于近谋？先君庄公并非为国家社稷而死，那么我为什么要随随便便为他而死呢？我又怎能以一死来沽名钓誉呢？我留身于朝中，为的是迎立新君，为的是保存齐的宗祖，非贪图个人名位。如果国内的臣子死的死、退的退、走的走，那谁来辅佐君王呢？何况，君父之变，哪国没有？难道你就认定楚国在朝列衮衮诸公都是能讨贼死难之士？"

阳匄瞠目结舌，低头退下。

楚右尹郑丹不服，接过晏婴的话头，说道："晏大夫尽管夸夸其谈，为何崔杼、庆封两个人弑君、立君之时，你只知隔岸观火，并无奇谋妙策？难道你的尽心报国指的就是这样吗？"

晏婴皱了皱眉头，答道："你只知其一，不知其二。崔杼、庆封两个人弑君之日，我本人不在朝堂，而崔杼、庆封两个人立君之盟，我本人也未有参与；国家遭此变难，我正应该刚柔相济地保全君王，怎么说是旁观呢？"

郑丹听了，再也无话可说，灰溜溜地退下。

"哈哈哈！"楚太宰芋启疆干笑了几声，自顾自地大声说道，"大丈夫匡时遇主，有大才略者必有大规模，但依我看来，晏大夫未免太小家子气！"

晏婴一愣，问道："足下何出此言？"

芴启疆指着晏婴的衣服说："大丈夫身仕明主，贵为相国，理当美服饰、盛车马，以彰显齐国的荣盛。你怎么穿敝裘、乘羸马出使外邦呢？我还听说你身上的旧狐裘已三十年不换，岂不小家子气？！"

晏婴拊掌大笑："足下之见，真是太浅陋了！晏婴自从居相位以来，父辈有衣裘、母辈有肉食、妻族无饥荒；同时，依靠我救助的还有七十多家。试想想，我个人节俭一点，就可以使三族富足，并且解除群士之难，这不是更显示出君王的德行吗？"

芴启疆听了，肃然起敬，拱手退下。

楚王车右囊瓦还不知进退，仍然拿晏婴的身高说事。他说："我听说成汤身长九尺，而作贤王；子桑力敌万夫，而为名将。古时明君达士，都是状貌魁梧、雄勇冠世，这才立功当时、垂名后世。你看看你，身不满五尺，力不能缚鸡，只知逞口舌之利，还自以为能，真正可耻！"

晏婴泰然自若地答道："秤锤虽小，能压千斤；舟桨空长，终为水役。宋国的南宫万高大雄伟、力大无比，死于非命。你也同样身高力大，也不过只能为楚王御马。晏婴是知道自己无能的，只是阁下诸君相询，我不能不答，所谓自逞口舌之利，从何说起？"

"这……"囊瓦满头大汗，羞愧退下。

楚大夫伍举见晏婴舌战群雄，以一当十，丝毫不落下风，便替众人解围说："晏大夫是齐之贤士，诸君何得以口语相加？"挽着晏婴的手迈入朝门。

端坐在殿上的楚灵王不知自己的臣下一个个闹了个灰头土脸，远远看见晏婴那矮小的身影走来，还饶有兴趣地按之前设定的套路刁难，高声问晏婴，说："齐国都没有人了吗？"

这是什么话？！晏婴已经猜到了楚灵王要说什么，但还是礼节性地克制了自己，没有骂出口，而是彬彬有礼地回答说："齐国的人口多得哈气成云，挥汗成雨，行者摩肩，立者接踵，怎么说没有人呢？"

楚灵王诡异地一笑，对自己抖出的这个包袱深为得意，也对晏婴的回答颇为满意。他认为，晏婴已经跌落到自己的套子里了，便轻松悠然地说道："既然这么多人，为什么派了你这样一个人来出使我国呢？"

果然又是这一套！

看着楚国人不厌其烦地一再拿自己的身高说事，晏婴决定好好还击一下他们。于是他深吸了一口气，不紧不慢地答道："大王有所不知，我们齐国和楚国不同，安排使节出访是很有讲究的。通常，对那些道德高尚的国家，就派一些精明能干的人出使；而对那些愚蠢无知的国家，就派一些不成器的人出使。说起来惭愧，晏婴就是使臣中最矮最没出息的人了，所以，被安排到了楚国出访，唉——"

随着晏婴最后那一声故作深沉而又悠远绵长的叹息声，楚灵王的笑容凝结，僵持在脸上。殿下诸公面面相觑，场面尴尬极了。

过了好一会儿，楚灵王才缓过神来，干咳了两声，心想，好一个嘴尖牙利的小矮子。好戏在后头，看我不玩死你！

听到楚灵王的咳嗽声，当即就有四名武士将一个五花大绑的人推入殿内。

楚灵王先看了看晏婴，然后高声问武士："你们绑的是什么人？为什么绑他？"

其中一个武士答道："齐国人，手脚不干净，偷盗成性。"

楚灵王回顾晏婴，说："咦？！怎么？齐国人都这般偷盗成性？"

连白痴都看得出，这是楚灵王的故意安排。不过，这样下三烂的手段都使到了宫殿上了，晏婴就用不着再留什么情面了。他说："橘子种在淮水以南称为橘子，结出的果实又大又甜，而一旦移植到淮水以北，则变成了枳树，则结出的果实又小又苦。人也一样，所谓环境不同，国情不同，其表现出来的行为也会不同。齐国人在齐国爱劳动，遵纪守法，可是到了楚国就化身为贼，这应该是楚国的水土造成的吧？"

晏婴的回答，就像几记无形的耳光狠狠地扇在楚灵王的脸上，楚灵王彻底服了。他默然良久，自认倒霉地说："寡人本来想羞辱羞辱你，哪想反被你羞辱得颜面扫地，羞辱得好。看来，圣人是不能随便羞辱的，寡人认栽了！"楚灵王吩咐重新设置礼乐，隆重地接待晏婴。

四　晏婴拒赏

晏婴凭借着自己的学识、才气、机智和个人魅力，不但维护了个人的名声，保持了齐国的声威，又圆满完成了修好楚国的使命。回到齐国，齐景公嘉其功，尊为上相，想想还不过瘾，又赐千金之裘。

晏婴拜谢说："一个人只要有十稷布、一豆食的量，就足以免于饥寒了。况且，臣家里并不缺钱物。臣将君王的恩赐泽被于父、母、妻三族，又延及交往的志士，多救济百姓，主公的赏赐实在是太厚重了，臣再也不能多要了。臣听说，将从君王那里得到的赏赐厚施于百姓，以君之惠，争君之民，代君治民，这是忠臣之道；从君王那里得到的赏赐，却不肯施于民，私藏己用，是仁者所不屑。"

齐景公坚持要给晏婴赏赐，说："先生就不要推辞了，当年先君桓公把书社五百赐给管仲，管仲为世之圣贤，也欣然而受，先生何必拒绝呢？"

晏婴看齐景公抬出管仲说事，就严肃回答道："臣听说：圣人千虑，必有一失；愚人千虑，必有一得，臣想，或许管仲当初的一失就是臣今日的一得吧？"再三拜谢就是不肯接受。

既然不要钱物，齐景公便要将都昌封给晏婴，晏婴仍不肯受，说："富贵而不骄的人，臣还未曾听说过。贫穷而能没有怨言的人，臣算一个。臣所以能处贫困而没有怨言，是以贫为师。以贫为师，就可以安于贫困，心无旁骛。如今主公封臣都昌，即是改变臣以贫为师的初衷，轻师重封，就使自己被外物所惑，丧己于物，臣万万不敢接受啊！"

齐景公对晏婴的仁义德行大为赞赏，对晏婴的为人也就愈加敬重。

一天，齐景公到晏婴家中做客，看到晏婴的妻子又老又丑，不由得大为惊奇，忍不住悄悄向晏婴求证，说："适才那位果真是先生的妻子？"

晏婴据实相答道："正是家中老妻。"

齐景公皱起眉头笑了笑，说："嘻，这么老，这么丑！寡人有个女儿，年轻貌美，要不就嫁给先生吧。"

晏婴一听，放下杯盏，恭谨地站起来，离开座席，向齐景公作礼道："主公，臣妻现在虽然是老了点、丑了点，但臣下与她相濡以沫、共同生活多年，见识过她年轻时的美丽。而且，为人妻为人妇者，原本就是在年少时找可靠的人托付终身，她年轻姣好时嫁给我，而我也用聘礼迎娶接纳，现在，又怎么能因为她人老珠黄及君王的荣赐而违背她年轻时对臣的托付呢？"

齐景公看晏婴这样重视夫妻之义，不由得叹道："先生不肯辜负妻子，想必也不会辜负君父，真是难得的忠义之人！"

齐国田氏家族首领之一田无宇事后听说了晏婴拒绝齐景公嫁女，感到非常奇怪，问晏婴说："先生贵为齐国中卿，食邑田税所入一年可达七十万，为何还这样迷恋老妻啊？"

晏婴正色道："抛弃年老的妻子称为乱；纳娶年少的美妾称为淫；见色忘义、背弃伦常，可以说是大逆不道。晏婴怎么可以有既乱又淫、不顾伦理道德的行为呢？"

晏婴的话传到坊间，无人不对他竖起大拇指。

儒家所推崇的"富贵不能淫，贫贱不能移，威武不能屈"说的就是晏婴这样的人吧。

五　晏婴谏齐侯

晏婴不但自己修身正身，还善于抓住机会对齐景公进行劝谏。

齐景公赏钱物、赐封地、嫁娇女给晏婴遭到拒绝，就改变了心思，想给晏婴换一座豪华的住宅。

他对晏婴说："先生的住宅靠近集贸市场，低湿狭窄，喧闹多尘，环境卫生差，请允许我替您另换一所明亮高爽的房子。"

晏婴辞谢说："君主的先臣、臣下的祖辈就居住在这里。臣不足以继承祖辈的业绩，已经深感惭愧了，哪敢再接受主公另外封赏的房子？况且臣靠近市场，很容易就能买到自己所需要的东西，方便极了，又哪敢麻烦主公为我另外建房？"

齐景公笑了，信口问道："既然您靠近市场，那么，您了解物品的贵贱吗？"

晏婴回答说："当然了。"

"好，麻烦您告诉我，什么贵？什么贱？"

"假脚贵，鞋子贱。"

"假脚贵，鞋子贱……什么意思？"齐景公盯着晏婴，满腹狐疑地问。

"什么意思？自己琢磨，不做解释。"晏婴并不回避齐景公的目光，眼睛直瞪瞪地看着齐景公的眼睛。

齐景公眼珠子一转，明白了，愀然改容。

原来，齐景公治下刑名繁多、苛刻严酷，很多人稍有错误，就遭到了斩手断足的酷刑。现在听晏婴说起，反思自己，大为羞惭，随即减少了许多刑罚。

《晏子春秋》的《内篇杂下》第二十一章中赞叹道："仁人之言，其利博哉。晏子一言而齐侯省刑。《诗》曰：'君子如祉，乱庶遄已。'其是之谓乎！"

　　相对于这种含蓄、婉转地劝谏，晏婴对齐景公的劝谏，更多的是直接、深刻而又不留情面的。

　　某年冬天，大雪下了三天三夜，天地一片肃杀，齐景公穿着厚厚的狐皮裘衣在殿堂的暖阁里烤火，边烤火边说："真是奇怪！大雪下了三天三夜，天气竟然一点儿也不冷。"晏婴毫不客气地指斥他，说："我听说古代的贤德君王，吃饱的时候能知道有人在挨饿，穿暖的时候知道有人在受寒，安逸的时候知道有人在受苦。而现在君王根本不知道民间的疾苦，这种对比所形成的反差太强烈了。"齐景公一听，脸皮发热发烫，赶紧说："先生指责得对！我听从您的教诲。"下令将国库里那些闲置的衣物和囤积的粮食全部发放给饥寒交迫的人。命令凡是看见有饥困不堪的路人，不管他是哪个乡的；凡是看见乡村里有寒苦不堪的人，不管他是哪一家的，全部发放衣物救济，不必记录他们的姓名。

　　还有一次，相士告诉齐景公，说火星闯入了二十八星宿中虚宿的位置，并且整整一年都没有离去，是灾祸之象。

　　齐景公听了，惶惶不可终日，特地召来晏婴相询说："寡人听说，人行善受天赏赐，要行恶受天惩罚。现今火星居于虚宿，是灾祸之象，此象将会应在谁的身上？"

　　晏婴一点儿也不犹豫，迅捷地答道："应在齐国身上。"

　　齐景公听了，大为不满，说："现在天下的大国有晋、秦、齐、楚、吴等十二个，都号称诸侯，这种祸象为什么不应在别国而偏偏应在齐国身上？"

　　晏婴于是煞有介事地解释说："天降灾殃的对象，专门针对那些遇善事而不能为，朝令夕改、施政反复无常的国家。这些国家，远贤人，亲谗人，无视民间疾苦，只知自求多福，怙恶不悛，已经走向了毁灭的道路。现在天上星宿的次序已乱，彗星出现，荧惑应变，回返虚位。虚位，属于齐国的分野，结合齐国现阶段的种种表现，难道不是应该应在齐国身上吗？"

　　齐景公听了，作声不得。半晌，他才弱弱地问道："这些灾祸可以消除吗？"

　　晏婴一本正经地回答："如果能正确实行消灾的办法，自然可以消除。"

　　齐景公一听有救，就抓起晏婴的衣袖追问："什么是正确消灾的办法？"

晏婴答说："正确消灾的办法应该是释放狱中冤屈的囚犯，使他们回家安心耕种；散发文武百官的钱财，以救济苦难人民；尽力救助那些孤弱之人。"

齐景公连声说："好！好好！先生说的这些，寡人一定照做！"

齐景公和晏婴闲聊，聊起一百多年前齐桓公与管仲共创齐国霸业的壮举，齐景公驰然神往，称晏卿乃是管仲再世，希望晏婴能辅佐自己重现齐国当年的雄风。

晏婴没有配合齐景公，表现出齐景公所希望看到的热血沸腾、慷慨激昂的样子，而是很冷静地谈论起君主治国理政的问题。晏婴指出，齐桓公称霸天下的基础在于内政清明，在齐桓公时代，"贵不凌贱，富不傲贫，功不遗罢，佞不吐愚，举事不私，听狱不阿，内妾无羡食，外臣无羡禄，鳏寡无饥色"。他总结出"六不""三无"，强调君主首先要以身作则，称霸才是其后可以考虑的事。能否称霸之外，晏婴又给齐景公提出了"亡国五患"：即"一、厚取于民，而薄其施；二、多求于诸侯，而轻其礼；三、府藏朽蠹，而礼悖于诸侯；四、菽粟藏深，而怨积于百姓；五、君臣交恶，而政刑无常"。要他从五个方面注意做好治国事务。

齐景公听了，半天不说话，称霸之类的言论再也没有了，更多的是踏踏实实地去做自己现阶段应该做的事。

还有一次，齐景公对晏婴说："寡人近来感到神疲力倦，打算准备好珪璧等祭品敬献给天帝和祖宗神灵，以求多福。"

晏婴不以为然，说："我听说过，古代君主要向上天求福，其行为必定顺应天意，其施政必定符合民心；修建宫室有节制，不敢大量采伐树木，以养山林；不敢频繁渔猎，以存鱼兽。他们祭祀神灵，只是反思悔过，不敢奢求福寿。这样，神灵和百姓都顺从君主的意愿，高山河流都慷慨地献出自己的财富。现在您的宫室修建得高大雄伟，滥伐树木，山林被毁；频繁渔猎，鱼兽灭绝，神灵和百姓都为之怨恨不已，高山河流也收回自己的财富，奸邪小人得到了重用。检察机关不断列举出您的过错，而你不但不当回事，还一门心思想着求福，这样的求福，有用处吗？古代的圣王，他们公平正直毫无杂念，所以谗谄之人不能接近；他们不曲从私党，所以阿谀之人没有了市场；他们用慈爱恩惠对待百姓，用自己的美德言行感化诸侯，所以四海之内的人如百川归海一样地归附他。如《诗》曰：'惟此文王，小心翼翼。昭事上帝，聿怀多福。厥德不回，以受方国。'"

齐景公怃然叹道："说得好，假如没有先生在身边，寡人就听不到这些道理。寡人一定改变自己错误的思想和行为。"齐景公宣布砍伐树木按一定的季节；打猎捕鱼要有一定的数量；居住饮食有节制；省躬修德，严于律己，宽以待人；祭祀神灵，只知反思悔过，不敢求福。

这样一来，邻国的诸侯都大为敬服，燕国、鲁国等国相继入齐朝拜。

六　二桃杀三士

在晏婴的辅佐下，齐国国势复振，燕国、鲁国等国纷纷入齐朝拜。

一天，鲁昭公访问齐国，齐景公设宴款待。鲁国由叔孙婼执礼仪，齐国由晏婴执礼仪，堂下则站立着三个威风凛凛的齐国勇士。

这三个勇士分别为田开疆、公孙捷、古冶子。他们个个勇猛绝伦，力能搏虎，深受齐景公的宠爱。

原来，随着齐国国力的增强，齐景公也有了恢复齐桓公时期霸业的雄心，但他的工作重点不是放在如何搞好国内经济民生上，而是想通过豢养勇士来提升齐国的尚武之风，幻想有朝一日齐国可以以武力震慑天下。

对齐景公这种想法和做法，晏婴是很反感的，一直想找个机会对他进行劝谏。

田开疆、公孙捷、古冶子这三个人四肢发达、头脑简单，他们自恃得到齐景公的宠爱，视苍生为鱼肉，为非作歹，横行国内，不可一世。

另外，齐国田氏的势力越来越大，直接威胁到了国君的统治。田开疆属于田氏一族，在他的拉拢下，公孙捷和古冶子都向田氏势力靠近，已经是上无君臣之义，下无长率之伦了。齐景公花纳税人的钱来豢养他们，他们又内不以禁暴，外不可威敌，齐景公有心除掉他们，又担心毒蛇螫手，反被他们所伤。晏婴经过多方考虑，决定在适当的时候帮助齐景公斩杀这三勇士。

此时，这三勇士佩剑立于阶下，昂昂自若，目中无人，晏婴越看越气恼。看着两位君主你一杯我一杯地对饮，酒已微醺，有了两三分醉意，晏婴便生出一计，对齐景公说："园中的金桃已经熟了，不如由我到园中摘几个请两位国君尝尝鲜吧？"齐景公称好，看晏婴领命去了，对鲁昭公说："这桃是东海人自海外度索山带回所植，已种下三十多年，枝叶茂盛，可惜一直没有结果，今年有幸结成数颗，寡人极是珍惜，平日以铁锁封园。今日君侯降临，正好摘来共同分享。"

鲁昭公连连拱手称谢。

不多时，晏婴领着园吏回来了，手中端着玉盘，盘上堆着六个肥大丰硕的桃子，鲜红似火，香气扑鼻，一望便知是奇珍异果，令人垂涎。

齐景公一看只有六个，颇有些失望，问："树上就只结这几个桃吗？"

晏婴答道："还有三四个没太熟，只摘了这六个。"

齐景公"哦"了一声，吩咐晏婴行酒。

晏婴手捧玉盘，恭恭敬敬地上呈于鲁昭公、齐景公之前，口中致辞，说："桃实如斗，天下罕有；两君食桃，千秋同寿！"

鲁昭公将杯中酒一饮而尽，取了一个桃子，送到嘴里，略一咀嚼，便高声大赞，直夸桃味甘美，世间难得。

齐景公也喝了一杯酒，取了一个桃子，然后对鲁国的叔孙婼说："这桃不是易得之物，叔孙大夫贤名著于四方，当吃一个。"

叔孙婼跪奏说："要说贤名，我哪赶得上晏相国之万一？晏相国内修国政，外服诸侯，其功不小。这桃应该赐给晏相国，我不敢僭越先吃。"

齐景公点点头，说："既然叔孙大夫推让给晏相国，那两位就每人饮酒一杯，吃桃一个吧！"叔孙婼和晏婴于是跪下领受，谢恩而起。

不一会儿，盘中就只剩下两个桃子了。六桃剩二桃，乃是晏婴有意而为，接下来，看他的精心运作了。他向齐景公奏请说："盘中还剩下两个桃子，主公可传令诸臣，谁的功劳大，谁就吃桃，以彰其贤。"

齐景公会意，说："此议最妙！"传令下去，命阶下三勇士自表其功，谁功劳大，谁吃桃。

三勇士都想表现自己，争先恐后。公孙捷最先跳出来，大声说："去年我跟随主公在桐山打猎，力诛猛虎，救出国君，此功若何？"

晏婴说："擎天保驾，功比泰山！可赐酒一爵，食桃一个！"

公孙捷从盘中取过一个桃子，得意扬扬地大嚼起来。

古冶子奋然出列，高声叫道："诛虎何足为奇？前年我跟随主公渡黄河，有大鼋兴风作浪，若不是我跳入河中将它斩杀，主公的船只就要倾覆，这样的大功，难道不应该吃一个桃子？"

齐景公听他提起渡河旧事，心有余悸，回忆说："当时波涛汹涌，如果不是将军斩绝妖鼋，必致覆溺，寡人的命早就没了。这是盖世奇功，饮酒吃桃，没得说！"

晏婴赶紧进酒赐桃。

田开疆急了，撩衣破步，越阶而上，厉声说："我曾奉命讨伐徐国，血战沙场，斩其名将，俘虏徐兵五千余人，徐国君臣恐惧，俯首称臣。邻近的郯国和莒国也吓得望风归附，尊奉我国国君为盟主，这样的大功，难道就不能吃个桃子？"

晏婴叫苦不迭，顿足说："开疆之功，与公孙捷和古冶子二位的功劳相比，更胜十倍，可惜你表功太迟，桃子已分完了。来来来，赐酒一杯，至于桃子，来年再吃。"

齐景公也连呼可惜，说："你的功劳最大，你的功劳最大，却因为没有桃子，未得彰显！"田开疆回头看公孙捷、古冶子大嚼桃子，不由得怒目圆睁，眼珠暴凸，手握剑柄，恨恨地说道："斩鼋打虎，不过小事一桩！我跋涉千里之外，血战成功，连一个桃子也不能吃，受辱于两国君臣之间，为万代耻笑，我……我……我还有什么面目站在朝廷之上？不如死了算了！"一句话说完，竟然挥剑自刎而死。

这一下变故陡生，大家都惊呆了。

公孙捷吐出了嘴里的桃核，大叫道："我功小吃桃，致使田将军功大无桃可吃！

取桃不让，不是恭谦之人，看着生死兄弟死去而不能相从，不是勇士。"他也拔剑自刎身亡。

罢罢罢！古冶子将手中还没吃完的桃子丢弃在地，痛呼道："我三人义结金兰，亲如骨肉，誓同生死，他俩既死，我若还苟活，于心何安？"他也拔剑自刎殉友。

鲁昭公目睹三勇士自杀的全过程，无限惋惜，叹道："寡人听说这三位将军都是天下奇勇之士，可惜为了吃一个桃子全都死了。"

齐景公默然不语。

晏婴说："这三人所逞不过匹夫之勇，虽有微小功劳，何足挂齿？"

鲁昭公问："如此勇将，上国还有几人？"

晏婴答道："筹策庙堂，威加万里，有将相之才的，不下百人。如田开疆之辈，只为国君提供驱遣所用，生死不足影响到齐国发展！"

事实上，晏婴早已为齐景公物色了一位文武双全的将才，即后来威震诸侯并留兵家巨著《司马法》于后世的名将田穰苴。

七　孔子的评语

晏婴既瞧不起田开疆之类只会逞血气之勇的武夫，也同样瞧不起只知夸夸其谈的儒生文士。他认为儒家学者圆滑世故、能言善辩，难以用法律约束，这些人往往是国家法制的破坏者；此外，儒家学者傲慢任性，也不是君主可以轻松驾驭的，这些人大多不会成为安分守己的良臣；再者，儒家学者推崇丧事，过分追求尽哀，不惜破费厚葬，会浪费巨大的人力物力，对国家资源造成巨大浪费。

中国历史上独迈千古的儒学圣贤孔丘孔夫子到齐国求职，就曾遭到过晏婴痛斥，不得不灰溜溜地遁回了鲁国。

公元前 517 年，鲁昭公与国内权臣季平子产生矛盾和冲突。鲁昭公率先发难，领军队攻打季孙氏的城邑，哪料兵败，并且败得很惨，惨到鲁昭公无法在鲁国立足，被迫逃亡到齐国避难。正在家聚徒讲学的孔子从中嗅到了可以步入政坛的机会，他解散了学馆，投入齐国拜见了鲁昭公，然后在齐国国卿高昭子家中做了高家的家臣。

孔子做高家家臣的目的是想借高家的门路接近齐景公。而他接近齐景公的目的有二：一、劝说齐景公帮助鲁昭公复国，鲁昭公一旦复国，则他就是帮助鲁昭公重归君位的大功臣，从而可以顺利步入鲁国仕途；二、期望得到齐景公的重用，在齐国做一番事业。

孔子混迹于齐国长达七年，处心积虑、锲而不舍，终于敲开了齐国宫殿的大门，得到了齐景公的召见。

可以想象，为了这场召见，孔子肯定是做足了功课，有备而来。所以，当齐景公向他询问起治理国家的方法时，孔子像背书一样，大声答道："国君要有国君的样子，臣子要有臣子的样子，父亲要有父亲的样子，儿子要有儿子的样子，社会秩序和礼仪规范绝对不能乱。"

孔子这个回答，是针对齐、鲁两国执政大权旁落到世卿权臣之手的现状有感而发，不用说，肯定一语中的，说到了齐景公的心坎上去了。

齐景公拊掌赞道："说得真好！要真是国君不像国君的样子，臣子不像臣子的样子，父亲不像父亲的样子，儿子不像儿子的样子，那么，国家就不是国家了！"然后又向孔子询问起治理国家的关键。

孔子响亮地回答说："为政的根本在于节省财力。"

真是太有才了！

齐景公觉得孔子确实是一个不可多得的人才，就准备重用他，并盘算着把尼溪一带的田地赏赐给他，但没说出来，只是拉家常地问了一句："先生到齐国也有很长一段时间了，有拜会过我的晏相国晏婴吗？"

这时的孔圣人才三十多岁，年轻气盛，考虑问题没那么周到，说了一句："晏婴到现在已先后侍奉了三代国君，并且他对每一个国君都很顺从。"言下之意是晏婴为人不坚持原则，在侍奉国君和为政时有曲意逢迎国君之嫌，是一个不能坚持真理和没有主见的人。

其实，孔子一直都对晏婴持有成见。来齐国的第一年冬天，晏婴过一条河，发现老百姓赤脚蹚着冰冷刺骨的河水过河，心中不忍，就用自己的船将等待过河的老百姓一一运载了过去。老百姓对晏婴爱民如子的做法交口称颂，大唱赞歌。然而，第二年，在相同的季节、相同的地点，晏婴又经过那条河，同样有很多老百姓赤脚蹚着冰冷刺骨的河水过河，于是，晏婴又把前一年过河的剧情重新演了一遍。于是，晏婴又得到了人们新一轮的赞颂。

这分明是在沽名钓誉！你说你晏婴身为相国，如果真的关心民间疾苦，就应该在那条河上修一座桥，让老百姓平安通过。可是，长长一年的时间，毫无作为，只知道在这条河上重复去年的小善举，真是可恶又可耻！

孔子直言："晏子，小人也！"

其实，晏婴比孔子长了三十多岁，无论从学识上还是从政治经验上，晏婴都有许多值得孔子学习的地方。而且，两个人在许多思想上都是相通的。比如说，孔子重礼，晏婴也讲求以礼治国；孔子重义，晏婴也强调义为利之根本；孔子力主尊君，晏婴也主张君令不得有违等等。孔子批斥晏婴太过讲究明哲保身，不能从一而终，以致一生事三君，其实，他自己又何尝不是在大力倡导中庸之道？

孔子对齐景公说的话传到晏婴耳朵里，晏婴只是淡淡一笑，对身边的人说道："我晏婴家族世代为齐国的臣民，如果不遵守做人原则和坚守做人的操守，不辨是非，那还能在齐国立足吗？再说，人只要保有长久博爱之心，就可以得到天下人的信任，从而使天下人乐于听命于你；若你强暴不法，虐待民众，则没有一个人愿意听命于你。所以说，只要一心一意忠君爱国，则可以侍奉一百个国君；如若你对待国家和人民三心二意，则你将连一个国君也侍奉不好。"

齐景公要重用孔子，自然会征询晏婴的意见，但他不直说，而是装作很随意的样子，问："先生觉得孔子为人怎样？"

晏婴没有回答，仿佛没有听到。

"先生觉孔丘为人怎样？"齐景公又问一次。

晏婴笑了笑，还是不答。

齐景公说："很多人都认为孔丘是当世贤人。现在我问你，你为什么不回答？"

晏婴又笑了笑，半晌，才徐徐答道："晏婴不肖，不足以认识贤人。但晏婴倒也听说过，所谓贤人，进了别国，就必须和合人家君臣的感情，调和上下的怨仇。孔某人到楚国，已经知道了楚臣白公的阴谋，却没有揭发，反而煽风点火、推波助澜，使得楚国国君几乎身亡，白公身死。晏婴听说贤人不辜负君主的信任，不祸乱民众；对君王说话必然是有利于人，教导民众必对君上有利；行义可让民众知道，考虑计策可让国君知道。孔某人深虑同谋以迎合叛贼，竭尽心智以行邪恶。劝下乱上，教臣杀君，绝不是贤人的行为。进入别国，而与叛贼结交，是为不义。知道别人不忠，反而促成他叛乱，是为不仁。人后策划，人后言说，行义不可让民众知晓，谋划不让君主知晓。臣晏婴不知道孔某人与叛贼白公有何不同，所以难以回答。"

齐景公一听，拍了拍大腿，叹息说："哎呀！你告诉我的很多，不是你，则我终生都不知道孔某人和白公是同一类人！"

过了一会儿，齐景公把想封尼溪给孔子的事跟晏婴说，晏婴斩钉截铁地说："不行。孔某人到处游说以求取官禄，缺乏对自己祖国的忠诚，人品方面就不可靠；而他又喜欢盛容修饰以惑乱世人，弦歌鼓舞以招集弟子，纷增登降的礼节以显示礼仪，多方粉饰他们的邪说，以迷惑当世的国君，大肆设置音乐，来惑乱愚笨的民众；努力从事趋走、盘旋的礼节让众人观看。学问虽多而难于让其言论世事。另外，自从远古的圣贤去世，周朝王室已经衰萎，礼乐制度崩坏，现在孔某人所倡导的仪容服饰、所制定的繁文缛节是几代人也学不完、一个人毕生探讨也搞不清楚的东西。所以说，他的道术不可公布于世，他的学问不可以教导民众，而他所主张的用声乐来教化治理民众，依我看来，声乐只会使得民众懈怠奢侈，难以用来教化驯服民众。"齐景公听了，若有所思，从此开始疏远了孔子。

孔子又在齐国逗留了一段时间，觉察出了齐景公的冷淡，再加上齐国又发兵从齐鲁国界处攻占了鲁国的一个城邑，作为安置流亡到齐国的鲁昭公的食邑之地。鲁昭公好吃好喝，乐不思蜀，已无复国之想，孔子只好长叹一声，带着自己的弟子黯然地返回鲁国了。

虽然是晏婴的干扰扼杀了孔子在齐国的政治生活，但随着岁月的累积，孔子也开始充分地体味到了晏婴那种热衷于政治仕途，具有强烈的忠君爱国、济世救民的政治情怀和远大抱负，也同感于晏婴那种关心百姓民众疾苦，反对统治者横征暴敛、严刑酷法的社会主张。所谓"君子和而不同，小人同而不和"，孔子也因此越来越欣赏晏婴伟大的一面，对以前自己给晏婴所下的那些狭窄、刻薄的结论做出了反思，说晏婴"不以己之是，驳人之非，逊辞以避咎，义也夫"，称赞晏婴"救民百姓而不夸，行补三君而不有，晏子果君子也"。他对自己弟子们说："你们记住了，晏婴是可以遵守做人原则和坚守做人的操守，一心一意侍奉百位君主的圣人啊！"

齐景公有一个弄臣，名叫梁丘据，很会讨齐景公的欢心。齐景公沾沾自喜地对晏婴说："你看，只有梁丘据与我最和谐、最协调！"晏婴听了，不以为然，说："主公和梁丘据根本就是相同，哪里说得上和谐协调？"齐景公用诧异的眼睛看着晏婴，说："相同与和谐协调有区别吗？"晏婴说："当然有了。'和'就如同做羹汤，用水、火及各种佐料来烹调鱼和肉；烧煮过程中，加以调和，使味道适中，淡则加调料，浓则加水。这样调好后，羹汤味道浓淡适中，饮用的人内心平静。君主和臣下的关系也是这样，对于任何一项方案，君主有认可和不认可的地方，对于君主认可的部分，臣下能够直言不讳地指出其中不足而使这个方案更加完备；对于君主不认可的部分，下属也能够直言不讳地指出其中可行之处。这样，君主在做决策时就可以尽量少犯错误。这样的君主和臣下才是真正的和谐协调。而事实上，主公所说的梁丘据却不是这个样子。主公认为这件事可以做，梁丘据就说可以做；主公说这件事不可以做，他也赶快改口说不可以做。就如同用清水去调剂清水，谁愿喝它？所以，主公和梁丘据其实是'同'而不'和'。"

晏婴的这番见解传到孔子耳中，孔子拍案叫绝，连连称妙，将之总结为："君子和而不同，小人同而不和。"即君子讲求和谐而不同流合污；小人只求完全一致，而不讲求协调。

齐景公曾向晏婴请教："为政何患？"即执政者最容易犯的毛病是什么。晏婴的回答是："患善恶不分。"他从用人的角度提醒齐景公，一定要分清贤能和不肖，辨识忠臣与奸佞。

之前，有些君主以为加强自己的品德修养，就可以治好邦国。而实际上，就算君主的品行再完美，如果国家没有好的用人制度，包围在身边的全是些奸邪之徒，则君主就会与外界隔绝，下言不能上达，上情不能下传，社会就会出现动荡、国家就可能倾覆。正因为这样，晏婴才谆谆教诲齐景公务必用好身边的人，要他"审择左右，左右善，则百僚各得其所宜，而善恶分"。孔子对晏婴的见解佩服得五体投地，由衷地赞道："此言也信矣！善进，则不善无由入矣；不善进，则善无由入矣。"在孔子看来，正邪不能两立，如果朝堂里所引进的都是正人君子，则邪恶之徒就没有容身之处了；反之，如果整个朝堂里藏污纳垢，则正人君子也没有立足之地了。所以，孔子也说："政者，正也，子帅以正，孰敢不正！"指明只要执政者其身自正，则底下的人也会跟着自正其身。

晋国准备攻打齐国，心中却又没底，就派大夫范昭出使齐国，以探虚实。

在齐国国宴上，范昭借着酒劲，将齐景公酒杯里的酒喝了，要把杯还给齐景公。拿齐国国君的酒杯喝酒，乃是一个大不敬的行为，范昭这样做的目的，无非想看看齐国方面会做出什么样的反应，从而得出齐国对待晋国的态度，再判断出齐国到底是软弱可欺还是强硬难对付。

晏婴当场就识破了他的用心，厉声对齐景公身后的侍臣说："快扔掉这个酒杯，为主公更换一个。"

晏婴这一声断喝，范昭酒醒了一大半，霎时意识到了齐国不可轻视。晋国也因此搁浅了攻打齐国的计划。

孔子得知此事，大赞道："善哉！不出尊俎之间，而折冲于千里之外，晏子之谓也！"

司马迁说："孔子之所严事，于周则老子，于卫蘧伯玉，于齐晏平仲。"

一语得之。

八　巨星陨落

公元前 500 年晏婴病逝。

齐景公其时正在外地巡游，听到晏婴的死讯，顿时六神无主，立即匆匆换了一身素服，催促随从驾车往回赶。

在驰奔路上，齐景公肝胆俱摧，方寸已乱，一会儿嫌车驰得太慢，想也不想，就跳下马车自己跑，哭哭啼啼地跑；跑了一阵，发现还是马车驰得快，于是改作乘车，乘了一会儿，还是嫌车太慢，又跳下马车自己跑。就这么车上车下反复折腾了好几次，齐景公脸上的泪水和汗水交织在一起，流到襟前，湿了一大片。到了晏婴府上，他伏在晏婴的尸体上，像个孩子似的，号啕大哭，痛诉道："先生在世之日，不分白天黑夜地督促和规劝着我，连细微的过失也不放过，我尚且沉迷于淫乐之中而不能自拔，以致怨罪重积于百姓。如今先生离去，岂不是老天降大祸于齐国呀。老天啊老天，你怎么不把灾祸直接降临到我的头上却降临于先生身上，哎呀；先生不在了，齐国的江山社稷就不安稳了，哎呀；先生不在了，今后国家有了灾变，百姓将向谁去诉说求助啊？"齐景公边哭边诉，泣不成声。

追思晏婴的一生，他始终贯彻管仲的"欲修改以平时于天下"必须"始于爱民"的思想，坚持"意莫高于爱民，行莫厚于乐民"，认为最伟大的思想莫过于热爱百姓，最厚道的行为莫过于让百姓快乐。遇有灾荒，他总是第一时间将自己家里的粮食分给灾民救急，然后劝谏君主赈灾。对外他则主张与邻国和睦相处，共同发展。正是因为晏婴积极主动地与四邦修好结好，齐国获得了相当长的一段和平时间来发展国内经济，而晏婴的和平友好之举也赢得了许多诸侯国的赞誉和敬重。

晏婴辅佐齐国三公，勤政爱民，廉洁奉公，他主张"廉者，政之本也；谦者，德之主也"。亲友僚属求他办事，他一概根据原则进行，不徇私、不搞特殊化，一视同仁，从不接受礼物，甚至国君的赏赐也不肯接受。相反，他倒是经常把自己所享的俸禄送给亲戚朋友和劳苦百姓，自己宁愿吃"脱粟之食""苔菜"。他身上穿的是"缁布之衣"（即葛麻布衣）；上朝坐的是弊车驽骊；住的是集贸市场附近的陋仄之室，安贫乐道，怡然自得。他主张"谋于上，不违天；谋于下，不违民"，不逆历史潮流而动，不违民意。

晏婴，乃是继管仲之后齐国的又一圣人。

李悝，可以算作法家的始祖，他在魏国发起的变法开战国时代之先声，他所编撰的《法经》是法学史上的一部里程碑式的作品，他的"尽地力之教"影响了整整一个时代，但《史记》里却没有给他立传，使得他在如烟历史里更加面目模糊，几至于无。甚至，在不同的史书里，他出现了不同的名字：季充、李兑、李克、里克。当然，我们也有理由怀疑这些名字指的是不是他。从而，我们也有理由怀疑《法经》是否真正存在过，要知道，现在的《法经》已经失传——如果其曾经存在过的话。而且，《法经》到底是许多法律史教科书上说的"第一部封建成文法典"，还是李悝的一部私家著作，也没有人说得清楚。但不管如何，李悝终究给这个世界带来了惊世骇俗的影响，并且烙下了难以磨灭的印记，是一个时代的伟人，应该得到后人的怀念和铭记。至于他言行事迹难以考证，他留在史书上的片麟半爪，更能让我们产生无穷的想象，这也是历史特有的一个迷人之处吧。

第四篇

法家始祖——李悝

一　魏文侯礼贤下士

　　按周礼，天子分封诸侯，诸侯则将公室子孙分封为大夫，各家大夫都有封地，以血缘关系作为公室的屏卫。与其他诸侯国不同的是，晋国在骊姬之乱时，因晋献公逐杀诸公子，此后晋国不再立公子、公孙为贵族，即史上所说的"晋无公族"。但到了晋成公时代，晋成公以"宦卿之适子而为之田，以为公族"，将各家异姓大夫代为公族。这就造成了晋国国君的儿子不为卿，卿族多异姓。这样，公室的力量迅速衰微，异姓卿大夫作乱则多了许多便利。

　　算起来，晋国的卿族共有十一家，即狐氏、先氏、胥氏、郤氏、栾氏、范氏、中行氏、知氏、韩氏、赵氏、魏氏。这十一家卿族互相钩心斗角、争权夺利，经过激烈的兼并和互相杀伐，只剩下智、赵、韩、魏四家，其中以智氏最强。

　　公元前455年，智氏胁迫韩、魏两家跟随自己攻赵，哪料韩、魏临阵倒戈，与赵家一起尽灭智氏宗族，瓜分其地，形成了赵、魏、韩三卿独霸晋国的局面。

　　公元前437年，受尽了窝囊气的晋哀公去世，继位的晋幽公更加窝囊，晋公室的权势已一落千丈，有什么事，晋幽公不但使不动韩、赵、魏三家，他还得低声下气地去朝见三家之主。晋室只剩下绛（当为今山西侯马市之新绛）与曲沃（今山西闻喜东北）二邑，其余的晋地全被三家瓜分。

　　公元前403年，看着赵、魏、韩三家势头越来越猛，已完全取代了之前的晋国，周天子威烈王就干脆正式承认韩、赵、魏三家为诸侯，是为"三家分晋"。

　　三家分晋，打破了西周以来诸侯国的格局，司马光就将公元前403年这一年作为《资治通鉴》一书的时间起点。可以说，这是划时代的一年，这一年之后，东周进入了战国大时代。

三家分晋，赵氏获利最多，得到了晋国北部的大片土地，并向东越过太行山，占有邯郸、中牟等地。魏、韩位居赵氏南边，魏氏偏西，韩氏偏东。

魏氏集中在晋东南，核心地区是运城谷地，北面是强大的赵国，东边是与自己实力相当的韩国，西面是与自己仅隔一河的秦国，南面越过中条山便是秦、楚、郑拉锯争夺的陕地（今河南三门峡渑池、陕县和灵宝地区）。可见，魏国所处，乃是所谓的"四战之地"。

面对这样的地理位置，国君魏文侯首要做到的就是壮大自己的实力，免遭列强吃掉，然后再寻求向外发展。

作为农业国家，要增强国力，提高粮食产量就是各项工作中的重中之重。

然而，魏国在吕梁山、中条山、王屋山等群山的拥簇包围下，山多地少，人口密集，要提高粮食产量，无疑是摆在魏文侯面前的一个巨大难题。

人才，人才，魏文侯急切需要能解决这一难题的人才。

实际上，这个世界上永远不缺乏人才，所缺乏的是识才的眼光、用人的态度和胸襟。

魏文侯求贤若渴，重才惜贤，到处招揽人才，到处探访贤士。

魏国人魏成子说有一个名叫段干木的人是出名的大贤人，魏文侯就亲自到段干木的府上求见。这个段干木是个隐士，守道不仕，不愿为官，听说国君来了，竟然翻后面院子的墙逃走了。

魏文侯也不因此怪罪段干木，以后，每次经过段干木的住宅都要从车子上站起来表示尊敬。

随从问他："主公为什么要站起来？"

魏文侯态度认真地说："段干木是一个大贤人，不趋附势利，胸怀君子之道，隐处穷巷，名驰千里，我怎么能不站起来以示恭敬？段干木的优势在于德行，寡人的优势在于权势；段干木的富有在于道义，寡人的富有在于钱财。权势比不上德行高贵，钱财比不上道义价高。"

魏文侯又接连求见了数次，段干木终于同意接见。两个人会谈良久，魏文侯立倦而不敢息，谦恭谨慎。

精诚所至，金石为开。段干木的"铁石心肠"终于被魏文侯的爱才之心所感动，同意出山，但不是做官，而是做魏文侯的老师。

魏文侯还拜孔丘的门徒子夏为师，将子夏请到魏国，让他在西河（今河南安阳）聚徒讲学，从学者达三百多人，形成名震一时的"西河学派"。

四方贤士听说了魏文侯这样屈国君之尊、礼贤下士，都争相归从，乐为魏文侯所用。

这其中就有为魏国强盛立下了汗马功劳的变法之祖李悝。

二　尽地力之教

李悝，卫国濮阳人，嬴姓，李氏，名悝，生于公元前 455 年，少年时期受业于孔丘门徒子夏弟子曾申的门下。

子夏，是孔子的弟子，是"孔门十哲"之一。按说，李悝接受的，应该是儒家思想的熏陶，其实不然。孔子强调"克己复礼"，要恢复西周时的等级秩序；要求君子"温文尔雅""坦荡荡"。而子夏，是孔子弟子中的一个"异端"，他认为，君子应该"知权术"；作为君王，就更应该要懂得"用权之术"。子夏的这种思想，对李悝的影响很大。李悝逐渐意识到，"法"比"礼"更重要，应该要建立一套行之有效的法制，来为统治者服务。从现代角度看，这是完全正确的，但也是那个时代的"超前意识"，故不容于当时。由此可见，法家思想，一定程度上是对儒家思想的一种"反动"。

年纪稍长，李悝先出任中山相，后为魏国的上地郡守。

上地是魏秦两国交界地区，是魏国的边防要地，魏国与秦国经常在这儿发生军事冲突。身为郡守的李悝就肩负着保境安民的重大责任。

为了提高上地军民的射箭技术，李悝想了一个招：他下令在上地郡内，所有诉讼案的是非曲直都以射箭技术的高低来定夺，射中了靶子，胜诉；射不中靶子，败诉。

李悝这个有点变态的政策一宣布，人们有笑的、有哭的、有骂的、有闹的，但大家都赶紧忙着做一件事，即苦练射箭技术。大家日练夜练，互相取经送宝、交流心得，分享提高射箭技艺的方法。

不知不觉地，上地军民的射箭技艺大大提高。秦军再来侵犯上地，李悝动员全民出击，全民皆兵，秦军被射得鬼哭狼嚎，丢下了无数具尸体，狼狈不堪地逃去了。

以决定诉讼案的胜负来提高边防军民的射箭技艺，李悝可谓别出心裁。由于该法取得很好的效果，他也就因此得到了魏文侯的表扬和奖励，进而被魏文侯那一双思贤慕贤的慧眼看中。

对于"如何能在有限的土地上提高粮食的产量"这一课题，李悝给魏文侯进献了一篇《尽地力之教》的奇文，提出了"尽地力"的主张。

李悝认为，田地的收成和为此付出的劳动是成正比的。他的"尽地力之教"意为教会农民尽可能地提高土地单位面积的粮食产量。

那么，怎么才能提高粮食的单位亩产量呢？

李悝不是科学家，也不是农业专家，他没有办法提供超时代的科技手段，他的着眼点定位在人的因素上。

李悝算了一笔账，一百平方里之内，有土地九万顷，除了山泽、人居所占的三分之一，可耕种面积有六万顷，即六百万亩；如果勤于耕种，每亩可以增产三斗，六百万亩就可增产一百八十万石；如果怠于耕种，则会减产三斗，六百万亩就会减产一百八十万石。则百里之地，每年的产量，由于勤与不勤，产量相差了三百六十万石。这其中的数字何其惊人。

所以，要提高粮食的单位亩产量，关键在于调动农民的种粮积极性。

那么，怎么才能提高农民耕种的积极性呢？

李悝的意见是必须打破周王室沿用的井田制，革除旧有的阡陌封疆，把土地分给农民，承认土地私有制，让农民拥有一定的土地。

农民有了土地，每年生产出来的粮食，除了上缴部分农业税，剩下的就全是自己的，其积极性无疑会极大提高，土地的潜能也得到了极大的开发。

不过，单单"尽地力"还不够，因为遇上丰年或灾年，就有问题出现。在丰年，由于粮食丰收，市场饱和，粮价就贱，从而出现"谷贱伤农"现象。在灾年，由于粮食歉收，市场需求量大，粮价上涨，城里的市民就买不起粮食，从而出现"籴贵伤民"现象。

李悝说"籴甚贵伤民，甚贱伤农。民伤则离散，农伤则国贫"，无论粮贵粮贱，都要伤到一方。要避免这两种情况的发生，他倡议把年景分为：上熟、中熟、下熟、正常、小饥、中饥、大饥七等级，以一户耕田百亩的个体农民的收入，制订出在大熟、中熟、下熟三种年景下国家以高于市场的价格向每户农民收购粮食的数量，将收购来的粮食储藏于国库，使农民的利益不受损失；而在大饥、中饥、小饥的年景将这些粮食以平价售给市民，使市民不致买不起粮食而流离失所。以此达到"虽遇饥馑水旱，籴不贵而民不散，取有余以补不足"的成效，防谷物甚贵而扰民，或谷物甚贱而伤农。

三　李悝变法

通过和李悝的多次探讨和切磋，魏文侯强烈地意识到，要在短时间内提高魏国生产力，非要进行一次彻头彻尾的全面大改革不可。

公元前422年，魏文侯任用李悝为相国，支持他在魏国进行变法。

李悝走马上任，主持魏国变法，开各国变法之先声。

李悝把发展农业当作"立国之本"，推行"尽地力"之教，高度重视农业生产，设法增加农业产量，又制定出"平籴法"进行宏观调控。魏国的农业发展迅猛，国家储备的粮食也越来越多，国力大大提高，社会稳定，国民安居乐业。

在经济改革的同时，李悝也有条不紊地开展了政治和军事上的改革。

在政治上，李悝提出了"食有劳而禄有功，使有能而赏必行，罚必当"的先进思想，建议魏文侯在国内废止奴隶主贵族赖以依存的"爵禄世袭制"。

这是中国历史上首次对腐朽落后的世袭制度的挑战。

由于得到了魏文侯的大力支持，工作进展非常顺利。许多对国家无用且有害的特权阶层的人物被扫地出门，狼狈不堪地离开了原先一直占据着的政治舞台，一大批新兴地主阶级的代表人物，乃至有作为的平民，得以凭借自己的才能跻身政界，进入权力中心。

这是当时社会政治制度中的一大变革。该变革的结果是，魏国的官吏制度有了很大的改善，政治也趋向清明。

从历史发展的眼光来看，这一变革虽然始于魏国，但魏国的成功，也招致了其他同时代国家的争相效法。新兴地主阶级得到了提拔和重用，旧的世卿世禄制度逐渐被新的封建官僚制度代替。此举开创了新兴地主阶级对奴隶主贵族斗争的先河，为封建制代替奴隶制开辟了广阔道路。

在军事上，李悝着力于建立国家的常备正规军。凡有幸被选入国家常备正规军的人员，即免除其全家徭役，并奖励田宅，其若能在军队中建有军功，即按功行赏，赏赐更高的爵位。

可以说，魏国的建军制度和军功贵族制度非常成功，对后来吴起在楚国、商鞅在秦国的变法都产生过很大的影响。

李悝还注重改善将官和士兵间的关系，要求带兵将官必须爱护和体恤士卒，关心士卒的生活，使得上下一心、同仇敌忾，提高军队战斗力。

经过短短几年的整改，魏国军队的战斗力大为提升，所向披靡，威震天下。从而，秦兵不敢东向，各国不敢与之争锋。

李悝变法的划时代意义，对于这两个时代的分界，历来有不同的看法，它涉及中国奴隶制时代的终结和封建制时代的起始问题。

李悝变法，吹响了战国时代各国变法的号角，从而导致奴隶制生产关系的崩溃和封建制生产关系的建立。

可以说，李悝变法，拉开了战国时代群雄逐鹿的序幕。

四　中华法系巨著《法经》

春秋末期，晋、郑诸国作刑鼎或刑书，以公布新的法律条文。到战国时，随着历史条件的改变，出现了更多的新的成文法典。

为了保证改革措施的推行和巩固变法的成果，李悝汇集了各国的刑典，制定了一部法律，以法律的形式来肯定和保护变法成果，稳固了新兴的封建政权。

这部法律就是中华法系巨著《法经》。

其实，早在舜、禹时期，上古四圣之一的皋陶已制定有《五刑》，夏有《禹刑》，商有《汤刑》，周有《九刑》，春秋末，晋、郑诸国也作有刑鼎或刑书，制定有自己的刑法。

李悝"撰次诸国法"，集前朝和各诸侯国法律之大成，修订出了《法经》。

《法经》是中国古代第一部较为完整的成文法典，可惜今已失传，但从《晋书·刑法志》中，我们尚可窥知其大体框架，知道其大致分正律、杂律、具律三部分，分《盗法》《贼法》《囚法》《捕法》《杂律》《具律》六篇。

其中，正律部分包括《盗法》《贼法》《囚法》《捕法》。

李悝认为，执政者在治理国家过程中的当务之急就是制约和打击盗贼，所以，他将《盗法》《贼法》排在《法经》的最开头。

盗是指侵犯国家和私人财产的犯罪活动。大盗则戍为守卒，重即处以死刑。贼是指对人造成身体伤害甚至致人死亡的犯罪行为，其明文规定，杀一人者死，并籍没其家和妻家；杀二人者，还要籍没其母家。

值得一提的是，其对窥视宫殿或者路上拾遗的行为，也要处以断足的酷刑。

《法经》所制定的残酷处罚条例，将其保护私有制以确立崭新生产关系的决心彰显无遗。

《法经》自一颁布，魏国就一直沿用，对维护封建地主阶级利益起到了很好的作用，为后世所效仿。其中，商鞅把《法经》带往秦国，在《法经》基础上，制定出《秦律》；汉律又承袭秦律，在《法经》六篇的基础上，增《户律》（婚姻、赋税）、《兴律》（擅兴徭役等）、《厩律》（畜牧马牛之事）三篇，成了九篇；唐律乃至明清刑律，都秉承了李悝在法律制度上所确立的立法原则。

可见，《法经》乃是封建法律最早的蓝本。此外，《法经》还是法家学说的奠基之作，李悝因此成为法家学派的创始人。

梁启超先生认为，谈论中国法制史上最重要的人物，首推李悝。他说："秦汉以后均采李悝之法，历二千余年。至明清条例，虽代有增删，然大纲则悝之旧也。"

五　关于李悝的传说

李悝师从儒家，却由儒家转为法家，在相魏期间实施变法，使得魏国政治、经济和军事实力日益强大，以一个新兴小国的身份一跃成为战国初期最为强盛的封建国家。其西攻秦国，尽取西河之地；北越赵境，灭中山国；东伐齐国九年，破其长城，掳齐康公；南征楚地，连克数镇。一时间，魏国独霸中原，虎视天下。

后世也因此给予了李悝极高的评价。司马迁说："魏用李悝尽地力，为强君。自是之后，天下争于战国。"班固称李悝"相魏文侯，富国强兵"。

李悝的变法，堪称中国历史上变法之始，其开启战国时期变法运动之先声。自魏之后，其他各国纷纷变法图强，掀起了改革发展的大潮流，在中国历史上产生了深远的影响。

但使人感叹的是，如郭沫若所说："可惜的是这样一位重要人物，司马迁的《史记》却不为之立传，他的思想渊源和生活出处我们不能知其详了。"

李悝的事迹，只是支离破碎地散见于《史记·魏世家》《史记·货殖列传》《韩诗外传》《韩非子·内储说》等史书篇目中，难以窥知李悝个人全貌，至于其音容笑貌、生活细节，更是几近于无。

有的，是关于他的一些不大靠谱的传说。

传说一：

魏文侯准备在翟璜和魏成子之间选一人为相，纠结了很久，定不下选谁，就向李悝征求意见，说："先生经常说'家贫慕贤妻，国乱思良相'，寡人想安排魏成子和翟璜中一人为相，先生觉得哪一个更合适？"

李悝无尽幽怨地说："我听说，卑贱的人不应该替尊贵的人策划事情，疏远的人不应该替亲密的人策划事情。我的职责在宫门以外，对于任相这么大的事情，可不敢指手画脚、说三道四。"（不清楚这时李悝是什么身份）

魏文侯摆手说："寡人也就一问，先生也就一答，决定权在我，你用不着有太大心理压力，畅言无妨。"

李悝于是清了清嗓子，滔滔不绝地历数起来："良相人选，可以从五个方面来考察：一、居视其所亲。看他平时喜欢与谁在一起，所谓物以类聚、人以群分，如果和他交往的都是贤人，则此人可以重用；如果和他厮混的都是些小人，则可请此人靠边站。二、富视其所与。看他怎么支配自己的财富，如果只是追求满足自己的私欲，声色犬马，这是贪官的料子；如接济穷人，或培养有为之士，分明就具备了做良相的潜质。三、达视其所举。看他显赫得势之时所选拔的部属是哪些人，如果任人唯贤，则此人堪用；

如果任人唯亲，则不可重用。四、窘其所不为。看他处于困境时的表现，如果身处逆境仍能坚持操守，不做伤天害理的事，当然可以重用；如果稍微遇上了困难，就昧着良心做人，则分明是一个垃圾，怎么可以选用？五、贫视其所不取。看他在贫困潦倒之际会不会谋取不义之财，如果能穷困而守其志，则可重用；反之，则不可重用。"

魏文侯听了，心中有数，说"说得太好了，寡人已经决定好新相人选了。"

李悝听魏文侯的语气，知他必定会按自己的提示选择魏成子，不免对翟璜心怀歉意，便到翟家拜访。

翟璜以为李悝送佳音来了，满面春风地说："听说君主特意找先生去商议相国人选，人选可定好了？"

李悝说："实不相瞒，魏成子任相已成定局。"

翟璜像被一盆水从头浇到脚底，半天回不过神来，脸色大变，说："凭什么？老夫哪一点不如魏成子？西河的守将吴起是我推荐的；邺郡的郡守西门豹是我推荐的；攻取中山国、立下了赫赫战功的乐羊也是我推荐的；甚至先生你出镇中山国，也是我推荐的；还有，君侯儿子的老师屈侯鲋也是我推荐的！老夫哪一点不如魏成子？！"

看着气急败坏的翟璜，李悝平静地说："莫非您向君侯推荐我的目的就是为了结党营私，期待被您推荐过的人向您报答些什么吗？如果真是这样，您还怎么跟魏成子相比呢？魏成子家有千钟俸禄，但十分之九用在外边，十分之一用在家里，这才是真正的大公无私。他以他的名声，吸引来了东方的卜子夏、田子方、段干木等三个圣贤，这三个圣贤，都被君侯奉为师尊。而您所推荐的包括我在内的五个人，不过是君侯群下之臣，您还怎么能跟魏成子相比呢？"

翟璜瞠目结舌，迟疑了半晌，躬身拜道："原谅翟璜的浅薄和出言不逊，翟璜愿终身侍奉先生为师尊。"

传说二：

　　李悝制定了《法经》，在主持变法之余，也担任了大法官，审理各种刑事、民事案件。

　　有一天，李悝例行公事，审理犯人。案子不是很复杂，李悝三下五除二就将案情审理得一清二楚了。眼看就结案陈词了，那被告人的话匣子好像关不上似的，还叽里呱啦掰扯一通，这一掰扯不要紧，竟然掰出了三年前的一段谋杀案。案情有了新发现应该是件好事，但李悝的脸色一下子就变了。原来，犯人所说的那件旧案三年前正是他亲自审理的，谋杀凶手已经伏法。现在，这个犯人竟然主动承认他才是那件案子的真凶，这就意味着三年前的审理结果是误判，李悝疏忽枉法、错杀无辜了。李悝涔涔出了一身冷汗。按照《法经》上的规定，疏忽枉法、错杀无辜者就得处死。左思右想，李悝计无所出，最后只好自杀殉法。

传说三：

　　公元前396年，魏文侯病逝。继位的魏武侯不遗余力地支持李悝的变法。李悝因此得以继续出任相国，为国事操劳，最后无疾而终。

如果传说二是真的，那李悝以自己的生命来解释《法经》的行为无疑令人肃然越敬，但又未免给后世留下太多的遗憾和唏嘘；如果传说三是真的，那李悝则是中国古代历史上最幸福的变法主持者。因为，凡是变法，就一定会触及旧势力的利益，从而招致他们的仇恨和报复，变法主持者难得善终。李悝是无灾无病的自然死亡，可谓可庆可幸。

　　不管怎样，人终有一死，李悝死于哪一种方式已经并不重要了，重要的是，他的法家思想并没有因此消亡，反而成了中华文明史上一颗永恒的星辰。

吴起在军事上的成就远大于政治上的成就，但这并不妨碍吴起在历史上的杰出政治家的地位。从某种角度来说，吴起和李悝乃是师出同门，而其政治才能并不比李悝差，但和李悝相比，他的运气差了一点。因为李悝的存在，更主要的是公叔痤的存在，他在魏国的发展空间受到了挤压，最后不得不仓皇逃往了楚国。入楚之时，他和支持他的楚悼王已经步入了老年，要实现自己的政治抱负，他已经没有多少时间了。所以，他多少显得有些急躁，以致树敌过多，终于招致他的变法以雷贯火燃之势展开，却又如电光石火一般消失，他本人也以一种壮烈的方式为自己的变法做出了殉道。

第五篇
文武兼备的旷世奇才——吴起

一　吴起投魏

李悝在魏文侯的全力支持下，在魏国政坛上雷厉风行、大展拳脚地推行了一系列变法。

天下众多贤能之士也受到魏文侯招才纳贤、爱才惜才的吸引，一如百川归海，源源不断地投入魏国。

其中，有一个年轻人引起了魏文侯的极大注意。这个年轻人名叫吴起，卫国左氏（今河南鹤壁一带，一说是山东曹县东北，一说山东菏泽定陶一带）人，曾在鲁国为将，率军打败过齐国大军。

当年，在晏婴的荐举下，齐景公起用田穰苴为掌管全国军事的最高长官大司马。结果，齐军在田穰苴的整改下，迅速成为一支威武雄壮的能战之师。凭借这支军队，田穰苴一举将进犯齐国的晋、燕联军如秋风扫落叶一般逐出齐境，齐军军队的军威震慑天下。

公元前 412 年，齐国进攻鲁国。

自周武王分封以来，鲁国的军事实力一直不能和齐相国比。这次，齐国的入侵，鲁国举国惊恐，人人都以为失败不能避免。然而，关键时刻，就是这个名叫吴起的年轻人受命于败军之际、奉命于危难之中，挺身而出，竟然以寡抗众、以弱制强，出其不意地将强大的齐军击溃，获得了鲁国保卫战的全面胜利。

由此看来，这个年轻人可是个了不起的人才！

不过，人才虽是人才，品行却很差，口碑很臭。魏文侯打听过了，齐国大军兵临城下时，鲁国国君初时想用吴起为将，但考虑到吴起的妻子是齐国人，担心他首鼠两端、打仗不肯用心，一时拿不定主意。这个吴起，渴望功名都快疯了，二话不说，竟然一刀砍下了自己妻子的脑袋给鲁国国君递交投名状、表决心。杀妻求将，太狠辣，也太残暴了。

在鲁国，他隐姓埋名，投身曾参的儿子曾申门下。最具讽刺意义的是，鲁国是最讲究周礼的国度，重视人伦礼仪，别尊卑，分亲疏，而曾申作为儒家传人，对"君君臣臣父父子子"的一套奉为人伦首要之义。这个吴起，在孔门读书求学，他的母亲病逝，他竟然拒绝回家，他的理由是，自己离家前，曾咬臂发誓："不为卿相，不复入卫。"因为这事，曾申气得胡子直翘，将他逐出师门，宣布与他断绝关系。离开了曾申，他又钻研起了兵法，反复研读吴国名将孙武著作的《孙子兵法》，并为之作注。也许是对兵法有了太深的了解，对自己的用兵之道有了足够的自信，太过于迫切上战场做一次检验，他急吼吼地杀了自己的妻子争做将军。但也正是这个原因，鲁国军队在他的带领下虽然取得了保卫战的胜利，但鲁国朝中的大臣却不能容忍他在鲁国的存在。

斩杀乡邻，是为不仁；杀妻求将，是为不义；母丧不归，是为不孝。这样不仁不义不孝之徒，到底能不能为我所用呢？

当年，管仲在临死之前曾跟齐桓公这样评论易牙、开方、竖貂三人，他说："易牙不惜杀掉自己年幼的儿子，做成肉羹以讨好国君，没有人性，不宜重用；开方身为卫国公子却舍弃做千乘之国太子的机会，屈身侍奉国君十五年，父亲去世都不回去奔丧，无情无义，不可能会真心忠于国君；竖貂连自己的身体都不爱惜，就更加不会真心忠于国君了。"老实说，吴起为了功名利禄，抛家舍业，无视母亲的生死，甚至亲手砍下了自己妻子的脑袋，这些丑恶行径里，不都闪现着易牙、开方、竖貂这三个人的影子吗？

以人品论，吴起无疑就是一个丧心病狂的人，但从用兵打仗的才能上来看，却也是一个罕见的奇才。

对于吴起，魏文侯是欲纳而又恶，欲弃而又不舍，好生为难。

思来想去，他想到了李悝。和吴起一样，李悝也是卫国人，并且都在曾申门下学习过——说起来，他们还是师兄弟呢——还是参考一下李悝的意见吧。

于是，魏文侯找来李悝，问："先生觉得吴起为人怎么样？"

李悝早已知悉吴起入魏求职之事，料到魏文侯会有此一问，当即如实答道："吴起贪荣名而好色，但是，论起带兵打仗，就是田穰苴也不过如此。"

行了，有这一句就足够了。

俗话说，千军易得，良将难求。田穰苴是公认的世之名将，如果魏国拥有了一个田穰苴级别的名将，可不牛翻天了？

魏文侯决定了，就任吴起为将！

二 吴起用兵

魏文侯任命吴起为将很快就收到了超值回报。

吴起初掌将印，就率军攻打秦国，连战连胜，打得秦国只有招架之功而无还手之力。

公元前409年，魏国攻取秦西河地区的临晋（今陕西大荔东）、元里（今澄城南），夺取了五座城邑。次年，吴起率军攻秦至郑（今陕西华县），筑洛阴（今陕西大荔南）、合阳（今陕西合阳东南），尽占秦之西河地（今黄河与北洛河南段间地），置西河郡，吴起任西河郡守。

在镇守西河期间，吴起配合李悝变法，在军队中实施改革，首创考选士卒之法：凡能衣三属之甲，操十二石之弩，负矢五十支，荷戈带剑，身上随时备足三天口粮，半天行走一百里者，即可入选为"武卒"，免除其全家的徭赋和田宅租税，并奖励田宅；其若能在军队中建有军功，即按功行赏，赏赐更高的爵位。

挑选出精锐之卒，吴起着重从三个方面治军：

一、纪律严明、令行禁止。有一次，两个士兵没按照指令擅自出击，虽然立功归来，但迎接他们的不是封赏，而是要命的鬼头大刀。军令如山，按照吴起的标准，没有军令，虽是风摧雷击，也不能移动一步；军令即出，纵是刀山汤池，也要蹈之赴之。两个人视军令如无物，吴起毫不留情，命人推出，斩掉。

二、恩威并用，取信于人。吴起除了以杀人整肃军纪外，生活中极其关爱士卒，视兵如子。他与普通士兵同吃同住，睡觉不铺席，行军不乘车，自己背自己的干粮。有个士兵生了疮，吴起亲自给他吮吸脓液。那个士兵的母亲听说之后，放声大哭。别人很不理解，就问她："你儿子不过是个军卒，将军亲口为他吸脓，你为什么还要哭呢？"她说："您是不知道厉害。当初吴公也给我丈夫吸过脓，结果他打起仗来不要命，很快就战死了。现在吴公又为我儿子吸脓，不知道我儿子将会死在哪里。我想来伤心，不能不哭啊。"

其实，冷静一点来想，吴起为了功名可以亲手砍下无辜发妻的脑袋而不眨眼，你会觉得他是一个仁义慈爱的人吗？而他肯为士兵吮吸脓血，这除了是在作秀，并让这场秀服务于自己通向功成名就的大道外，不会有另外的解释。这位无名的母亲可谓看透了吴起的真正用心，她的眼泪和哭泣是对吴起的另类声讨。

但不管何如，吴起的表演是成功的，他的虚伪骗过了所有年轻士兵，士兵们乐为他所用，战场上愿出死力。

另外，吴起为了取信于人，在守信义、重然诺上，也是不惜血本、下了死功夫的。明人宋濂在《龙门子凝道记》中记录了一件吴起守信的故事，说吴起曾约一位老朋友吃饭，朋友因为忙，忘了此事，结果吴起等了整整一个晚上，朋友不来，他始终不肯动筷子。到了第二天早上，肚子实在饿得不行，他派人去提醒朋友，朋友这才想起来，歉意万分，赶紧过来赔罪，陪他吃掉那一桌隔夜的饭菜。宋濂感慨地说："朋友没来，吴起就不肯进食，这是因为一旦进食，就会出现自食其言的结果。而如果自食其言了，又岂能让三军将士钦服？让三军将士钦服，就必须言而有信。"

三、重赏激励、赏罚分明。吴起曾与诸侯大战七十六回，全胜六十四回，小胜一十二回，从无败绩；辟土四面，拓地千里，战功赫赫，威震天下。军队能取得这样的成就，跟吴起建立的激励机制是分不开的。每次战后庆功，吴起都会让立下上等功的将士坐前排，使用金、银、铜等贵重餐具，猪、牛、羊三牲俱全；立次等功的将士则坐中排，贵重餐具和食物适当减少；无功者坐后排，只能用普通餐具。宴会结束，还要敲锣打鼓、大事张扬地赏赐有功者父母妻子。对死难将士的家属，他每年都派使者慰问。

公元前 389 年，秦国集倾国之力直扑阴晋（今陕西华阴东），意欲敲开东进道路上的一扇门。警报传到西河，数万魏军士兵精神抖擞、两眼发光。对他们来说，打仗就意味着升官发财的机会来了，不用长官下达，他们全都穿戴好了甲胄，枪在手、弓在腰，整装待发，时刻准备投入战斗。吴起并不着急，西河是基地，也是要地，他不打算全军出动，而只挑选出五万士兵跟随自己前往反击秦军。西河所有魏军都迫切希望参战，让谁去不让谁去，可是个问题。吴起想了个解决问题的办法：由没有立过功的，或立功次数比较少的人参战。结果，被安排参战的一个个摩拳擦掌、欢喜不尽；没被安排参战的也心悦诚服，甘心充当板凳队员。

出发前，吴起发布将令说：如果车兵缴获不了敌军的战车，骑兵俘虏不了敌军的战马，步兵俘虏不了敌军的步兵，就算打了胜仗，也没有功劳。

五万渴望建功立业的士兵面无难色，应诺之声响彻云霄。

该战，魏军五万，秦军五十多万，双方兵力对比悬殊。但魏军士兵个个奋不顾身，以一当十，一往无前，经过反复冲杀，最终击败了十倍于己的秦军，占据了黄河以西七百里之地。

阴晋之战，成了中国战争史上以少胜多的著名战役。

原来强大的秦国于此战结束，国力大损，形势一度岌岌可危，而魏国一举成为战国初期强大的诸侯国。

《武经七书》中的《尉缭子·制谈第三》中赞："有提七万之众，而天下莫当者谁？曰吴起也！"

三 吴起的战争观

吴起攻必克、战必捷，可谓用兵如神，但他对战争始终抱定谨慎、小心的态度，不乱战，不盲目推崇武力，反对不义之战，反动轻率发动战争。他说："天下战国，五胜者祸，四胜者弊，三胜者霸，二胜者王，一胜者帝。是以数胜而得天下者稀，以亡者众。"认为发动战争越多，死伤越重，财力物力耗费越多，百姓就疲敝，国家就会贫弱，从而招来祸患。这一点，与前辈孙武所说"兵者，国之大事，死生之地，存亡之道，不可不察也"乃是一脉相承的，但孙武只点明战争所关系的生死存亡大事，没有从战争的多寡上论证其所造成的后果。

对于战争与政治的关系，吴起着重于强调政治，他说："昔承桑氏之君，修德废武，以灭其国。有扈氏之君，恃众好勇，以丧其社稷。"认为国家若是只追求修治文德而废弃武备，或一味恃众好勇、穷兵黩武而不修文德，都会亡国。

对于战争的起源，吴起认为有五个方面：一曰争名，二曰争利，三曰积恶，四曰内乱，五曰因饥。治理国家，要重视政治，但基于上述五个方面，战争往往难以避免，国家必须加强军事建设。吴起说："夫安国之道，先戒为宝。"要维护国家安全，就必须时刻保持警惕，时时准备足战时之需。他说："简募良材，以备不虞。昔齐桓募士五万，以霸诸侯。"提倡国家备有足够数量的常规军队，并且，对这些常规军队，还要"教戒为先"，让他们居安思危，和平时期要像战争时期一样来训练，训练要达到"出门如见敌"的境界。

不过，根据镇守西河的实践经验，吴起觉得，单单依靠军事改革，提高军队的素质和作战能力还是不够的，还必须加强政治、经济的改革，为战争创造一个安定的后方。他说："必先教百姓而亲万民。"提出必须是军民上下一心、团结一致，才能保证战争的胜利。他认为："有道之主，将用其民，先和而造大事。"依靠群众、发展群众的力量，将敌人埋没于人民的海洋里，才会百战百胜。他明确指出："不和于国，不可以出军；不和于军，不可以出阵；不和于阵，不可以进战；不和于战，不可以决胜。"国内的意见不统一、军队内部不团结、各级指挥官之间不配合、各部分战斗动作不协调，都不应该草率出战。在人心向背上，吴起断言："百姓皆是吾君而非邻国，则战已胜矣。"即得民心者得胜利、得民心者得天下，政治指挥军事、政治决定军事。

有了政治和经济做保障，接下来才是军事理论和指挥艺术的提高。而指挥艺术的高下，又取决于料敌先机。吴起反对指挥官在作战中作毫无根据的主观臆断，而主张从实际出发，根据敌情开展战斗。他说"用兵必须审敌虚实而趋其危"，打蛇打七寸，每战，必须摸清敌军虚实，攻敌之必救，一剑封喉，一招毙命。要做到这一点，就必须"急行间谍，以观其虑"，大量使用间谍，深入敌后搜集敌方全方位的情报。甚至，必要时，还得在战场上进行武力侦察。

曾经有人向吴起请教，问："两军相望，不知其将，我欲相之，其术如何？"如果两军狭路相逢，不知道敌人的虚实，不了解敌军的指挥中枢在哪个方位，如果要在短时间内进行侦察，该怎么做呢？

吴起的办法是："令贱而勇者，将轻锐以尝之，务于北，无务于得，观敌之来，一坐一起。其政以理，其追北佯为不及，其见利佯为不知，如此将者，名为智将，勿与战矣。若其众喧哗，旌旗烦乱，其卒自行自止，其兵或纵或横，其追北恐不及，见利恐不得，此为愚将，虽众可获。"言下之意，即派出一支精锐、勇于挑战的小分队去尝试进攻，进攻的目的不在于斩敌多少，而在于以假败来诱敌追击，从敌人追击的旌旗、金鼓、队列等等情况来判断其兵力的强弱、多寡、指挥官的能力等等，然后采取相应对策。

对于齐、秦、楚、燕及三晋等国军队的特点，吴起也了如指掌、谙熟于胸。他说："论六国之俗，夫齐阵重而不坚，秦阵散而自斗，楚阵整而不久，燕阵守而不走，三晋阵治而不用。"

战争中，除了盔甲、刀枪、弓弩等器物外，最重要的因素是人、马、车三项。吴起认为人是决定因素，人在战争中必须充分发挥自身的主观能动作用，他说："夫人常死其所不能，败其所不便。"人在战争中莫名其妙地丧命，往往因为缺少某种技能、某种本领，所以，他主张士兵在平时多训练，多练就几项本领。他认为在战争中，人必须努力掌握从事战争的各种技能和适应各种复杂环境的本领。吴起也很重视战马的养护和训练，直言马匹就是士兵的第二生命，士兵必须"人马相亲，然后可使"。人、马、车结合在一起参加战斗时，他认为："使地轻马，马轻车，车轻人，人轻战。明知险易，则地轻马；刍秣以时，则马轻车；膏锏有余，则车轻人；锋锐甲坚，则人轻战。"提前熟悉地形的高低险易，使军队在利于驰骋的地形中作战；提前训练好马匹，使马匹便于驾战车；提前检查和修理战车，使战车便于载战士；又兼兵刀锋锐，铠甲坚固，士兵便于作战，打起仗来才攻守自如。

当然，在攻和守上，吴起也有自己的一套理论。

比如攻，他就提出了十三种"急击勿疑"的情况，即：一、敌人初来乍到，队形尚未整理好；二、敌人刚刚用餐完毕，这时候是身心最放松的状态，还没进行戒备；三、敌人惊走逃窜之时；四、敌人为某事忙忙碌碌时；五、敌人尚未占据有利的地形；六、敌人已失掉了战机；七、敌人长途跋涉，疲惫不堪之时；八、敌人涉水半渡之时；九、敌人处于险道狭路上；十、敌人旌旗乱动，指挥混乱时；十一、敌人的阵脚数次移动；十二、敌人的将领离开了士卒；十三、敌人军心震骇之时。吴起认为，凡是遇到以上情形，当在第一时间派精锐部队予以迎头痛击，并分兵为继，急击勿疑。

十三种"急击勿疑"的情况之外，还有八种"击之勿疑"的情况，即：一、敌人顶风冒雪，夜半行军，破冰渡河，艰辛异常；二、敌人在炽热如火的盛夏午后行军，大汗淋漓，饥渴交加；三、敌人暴露于旷野日久，粮食吃完，百姓怨怒，怪言怪事迭现，而将领无力禁止；四、敌人物资将竭，柴草匮乏，却又遇上阴雨天气，想掠抢又没有地方；五、敌人人数不多，水土不服，人马染病，援兵未至；六、长途奔波，暮色已近，士卒既疲劳又惊疑不定，还饿着肚子，解下铠甲席地休息；七、敌人将领和官吏都没有威信，士卒军心不整，三军数惊，部队孤立无援；八、阵形尚未布好，营寨尚未安扎，行军过险道，只有一半人通过。吴起认为，凡是遇到以上情形，取胜的把握极大，应该发兵，击之勿疑。

与这十三种"急击勿疑"和八种"击之勿疑"相对，吴起又提出了六种"避之勿疑"，即：当面对的敌人的国家地大物博、百姓富有；君主体恤民众，广施恩惠；将军赏罚分明，号令顺应天意民心；按功论赏，所任得人；军队强大，甲坚兵利；有四邻助战，也有大国为后援。这六种情况下，应该尽可能避免与之作战。

此外，对行军和扎营，吴起也提出相关注意的事项，如要求在行军途中对每天行程的远近、道路的选取、人马的负荷，饮食的供应都有周密的筹划，才能保证上下一心。而军队每到一个地方，必须先了解周围环境，善于在客场地势中营造出主场优势。

上述种种，都是吴起对于战争的精辟见解和独到的经验总结，现在读来，仍可窥知其军事指挥艺术的精妙已稳处同时代的巅峰。

四　由将入相之路

吴起镇守西河，功高盖世，声名远扬，万众瞩目。那么，他所追求的人生目标是不是已经达到了呢？

别忘了，他当年从家乡出走，是咬着手臂这样发誓的："不为卿相，不复入卫。"

带兵打仗，只是他走向成功的一种手段，而不是终点。他有自己的政治抱负，而要实现这个抱负，就必须位居卿相，做上国君的宰相。可是，在魏文侯时代，李悝在魏国实施变法，魏国的政治、经济和军事等等综合国力都蒸蒸日上，李悝的相位坚如磐石，根本无可撼动。这种情况下，吴起最好的做法就是：低调做人、埋头苦干，做好自己的工作。

在阴晋之战发生前的七年，魏文侯已经薨了，不久，李悝也离世了，吴起那一颗原本就不安定的心就开始激烈地躁动起来。这长长的七年多时间里，吴起觊觎着魏国的相位，却一直找不到合适的机会跟继任的魏武侯提，快憋坏了。

阴晋之战结束，战斗所取得的辉煌战果让吴起愈加狂妄，也愈加躁动不安了。其实，也不能过多责怪吴起，毕竟，他已是年届四十的人了，再不狂妄、再不躁动，他就真的老去了。他决定，有机会要上，没机会也要创造机会上，一定得想办法提醒提醒魏武侯，让他觉察并充分考虑自己的需要。

可真别说，这边吴起正冥思苦想要创造机会，那边的机会却不请自来了。

魏武侯要亲自来西河前线视察。作为西河的军队元帅，吴起责无旁贷地要全程陪同领导视察。

这天，魏武侯检阅了军队，又乘船查看黄河两岸地势。河水咆哮汹涌、岸边乱石穿空，魏武侯看得目驰神摇，不由得高声赞叹："太美妙了！太壮观了！有这样的大河天堑，有这样的高山险阻，我大魏可谓固若金汤啊！这高山河流可真是大魏的无价之宝啊！"

事实上，在这样的情形、这样的场合、这样的背景下，魏武侯说这样的话，完全是正常的。可是，吴起为了推销自己，却说了一通大煞风景的话。

他怎么说呢？

只见他不紧不慢、不冷不热地说："当年三苗氏的国家，左有洞庭湖，右有鄱阳湖，德义不修，被大禹一下子就给灭了。夏桀的居处，左有黄河济水，右有泰山华山，伊阙山在它的南面，羊肠坂在它的北面，仁政不施，惨遭商汤放逐。殷纣的国家，左有孟门山，右有太行山，常山在它的北面，黄河流经南面，德政不施，周武王就干掉了他。所以说，是不是固若金汤，在德不在险。如果主公不修治道德，这船中的人也会成为您的敌国之人。"

吴起这番话，表面上是劝谏魏武侯要勤于修治道德，实际上也在暗中提醒魏武侯，光有山河之固是不行的，这西河如果不是有我吴起在，早被秦国人侵占了。至于后面"如果主公不修治道德，这船中的人也会成为您的敌国之人"一句，更是语含威胁，这船中之人指谁？不就是指他吴起吗？这是在提醒魏武侯要重视他吴起，不然，他吴起一旦成了魏国的敌人，那就麻烦了。

魏武侯听了，心中老大不是滋味，但也不好立马跟吴起翻脸，只是打着哈哈笑道："说得好，说得对，寡人一定要勤于修治道德！一定要勤于修治道德！"

魏武侯嘴里虽然这样说，心里早将吴起的十八代祖宗骂了个遍。你这个狂妄无礼的老东西，我就不给你相国当，我就不给你相国当！

不久，魏国选相，很多人因为吴起战功高，而且和李悝是同门师兄弟，一起合作过，以为必是吴起无疑。

吴起本人也得意扬扬，以为自己是出任相国的不二人选。

可是，新一任宰相却是贵戚田文，他吴起是外甥打灯笼——照舅（照旧），仍是西河太守。

吴起那个气啊，都快要窒息了。他对这个人事安排极为不满，直接找田文理论。

见了田文，他也不废话，兜头就问："凭什么由你出任相国？你敢和我比比资格，比比功劳吗？"

面对盛气凌人的吴起，田文表现得很淡定，说："比就比，你说吧。"

好，吴起说："统率三军，让士兵乐意为国战死，敌国对魏国不敢有所图谋，你可比得上我？"

田文说："比不上你。"

吴起又说："管理文武百官，让百姓亲附，让府库储备充实，你可比得上我？"

田文说："比不上你。"

吴起又说："据守西河使秦国的军队不敢向东侵犯，韩国、赵国乖乖服从归顺，你可比得上我？"

田文神色不变，仍然据实回答说："比不上你。"

嘿！吴起这下激动得不得了，挥舞着双手，气势汹汹地说："你都没有一样比得上我，还好意思担任相国啊？！"

田文淡淡地说："国君年纪尚幼，国人疑虑不安，大臣不亲附，百姓不信任，在这种特殊的时段，你觉得是把政事托付给我合适呢，还是应当托付给你？"

"这……"吴起愣住了，说不出话来。

是啊，自己也就一个外来的和尚，哪里能产生那么强大的向心力和凝聚力把现在魏国离散的人心给拧成一股绳呢？以目前魏国的形势论，它所需要的不是一个能干的相国，而是一个能团结朝野的相国。唉，还是干好自己手上的工作吧，由将入相的希望，只能等以后了。

以后是多久？其实也没多久，几年时间，田文就去世了。吴起以为自己任相的机会又来了。可是没有用，魏武侯安排了另一个人任相。这个人叫公叔痤，魏武侯的妹夫。

看着公叔痤有裙带关系，后台硬，吴起知道吵也是白吵，还是继续在边疆干自己的吧——反正，边疆的工作越干越顺手，就这样一直干到老、干到死，也没什么不好。

吴起自己这样想，新担任相位的公叔痤可不这样想。

这些年，吴起的功劳名声不断累积，已经得到了魏国上下百姓的一致敬重。有一个词怎么说来着？众望所归，照这么发展，这个相位肯定会归属于吴起。

如果吴起本人没有担任相国的心思还好，关键是他本人曾对相国之位存在过巨大兴趣，为此，还专门向前一任相国田文兴师问罪，要跟田文争相位呢。

吴起的存在，让公叔痤坐卧不安。公叔痤觉得，必须除掉吴起，自己的相位才能坐安稳。

怎样才能不动声色地拔掉吴起这枚眼中钉、肉中刺呢？公叔痤苦苦谋划着。

他的一个手下看穿了他的心事，给他进献了一个杀人不见血的毒计，说："吴起此人，刚愎自用，自尊心极强。你可以先向武侯说：'吴起是个能干的人，而我们魏国属于侯爵一级的小国，和公爵一级的强秦相邻，所谓庙小装不下真神、浅水容不了蛟龙，据我观察，恐怕吴起不愿长久留在魏国。'武侯必然要问：'你怎知吴起不愿长久留在魏国？'你就乘机向武侯说：'君侯可以把一位公主许配给吴起，他如果有意长久留在魏国，势必欣然接受；如果无意久留魏国则必然辞谢。这样，他愿不愿意长留魏国就一目了然了。'君侯一旦应允许配公主试探吴起,你就抢先邀请吴起到你府上,你暗地授意相夫人当他的面辱你、轻你、恶你、欺你、贱你、谩你,而你只是一味地忍她、让她、避她、耐她、由她、敬她、迁就她。这样吴起看了,知道相夫人是公主出身,而他以后也要娶公主为妻,也要过这种任由公主轻贱欺凌的生活,必定会受不了,从而拒绝君侯安排的婚事。这么一来……"

"这么一来,君侯自然认定他无心留在魏国,一个能干的人不肯留在魏国,那么,对待他的最好方式就是这样了。"公叔痤做了个咔嚓的手势,与献计的手下相视大笑。

这果然是一条杀人于无形的毒计!饶是吴起身为一代兵家名将,竟然看不穿、识不破,着了道儿,辞谢了魏武侯的婚配。

魏武侯怒从心头起,恶向胆边生,杀心大起,派人到西河召回吴起,准备将他下狱问斩。

吴起跟随来人乘车缓缓而行,出了城门,突然吩咐停车,回首怅望西河,不觉眼泪涟涟。

他的亲随倍感诧异地说:"主人的志向远大,视舍天下若破鞋。如今不过是离开西河,怎么会流下了眼泪?"

亲随不问犹可,这一问,正戳中了吴起的泪点,他的眼泪更如决堤的洪水,汹涌泛滥。吴起泣不成声地说:"你哪里知道?如果国君信任我,让我的才能可以尽情发挥,一定可以以西河为根基吞并秦国,助魏国称霸天下。如今国君听信小人谗言,不肯信任我。西河不久将为秦国所有,魏国的厄运就要来临了。"

五　入楚拜相

　　吴起终究没有返回魏国国都，行在路上，他已敏锐地觉察到了那一股浓重的死亡气息。想我吴起既负治国平天下之志，又有安邦定国之才，怎么可以就这样草草了却这一生呢？吴起有一千一万个不甘心，找了个机会，逃离了魏国。

　　魏国之外，哪一个国家适合发展呢？

　　吴起肯定不会考虑自己的祖国——卫国，原因很简单，当年他曾发誓"不为卿相，不复入卫"，不当上相国，绝不入卫。而且卫国弱小、发展空间有限，难有大的作为。

　　实际上，吴起投入的是楚国。

　　楚国是一个正在走下坡路的老牌大国，近年更是在乘丘（今山东巨野县西南）、负黍（今河南登封市西南）、大梁（今河南开封西北）、榆关（今河南新郑东北）等地惨遭韩、赵、魏三晋联军的打击，国力大损，民生凋敝、经济困顿。然而，当政的楚悼王却是一个很有抱负的人，一如当年的魏文侯，正在四处搜罗人才。这样的国家，绝对可以给吴起提供一个可以大展拳脚的舞台！

　　正如吴起所料，当楚悼王见到了他，果然是喜极而泣，比中了千万大奖还要高兴，连称喜从天降，感恩上苍有眼，让楚国终于得到了一个栋梁之材。

　　虽说楚悼王用了最隆重的礼节和最高的规格接待了吴起，但他的心中还是有顾虑的。

　　毕竟，吴起太厉害了。阴晋之战，五万人击溃了秦军五十万人，这事儿简直就不是凡人干的，得是神，天神！而且，吴起现在是闻名遐迩的大名人，怎么一下子就跳槽到了楚国呢？这个变化太突然，楚悼王还没回过神来，嗯，说到底，他是不相信吴起是真心来投奔楚国的。

所以，他必须调查清楚，别搞不好楚国被人家玩了一把"无间道"都不知道。

他小心翼翼地询问吴起，说："将军在魏国建立了那么多功勋，怎么舍得就这样离开魏国？"吴起恭恭敬敬地答道："实不相瞒，要是魏文侯还在世，对下臣很信任，我又怎么会舍得离开魏国？现在武侯继位，听信小臣谗言，使下臣无立足之地，这样我才来投奔大王。"

哦，原来是这样。

楚悼王的心放下了一半，想，以吴起的才能，是完全可以担任楚国的令尹（宰相）的，但令尹执掌国家军政大权，事关重大，如若吴起入楚的动机不纯，足可以使楚国国家倾覆。再者说了，吴起初来乍到，就委以重任，以令尹之职相托，只怕群下众臣多会心存不服，怎么办呢？

经过一番权衡，他想了一个折中的办法，委婉地对吴起说："将军在魏国任西河太守，将西河治理得有声有色，现在我们宛邑这个地方的太守已年老该退休了，能否烦请将军先到那个地方做个太守，做个榜样给其他各地看看呢？"

吴起聪慧，早猜出了楚悼王的为难之处，欣然应允。

在楚悼王看来，安排吴起到宛邑当太守，一则可以检验他的才能；二则也是做个过渡，有个缓冲时间，让自己更多地了解吴起的为人，看看他是不是真正忠心于楚国；三则嘛，如果他真的把宛邑治理得井井有条，那么提他做令尹也能使其他臣子心服口服。

楚悼王想的这些，吴起全部理解。所以，到了宛邑，他雷厉风行，对宛邑的所有政务进行大刀阔斧的全方位整改，准备在一两年时间内做出一番成绩，不辜负楚悼王对自己的信任。

行家一伸手，便知有没有。

吴起本来就是一个政治奇才，此前又积累了治西河的从政经验，因此初到任上就能驾轻就熟。他整顿了宛邑的吏治，重用和提拔贤能之士，裁汰庸碌无能之辈，打击贪官污吏；同时，又大力推行耕战政策，奖励开垦荒地，发展农业生产，充实府库，提高人民生活水平。此外，他又建立了大批民兵军事组织，使得这些民兵荷戈为卒、荷锄为农，为国家储备了数量可观的军事力量。

短短一年多的时间，宛邑气象焕然一新，不但百姓安居乐业，而且兵精粮足，呈现出一派欣欣向荣的景象。

人才啊，果然是人才啊！

楚悼王一直在暗中关注着吴起的一举一动，当他看到宛邑翻天覆地般的变化，不由得高兴万分，由衷感慨。

时不我待，不能再等了，楚悼王决定重用吴起。

他把吴起调回郢都，虚心请教，问："吴将军，你看楚国现在积弊日重，症结主要在哪里？"吴起说："楚国的主要症结在大臣权势太重、封君太多。大臣的权势太重就难于指挥和调度，上威胁到国君的权威和信誉，下虐弄得老百姓苦不堪言。封君太多，国家的土地就被过多地侵占，赋税无从征收，府库空虚，国家就积贫积弱。"

吴起的回答可谓一针见血，一下子就找到了楚国的死脉。

现在的楚国，权势和地盘多被屈、景、昭三大家族瓜分，枝强干弱，国势衰微。

说起此时衰微的楚国，那是万万不能与楚庄王时代相比了。

楚悼王的父亲一度想重振楚国声威，率兵攻打曾经长期臣服于楚国的宋国，可是，攻打了十个多月，始终无法攻破宋国的城池，可谓声誉扫地。更令楚国人感到憋屈和不可思议的是，此后，楚声王竟然不明不白地死于"盗贼"之手。

大臣太重，封君太众，这不就是造成国内乱象频现的根源？

楚悼王一拍大腿，说："将军说得太对了，说到我的心里去了。你再说说，现在的楚国还存在哪些问题？"

吴起点点头，继续说："天下列国，以楚国所拥有的土地最多，但楚国的土地都没有得到很好的利用和开发；楚国的人口数量原本也不少，却被大量的封君、贵族霸占养为私奴，这样一来，国家的劳动力严重缺乏，要人，人力不够，征兵，兵源不足。而且，底层人口负担过重，难以养家糊口，他们的劳动所得全被盘剥一空，又哪里有能力、哪里有动力多种土地和开垦荒地？"

吴起侃侃而谈，谈楚国劳动人民的生存现状、谈官场中的种种不作为、种种腐败，谈军队中组织涣散和对士兵的虐待等方方面面的问题。

这一谈，就是三天三夜，基本与当年百里奚初见秦穆公时畅论天下事的情形相同。

两个人越谈越投机。楚悼王深为吴起的学识和才干所折服。谈到最后，吴起向楚悼王提出：要想富国强兵，只有动大手术、大换血，实行变法改革。

楚悼王紧紧握住吴起的手，坚定无比地说："行，就按你说的办，我把变法改革的大事全部委托给你了。"

楚悼王是一个言出必行的人，说到做到。不日，他在朝堂正式任命吴起为令尹，宣布实行变法。

六　楚国变法

到楚国才一年时间，拜相的夙愿就得以实现，吴起对楚悼王感激涕零。

为报答楚悼王的知遇之恩，吴起将全部身心都投入到改革事业中来。

概括起来，吴起改革的内容主要有几点：

第一，制定了明确的法令，实行法治。

吴起清楚地认识到，要实施变法改革，就得制定明确的法令，通过强有力的法律手段保障变法顺利进行。于是，他借鉴了李悝在魏国变法的经验，首先制定法令，公布于众，加强楚国臣民"明法审令"的认识，以便于"废其故而易其常"。

第二，废除贵族世卿世禄，限制大臣的权力。

颁布"减爵禄之令"，减少和减免大臣和封君的薪水，降低他们的爵位，缩小他们的领地，减少他们的属民，"卑减大臣之威重"。根据实际情况、具体对象，分"损""收""平"等不同操作方法，"均楚国之爵，而平其禄，损其有余，而继其不足"。

"损"，即是将各级政府和各个部门中居其位不谋其事的不作为的人淘汰下来。"收"，指收回封君的封爵、俸禄和世袭特权。这是对世袭制度的一种挑战，吴起规定，"封君子孙三世而收其爵禄"，封君的封爵、俸禄和世袭特权只要传了三代，一律收回，不能像过去一样，世世代代相袭下去。"平"，是限制在位高官的收入，严禁无功受禄和巧取豪夺的事情发生。

第三，整顿吏治，精简机构。

吴起提出"罢无能，废无用，损不急之枝官"，削去了许多重叠、无用、不是当务之急甚至没有必要存在的岗位和官职，强力打击行贿受贿行为，杜绝权门请托之风，廓清吏治，改变楚国的不良习俗；禁止大吏结党营私，奖励百官奉公守职，公私分明，言行端正，不计较个人得失，立志为变法的新兴政权效力，为国家、为人民谋福利；提拔和起用有才有识之士，提高了国家机关的行政办事效能。

第四，徙贵族于边境，致力于开发边远地区。

吴起将那些已经被剥夺了爵禄的贵族安置到楚国南边那些地广人稀的地区，让他们带领当地的百姓开垦耕地，发展生产，增加了楚国的粮食收入。这样一来，不但有助于对荒蛮的边境地区的开发，促进楚国社会经济的发展，国家将被迁走贵族原来所占有的土地转租给那些无地、少地的农民，阶级矛盾也得到了缓和。

第五，改革军制，提高军队战斗力。

春秋时期各国的战争旨在立威定霸。进入了战国时代，各国间的搏杀意在攻城掠地，吞并他国。所以，在进行政治、经济改革的同时，吴起向楚悼王明确提出，要"砥砺甲兵，时争利于天下"，他把收回的俸禄和裁减官员省下来的钱，投入到军队建设中，抚养士兵，扩充军备。

吴起在替魏国镇守西河期间，根据自己对《孙子兵法》的研究所得，结合自己多次的实战经验，潜心写出《吴起兵法》（或称《吴子》）。现在在楚国改革军制，乃是匠石运斤、得心应手。他按照之前在魏国挑选"武卒"的标准打造楚国的军队，对善使戈、矛、戟、殳、弓箭等五种兵器，身材彪悍、行动敏捷，有志于杀敌立功的人予以提拔。对于军队的训练，注意分类分阶段进行，包括单兵技艺训练、阵法训练、编队训练以及联络记号训练等。一段时间下来，楚国军队的素质得到了全面的提升。此外，吴起还极力奖励耕战，储积粮食，"禁游客之民，精耕战之士"，讲求耕战并重，亦兵亦农，禁止丁民游手好闲，不务耕作。这不仅解决了军队的粮食供应问题，也改善了士民及其家属的生活。

由于背后有楚悼王的力挺，变法进行得很顺利，而由变法带来的结果是立竿见影、卓有成效的。

吴起变法的最主要目的就是富国强兵，国库富足、军事强大，楚国就要四面兼并和扩张，加入战国时代的兼并活动中来。吴起首先对南用兵，平灭百越，占据了自洞庭至岭南苍梧一带广袤地区；接着，又向北清扫楚惠王所灭陈、蔡两国的残余势力，一改此前贫弱的现象，重振当年楚庄王称霸中原之势。

在楚国不动声色地发展国内的政治、经济和军事的时间里，韩、赵、魏还没觉察到来自它的威胁，正为争夺土地而大打出手。

公元前383年，赵国在今天的河南清丰西南筑刚平城，以此为跳板，大举进攻卫国，卫国无力相抗，只得向魏国求救。魏武侯发兵救卫，大败赵军于兔台。

第二年，不甘心就此认栽的赵国再次围攻卫国，魏国被彻底惹毛，联合齐国，猛烈攻赵，夺取了赵国新筑的刚平城，进而攻至赵邑中牟（今河南鹤壁西），夺取赵国河东之地。

赵国节节败退，计无所出，派使者入楚求救。

这是三晋内部的事情，要不要插手呢？

楚国的很多大臣都不主张蹚这浑水，免得脏了鞋子不说，还要湿一身衣衫。也有人主张坐山观虎斗，发兵观望，如果赵国有望取胜，就加入战斗，在浑水中摸几条大鱼；如果赵国实在不行了，就洁身自好，迅速撤兵，别引火烧身，吃不了兜着走。

这些观点，明显是对自己的实力估计不足，对自己的军事力量不够自信。

吴起不以为然，越众而出，高声说道："即便赵国不求援，终有一天我们也要与魏国开战，这是一个无法回避的问题。现在的形势是，我们不出兵，魏战胜了赵，力量会更强，对我们更为不利；而我们现在出兵，表面上看来是我们在帮助赵，而实际上是赵国在帮助我们。并且，凭我们现在的能力，已足以打败魏军，现在既然有赵军帮忙，岂不稳操胜券？"

楚悼王犹如醍醐灌顶，连声称妙，同意发兵救赵。

公元前 381 年，吴起亲统大军北上。

河东路途较远，如果要与赵军联合一处对抗魏军，则楚军就需要长途跋涉，一来士卒劳苦，二来粮运难继，三来时间上也来不及。而考虑到魏军的主力都投到了河东战场上，魏国国内空虚，吴起匠心独运，不直接救赵，而先对魏国的薄弱地带发起攻击，击魏救赵。

这一着果然灵验，得知楚军侵入自己的国境，河东一线的魏军只得紧急撤回。

楚国以逸待劳，将匆匆赶回的魏军击溃，并乘胜追击，一直追杀到黄河岸边。

这是自从楚庄王问鼎中原以来楚军第一次饮马黄河。

魏军主力从河东战场的撤离，也给赵军提供了反击的机会，赵军得势不饶人，先后攻占了魏国的棘浦（今河北魏县南部）和黄城（今河南内黄的西北）。

看见楚、赵的势头这么猛，卫、齐两国军队不敢强撑，都一窝蜂地溜之大吉了。

魏国倒霉透了。对它而言，似乎噩运才刚刚开始。

不过，一个人的离世，却终于让它逢凶化吉，侥幸躲过了一场大劫。这个人，就是吴起变法的最有力支持者——楚悼王。

七 吴起之死

公元前 381 年，楚悼王病逝。

楚悼王的离世，化解了魏国所面临的一场灾难，却将吴起推入了死亡的深渊，万劫不复。

不难想象，那些被吴起废除世卿世禄，剥夺了爵位、俸禄的贵族、大臣和封君对变法所怀的是怎么样的刻骨仇恨，用不共戴天来形容也毫不为过。他们中的许多人，恨不得生吞了吴起。

想当初，变法刚刚展开，就有许多贵族大臣上蹿下跳，对吴起进行恶毒的谩骂、诅咒和攻击，一致强烈反对实施变法。

大贵族之一的屈宜臼就指着吴起的鼻子说："狗 X 的吴起，你搞变法，属于变故易常，不守祖法，你……你……你阴谋逆德，好用凶器，分明就是想把楚国搞乱搞垮，你个丧尽天良的家伙，你是楚国的罪魁祸首，你是危害楚国的祸根，你是要遭天谴的。"

这些大臣贵族虽然闹得凶，但有楚悼王在后面撑腰，吴起没有受到半点伤害，变法也能按计划、按步骤有条不紊地开展。现在，楚悼王这个坚硬的后盾已经没了，吴起所面临的，将是万箭穿身的下场。

旧贵族屈宜臼、阳城君等人借吴起到王宫对楚悼王进行悼念之机，突然拔刀发起袭击，要致吴起于死地。

吴起已是一个年逾花甲的老头子，年迈力衰，遭此刀枪围攻，自忖不能幸免，但却不愿就此引颈待戮，回身飞奔进楚悼王的灵堂，没有丝毫迟疑，俯身就扑倒在楚悼王的尸体之上。

楚国法律条例为："丽兵王尸者，必加重罪，灭三族。"即凡用兵器侵犯国王尸体者，要抄斩其三族。

吴起脑海里想的是：就算我死了，也要拉你们来垫背，你们都死了，我的变法才能继续进行下去！

那些被怒火烧昏了头脑的贵族已经失去了理智，从后面呼喝着追上来，乱箭飞射，刀剑交加，将吴起乱刀砍死，想想还不解恨，又把吴起的尸体拖出去肢解，大卸八块。

吴起死了，楚悼王的尸体也被砍了好几刀，中了好几箭。

楚悼王的儿子熊臧登上了王位，是为楚肃王。

楚肃王秋后算账，将参与猎杀吴起的七十多家贵族抓了起来，以"兵犯王尸"之罪，全部斩首。

一时间，脑袋如滚瓜，鲜血如河流。

这样说来，吴起临死前扑在楚悼王身上的计谋已成功一半了。

另一半，他也许应该知道，在中国古代的人治社会里，从来都是人在政在，人亡政息的。他和楚悼王既死，那么制定的种种改革方针也一定不会推行下去，只不过，他希望这个改革的成果可以存留更久一点，仅此而已。

的确，楚肃王并不喜欢吴起，对吴起的变法改革从来没有什么好感，他夷尽七十多家贵族不是要为吴起报仇，楚国最大的时弊，就是吴起所说的贵族势力太大，那七十多家贵族在楚悼王的尸体上动刀子，正好为楚肃王提供了清除他们的机会。这七十多家贵族被斩，楚国上层官员为之一空，王权无形之中得到了极大的巩固。这应该是吴起送给楚国的最后贡献了。

不管如何，吴起的变法虽然给楚国一度带来丰厚的实惠，但这次变法终归是失败了，诚如韩非所说："楚不用吴起而削乱。"吴起在楚国的变法过早夭折，楚国就不可避免地走上了衰败之路。

商鞅这个人并不复杂，复杂的是他在秦国实施变法的后果。作为一个有政治思想、有政治抱负并且有施政艺术和施政手段的谋略性人才，商鞅要寻找一个施展自己才华的舞台并没有什么错；他投其所好，向秦孝公进献了行"霸道"之术也没有错，但是，他所推崇的种种严刑酷法显然是与管仲、晏婴等人以民为天的民本思想背道而驰的。

商鞅变法，的确给秦国经济带来了发展，但发展起来的经济，主要还是服务于军事，秦国民众生活在一种人人自危的白色恐怖之中。秦国能扫六合、统宇内，商鞅功不可没，但大秦王朝的突然暴毙，也很难说和商鞅没有关系。商鞅本人从秦国出逃，因为拿不出身份证明，也不得不喟然长叹："嗟乎，为法之弊，一至此哉！"事到临头，才知道自己变法的弊端，才知道自己是作法自毙，才知道对民众造成的伤害有多严重，晚矣。

第六篇
影响深远的改革家——商鞅

一　公叔痤荐才

魏国的相国公叔痤实在是个非常有意思的人。

一方面，他有知人之明，但却又自私自利，把自己的利益看得太重，为了保住自己的地位不被动摇，不惜使用一些卑鄙的伎俩对他人进行诬陷、迫害。因为这个，吴起被他逼迫得狼狈不堪、连夜逃离了魏国。

另一方面，他又显得有些坦荡，有容人的胸襟，不夺人之功，不掠人之美。公元前362年，他率军大败韩、赵两国联军于浍水北岸，魏惠王重赏给他一百万亩土地，他连连摆手，说自己克敌制胜的方法全是从吴起处学来；士兵敢拼敢打，也全赖吴起当年训练有方；而阵中夺旗斩将，乃是部下巴宁、爨襄的功劳。他极力要求把功劳赏赐给吴起的后裔和巴宁、爨襄等人。

公叔痤就是这样一个矛盾的综合体。他所表现出来的上述两种行为似乎是自私狭隘和宽容大度的两个极端，但，只要略加分析，就不难发现，他的宽容大度主要还是表现在不影响他固有地位的基础上的。吴起存在，就可能取代他的相位，必须除之而后快；推辞浍水之战的大功，是因为吴起的后裔和巴宁、爨襄这些人根本不可能对他的相位构成什么威胁。他谦让功劳，既可成人之美，也可博取贤名，何乐不为？魏惠王就因此赞叹说："公叔岂非长者哉？既为寡人胜强敌矣，又不遗贤者之后，不掩能士之迹，公叔何可无益乎？"

公叔痤对待吴起的态度是这样，而在对待另一位历史人物商鞅的态度上就颇为耐人寻味了。

这一位历史人物很有些来历，其原是卫国国君的后裔，姬姓，公孙氏，名鞅，称公孙鞅，因由卫入魏，也叫卫鞅。之后，他因立下大功，被秦国封为列侯，受封于商（今陕西省商洛市丹凤县商镇）十五邑，号为商君—— 人们也因此称他为商鞅。

商鞅自小就对"刑名之学"有浓厚的兴趣，喜欢学习法家、兵家、杂家一类思想，游学到魏国，受李悝、吴起等人的影响，就专门研究"以法治国"的课题，对法律、军事的领悟和理解远超前人，对国家变法总结出了一套较为成熟的理论。

学成文武艺，货与帝王家。

眼看自己就要踏入而立之年，商鞅不能再等了，开始四处兜售自己变法治国的奇谋。

公叔痤确有识人之明，和商鞅第一次接触，简单地交谈了几句，寥寥数语，就深感这个年轻人是个罕有的奇才，一旦得志，将会撼动天下、泽及后世。

如果公叔痤真是一个爱才之人，或者真诚地希望魏国强大，那么，他应该在第一时间向魏惠王荐贤，让商鞅像李悝一样在魏国施展才能。

可是，这明显不是公叔痤的风格。

你比我有才，我还荐举你，让你爬到我的头上，那我以后还怎么活？

试想，公叔痤都难以屈居吴起之下，初出茅庐的商鞅如果高出了公叔痤一头，那公叔痤还不给气得翻眼蹬腿、吐血身亡？！

所以，商鞅想通过公叔痤登上魏国政治舞台的愿望只能是痴人说梦。

这样说来，商鞅的政治才能太高，高过了公叔痤，而且又被公叔痤窥知。这不但不能给商鞅带来好运，反而有性命之忧了。

说实话，公叔痤还真想给商鞅来一刀，让商鞅从地球上消失，一了百了。而以现在两个人的身份来说，公叔痤要杀死商鞅还真跟捻死一只蚂蚁一样容易。

然而，就是因为太容易，公叔痤不屑这么干。

商鞅跟吴起不同，吴起是一个名震天下的大人物，只有抢先下手才能稳固自己的相位；商鞅是谁？不过一个默默无闻的后生小子，只要压住他，不让他动弹，也就是说，只要有我公叔痤在，他就休想有出头之日。退一步说，自己年纪一大把了，经常患病，恐怕也没有多少日子挨了，自己死了，魏国也总得有个人接替自己的位置，这个位置，就留给商鞅吧！

所以，对商鞅，公叔痤既不向上荐，也不加害，当然，也不能让他脱离自己的掌控。他把商鞅留在身边，当作家臣赡养，并有意无意地传递出这样一个信息：我死了，魏国相国的位置就是你的了。

看着已是风烛残年的公叔痤，商鞅听从了安排，耐心地等待着，等待着公叔痤闭眼的一天。

这一天还真没多久，来了。

公叔痤身患重病，卧在病榻上，苟延残喘，奄奄一息，借魏惠王探病的机会，他喘着大气说："我的家臣商鞅是天下奇才，我死了，大王务必将全部国事交给他，听任他去治理。"

商鞅？不认识，这个名字寡人还是第一次听到！唉，你看看，这么多文武官员，你一个也不推荐，却推荐一个陌生人，还要把全部国事交给他，公叔痤啊公叔痤，你是不是发烧烧昏了头脑？神经搭错线了？满嘴胡话！

魏惠王十分同情地看着公叔痤，眼睛里充满了怜悯。

公叔痤意识到，自己荐举得太迟了。

不妨设身处地地想，换作自己是魏惠王，之前从没听说过有关商鞅的一丁点儿事迹，单凭一个快要咽气的老头子说了一两句话，就把国事全盘委托给一个完全不了解的陌生人，这也太逗了吧？要怪，就怪自己之前没做好荐举的前期工作，没给商鞅展示才干的机会，没让魏惠王有任何思想准备。

看来，魏惠王是不可能接受自己的建议了。

既不能用，那就杀吧！

想到这，公叔痤更加着急了。他屏退左右，挣扎着要起来，对魏惠王说："大王如果不任用商鞅，那就一定杀死他，不能让他逃出国境，千万千万！"

这个老头儿，真是病傻了，一会儿要寡人重用商鞅，一会儿又要寡人杀了商鞅，唉！魏惠王摇摇头，暗暗地叹了口气，走了。

完了！看着魏惠王远去，公叔痤无力地躺卧在床上，眼睛空洞无神地望着屋顶，激烈地咳嗽。

不！不！我绝不能让商鞅继续活在这个世上，我绝不能让商鞅祸害魏国！

一条腿已经迈入棺材的公叔痤咬咬牙，想到了一条无比恶毒的毒计。他派人去找来商鞅，歉疚地说：“今天我向大王隆重地推荐了你，想让你接替我，做魏国的相国，但从大王的表情看，他没有答应。原谅我，我应当先尽忠君之礼后尽人臣之责，我对大王说了，如果不任用商鞅，就应当杀死他。这一点，大王已经同意了。你赶紧离开魏国，不然就完了，到时别怪我没事先提醒你。”

公叔痤以为，商鞅听了自己这番话肯定会着急忙慌地卷铺盖逃跑。那样，肯定会引起魏惠王的警觉，魏惠王从而会格外重视这件事，商鞅就只有死路一条了。谁料，商鞅只是简单地“哦”了一声，既不惊讶，也不逃跑，表情还相当平静。

“怎么，你不害怕？”公叔痤大出意外。

商鞅淡淡地说：“有什么好害怕的？大王不能听您的话任用我，又怎能听您的话杀死我呢？”

啊？公叔痤一双眼睛吃惊地瞪着商鞅，感到了阵阵窒息，说不出话来了。

二　三会秦孝公

公叔痤死了，魏惠王也已明确表示了不会重用自己，商鞅在魏国的政治命运已经结束了。

此处不留爷，自有留爷处。商鞅认真物色适合自己发展的地方。

进入战国时代，诸侯国之间争相吞并，周初分封的各诸侯国剩下的大国只有七个，秦、齐、楚、燕和三晋，小国则有鲁、郑、宋、卫十来个，七雄争霸的局面已经形成。楚国在吴起变法期间一度雄起，但随着楚悼王和吴起死去，又重新归于沉寂。势头依旧强盛的是魏国，魏国牢牢占据着原本属于秦国的西河之地，并从郑县（今陕西省渭南市华州区）沿洛河北上修筑长城，将秦国堵截在偏僻的雍州，使秦国不得参加中原各国诸侯的盟会。秦国的新一代君主秦孝公继位，耻于被诸侯们所疏远，不甘心秦国像夷狄一样生存，决心恢复秦穆公时期的霸业。他广布恩惠，赈孤寡，募战士，明功赏，并颁布了著名的《求贤令》，号召国人大臣献富国强兵之策，其文如下：

> 昔我缪公自岐雍之间，修德行武。东平晋乱，以河为界。西霸戎翟，广地千里。天子致伯，诸侯毕贺，为后世开业，甚光美。会往者厉、躁、简公、出子之不宁，国家内忧，未遑外事，三晋攻夺我先君西河地，诸侯卑秦、丑莫大焉。献公即位，镇抚边境，徙治栎阳，且欲东伐，复缪公之故地，修缪公之政令。寡人思念先君之意，常痛于心。宾客群臣有能出奇计强秦者，吾且尊官，与之分土。

商鞅读了这道《求贤令》，心中大喜，将秦国定为自己事业的发展地。他打点好行李，离开魏国，向西来到秦国。自己出身低微，又来自外国，要直接见到秦孝公可不是一件容易的事。

商鞅想了一个办法：先投到秦孝公所宠爱的弄臣景监门下，由景监替自己引见。

第一次见秦孝公，商鞅口若悬河、滔滔不绝，恨不得把自己的一肚子学问全都一股脑儿倒出来，大谈特谈尧舜治国的方略，谈三皇五帝。秦孝公听得入了迷，异常安静，偏殿里回荡的只有商鞅一个人的声音，铿锵有力、慷慨激昂。商鞅越谈越兴奋，唾沫四溅，连自己都要为自己所折服了，不由得手舞之、足蹈之，沉醉在自己所描画的世界中。

几个时辰过去了。

商鞅突然发觉有点不对劲，怎么？秦孝公怎么"入迷"到哼都不哼一声？这太安静了，太不正常了。他停下了演讲，偷偷看了秦孝公一眼，天，秦孝公神色安详、双目低垂、气息平和，鼾声隐约可闻。

秦孝公哪里是什么入迷？！他根本就是睡着了嘛！！

这……这太不可思议了！

商鞅顿感不妙，事情坏了。

觉察到商鞅停止了说话，秦孝公一激灵，醒了。他睁开了惺忪睡眼，擦了一把嘴角的涎水，问："先生讲完了？"

"还没完，请国君再给我一点儿时间……"

"算了，时候不早了，改日吧。"秦孝公打断了商鞅，伸了一个大懒腰，吩咐送客。

改日，秦孝公怒斥景监："你推荐的什么人才，就知道夸夸其谈。"

景监一脸委屈，回去转告商鞅说："算了吧兄弟，你那套理论不适合我们主公。"

商鞅挠了挠头皮，央求说："我知道了，秦公的志向原来不在帝道，麻烦您再帮帮忙，想想办法，让我跟他再聊一次，一定可以成功。拜托了！拜托了！"

景监推托不了，只好再一次安排他跟秦孝公见面。

这次，商鞅从夏、商、周三代盛世说起，大谈夏禹、商汤、周文王、周武王治国的方法。他一边说，一边偷偷观察秦孝公的反应。一开始，秦孝公的兴致很高，但听着听着，就脸呈厌倦之色，哈欠连连。商鞅心里咯噔一下，心中暗忖：原来秦公对王道也不感兴趣。

秦孝公看出商鞅走神了，说："好吧，今天就先到这儿吧。"摆摆手，吩咐送客。

事后，秦孝公对景监说："你的客人有点儿意思，但说的都是帝道、王道，要我用帝王之术建立夏、商、周三代的盛世，这太遥远了，我等不了。"

景监将秦孝公的话转述给商鞅，商鞅笑了，一个劲地说："怨我怨我都怨我。一般贤能的君王，大多希望自己在位时能名扬天下，等待不了几十年、上百年才能成就帝王大业。这样吧，您再帮我一次，包管秦公会满意。"

看商鞅信心满满的样子，景监问："真有这么大把握？"

"秦公既不肯采用帝道和王道，那必是追求霸道无误。下次，我就用春秋五霸的治国方法来规劝他，岂有不成功之理？"说完，商鞅又颇感遗憾地道，"霸道实施起来见效快，势头猛，但难与殷周的德行相比，不是立国的长远之道啊。"

景监将信将疑，但还是好人做到底，安排商鞅第三次拜见秦孝公。

第三次见面，商鞅也就不再废话了，开门见山地问："当今天下四分五裂，主公想不想开疆拓土，成就霸业？"

秦孝公精神大振，他所渴求的就是霸道！

商鞅于是从齐桓公、晋文公、秦穆公、楚庄王等人称霸天下的事迹谈起。秦孝公听着听着，不由自主地向商鞅挪动。原本两个人是跪席相对而坐，屁股坐在脚后跟上，秦孝公被商鞅的话所深深吸引，心灵发生了相会，身体就不自觉地想靠近，他的身子一再向前移，双膝都移到席子前边了。

商鞅的话说到秦孝公的心坎上了，两个人促膝而谈，数日不厌。

最后，秦孝公竟情难自控，失去了君主应有的矜持，紧紧地握住商鞅的手，激动地说："秦国的霸业，就依靠先生了。"

三　移木建信

商鞅给秦国下了一剂猛药：变法。

变法的内容是魏国李悝变法的加强版，其关于"以法治国"的法律条文比李悝所制定的《法经》更凌厉、更苛刻、更严酷。

其变法内容大致分变法修刑、内务耕稼、外劝战死赏罚等部分，如："百姓每十家编作一什，每五家编作一伍。互相监督检举，一家犯法，九家检举，若不检举，十家一起治罪。不告发犯法作乱的处以腰斩的刑罚，告发犯法作乱的与斩敌首级的同样受赏，隐藏犯法作乱的与投降敌人的同样受罚。一家有两个以上的男丁不分立门户，加倍交纳租税。有战功的，各按标准晋升爵位，为私事争斗的，各按情节轻重处以大小不同的刑罚。致力于农业生产，努力耕织让粮食丰收，使布帛增多的免除自身的劳役或赋税。从事工商和因懒惰而贫穷的，将他们的妻子全部收为官奴。皇族中没有军功的，不得列入皇族的名册。明确尊卑爵位等级，按照各自爵位的等级差别占有田地、房产；家臣姬妾的衣裳服饰按各家爵位的高低而定，有功劳的显赫荣耀，没有功劳的虽然富有但没有什么荣耀。"

看了这些内容，秦孝公倒吸了一口冷气，有心想变革制度，又担心天下人议论自己。

商鞅给他打气说："行为犹犹豫豫，不能名扬天下；办事犹犹豫豫，不能建立功业。从来超常行为就被世俗所非议；有独到见解的人，一定会被常人所嘲笑。很多愚笨的人在事成之后还不明白事成的道理，而明智的人在事情还未发生时就已有所预料。君主不能与百姓商议新事物的创始，但可以与他们共享事成的欢乐。研究最高道德的人与世俗不合拍，成就大业的人不与一般人谋划。因此，圣人如果能让国家富强就不必沿用旧法了；如果能使人民得利，就不必遵循旧礼制！"

秦孝公终于点头，说："好吧，就按您说的，实行变法！"

秦国的重臣甘龙提出反对意见，他说："圣贤的人不改变民俗而用心教化百姓，明智的人不变更法度而用心治理国家。依照民俗施教不费力就可成功；沿袭旧法治理国家、官吏习惯，可使百姓安定。"

商鞅反驳说："甘龙的话，是世俗之见。平常人安于旧的习俗，读书人拘泥于书本知识。这两种人只能按照已经制定好的规章制度做官，不能与他们讨论变法的大事。夏、商、周三代礼制相异而都一样称王，春秋五霸法度不一而都称霸。明智的人制定法度，愚笨的人被法度制约；贤明的人更新礼制，平常的人被礼制所约束。"

另一个秦国重臣杜挚也提出反对意见，说："利益没有百倍以上，不能变更法度；功效没有十倍以上，不能变换旧规。仿效已有的成法没有过失，遵循过去的旧礼没有差错。"

商鞅说："治理国家不应拘泥于某一种方法，便利国家不一定非要仿效成法。试想想，商、汤、周武王不遵循成法而称王天下，而夏桀殷纣不更换旧礼而灭亡。所以，主张变法的人值得尊敬，一心遵行旧礼的人不值得推重。"

秦孝公拍掌说："说得好！"当即委任商鞅为左庶长。

说服了秦国甘龙、杜挚等重臣，商鞅的变法政策算是在朝廷上通过了。但在变法实施过程中，还必须得到老百姓的配合。这，就需要得到老百姓对新政策的认可和信任。

商鞅想了一个办法。

他命人在国都的南门竖起一根三丈高的木头，重金悬赏，称：有能把这个木头扛到北门的，赏十金。面对重赏，围观的人面面相觑，谁都不肯应募扛木。

要知道，将这根木头扛到北门并不是什么难事，凭什么可以获得这么重大的奖金？而且，为什么要把木头扛到北门？再说了，如果真有这个需要，随便安排一两名士兵就可以完成了，为什么还要搞这个招募活动？在没有搞清楚商鞅的葫芦里在卖什么药之前，大家都持观望状态，好奇地等待着谜底揭晓。

没人行动，商鞅就把赏金提高到五十金。

终于，有个年轻人忍不住了。他本着领不领赏无所谓的态度出来了，扛起了木头，目的就图博取大家一乐。他笑嘻嘻地把木头搬到北门。

怎么样？是不是真可以领到五十金？大家都拭目以待，看商鞅的反应。商鞅等的就是这个时刻，宣布颁奖。在众目睽睽之下，那个年轻人领到了五十金。

这一下，现场沸腾了：商鞅是信守承诺的！

很快，消息传遍了全国，全国百姓都在惊呼：商鞅是信守承诺的人！

商鞅用一根木头就取得全国老百姓信任的做法实在高明至极，他本人也因此得到了无数贤能之士的礼赞。宋朝改革家王安石就赋诗赞称："自古驱民在信诚，一言为重百金轻。今人未可非商鞅，商鞅能令政必行。"

与王安石同时代的文学家、政治家、史学家司马光也在他的《资治通鉴》中说："国保于民，民保于信。非信无以使民，非民无以守国。是故古之王者不欺四海，霸者不欺四邻，善为国者不欺其民，善为家者不欺其亲。"他拿秦孝公（实则是商鞅）与齐桓公、晋文公、魏文侯相提并论，说秦国不废徙木之赏的行为足可以与齐桓公不违背在曹刿刀剑威迫下签订的盟约、晋文公信守诺言对楚国退避三舍、魏文侯不因天寒爽虞人之约等行为相比，得到了天下人的信任。

四　商鞅变法

一切准备就绪，公元前 356 年，商鞅在秦国开始了彻底而系统的改革，其改革主要内容有：

一、制定和颁布法律。商鞅把李悝制定的《法经》在秦国颁布实行，将"法"改为"律"，增加了什伍连坐法，即五家为伍、十家为什，建立相互监督机制，一家有罪则九家相揭发。若不揭发，则十家连坐。检举揭发之功与战场斩敌相同，不检举揭发者，一经查实，处腰斩酷刑。窝藏犯罪嫌疑人与投敌者同罪，即本人斩首，全家罚为刑徒做苦役。客舍收留无官府凭证的旅客住宿，收留者与无官府凭证者同罪。

二、健全军功奖惩制度，禁止私斗。建立二十等军功爵位制，从低到高依次为：1. 公士；2. 上造；3. 簪袅；4. 不更；5. 大夫；6. 官大夫；7. 公大夫；8. 公乘；9. 五大夫；10. 左庶长；11. 右庶长；12. 左更；13. 中更；14. 右更；15. 少上造；16. 大上造；17. 驷车庶长；18. 大庶长；19. 关内侯；20. 彻侯。各级爵位都有一定的政治、经济特权，愈高享受的待遇、特权愈优厚。规定斩敌甲士首级一颗赏爵一级，田一顷，宅九亩，服劳役的"庶子"一人。与吴起变法相比，商鞅更狠，他规定：爵位越高，相应的政治、经济特权越大。官职和待遇的获得一律取决于军功，即使是宗室、贵戚，凡是没有军功的，不能获得爵位，没有贵族特权。

三、重农抑商，奖励耕织、奖励垦荒。商鞅根据秦国地广人稀、荒地多的特点，进一步把李悝"尽地力之教"发扬光大，规定凡是种粮大户和搞纺织业的百姓，免除其本身的徭役；而凡从事工商业和因不事生产而贫困破产的人，全家老小一律充官为奴。

四、建立郡县制，由国君直接派官吏治理。加强中央集权。

和吴起变法相同，商鞅的变法最先触犯了旧贵族的利益，引起激烈的反对。甚至太子也跟着指责商鞅，说："新法太过严峻。"按照商鞅的政策，凡指责新法者，一律重罚。虽然大刑上不了太子的身，但在秦孝公的大力支持下，商鞅仍可以拿教导太子的两位老师开刀，其中公子虔被割了鼻子，公孙贾脸上被刺了字。

其实，除了旧贵族、宗室和大臣外，老百姓对新法中的酷刑也多感恐惧和苦不堪言，全国都诉说新法弊端的人有数以千计，但因太子惨遭处罚，众人噤若寒蝉，集体沉默。

这样，新法得以顺利实施。

因为贵族特权取消了，爵位等级秩序建立了，农耕得到奖励，生产的粮食多也可以当成军功，军功多了，就可以富甲一方，秦国人民的生产积极性大为提高。几年时间，秦国的农业便得到大发展，秦国也由此更加强盛起来。

到了公元前 350 年，商鞅又实行了第二次变法，变法的主要内容有：

一、废井田，开阡陌。阡陌即田间的大路，商鞅要求把这些宽阔的大路一概铲平，包括以前作为划分田亩疆界用的土堆、荒地、树林、沟地也全部开垦起来，把原来的一百步为一亩开拓为三百四十步为一亩，重新设置"阡陌"和"封疆"。国家承认地主和自耕农的土地私有权，在法律上公开允许土地买卖。

二、普遍推行县制。建立县的组织，把秦国划为四十一个县，在未设县的地方，把许多乡、邑，聚合并成县，共新建三十一县。由国家设县令、县丞直接管理。这样，中央政权的权力更集中了。

三、迁都咸阳。为了便于向东发展，把国都从原来的栎阳迁移到渭河北面的咸阳（今陕西咸阳市东北）。

四、平衡赋税，统一度量衡。新法施行了十年，秦国的户籍、法律、军功爵位、土地制度、行政区划、税收、度量衡以及民风、民俗等方面都得到了完善，百姓的生活水平大幅度提高，道不拾遗，山无盗贼，家家丰衣足食。人们勇于为国而战而怯于私斗，社会秩序良好。周天子打发使者送胙肉（祭祀时供神的肉）给秦孝公，封他为"方伯"（一方诸侯的霸主），中原的诸侯国也纷纷向秦国道贺。

　　除了在政治、经济上取得如此成就，商鞅还以统帅的身份成功地收复了西河地区（今山西、陕西两省间黄河南段以西地区）部分失地。

五　攻西河

　　公元前341年，魏国大军与齐国大军在马陵展开大战，结果魏国统帅庞涓阵亡、魏国太子申被俘，魏国伤亡惨重。

　　商鞅嗅到了这其中的战机，向秦孝公建议进兵攻打魏国。他说："秦、魏之间，不是魏国吞并秦国，就是秦国吞并魏国，为什么呢？魏国地处山岭险要的西部，建都安邑，与秦国以黄河为界但独据崤山以东的险要地势。便利时就向西进犯秦国，不便利时就向东扩展领地。如今凭着大王的圣明贤能，国家才繁荣昌盛。而魏国往年被齐国打得大败，诸侯都背叛它，可趁此机会攻打魏国。魏国抵挡不住秦国，一定向东撤退。魏向东撤退后，秦国可占据黄河和崤山险固的地势，向东制服诸侯，这是统一天下的帝王伟业。"

　　秦孝公深以为然，将军队交给商鞅，由他全面负责伐魏。

　　公元前340年，商鞅率军气势汹汹地扑向魏国西河地区。

　　魏国方面前来迎战的是公子卬。公子卬原是商鞅在魏国时的好朋友。既是好朋友，这仗就不好打了。

　　商鞅决定和谈算了。他派人给公子卬送了一封信，信上说："当初我与公子相处很快乐，如今你我成为敌我双方的主将，不忍互相残杀，可以与公子相见面谈，订立盟约，欢宴后各自罢兵，以安定秦魏两国的局势。"

　　魏国近年战祸连接，元气大伤，可以不战而和，当然是最好的选择了。

　　公子卬完全同意商鞅的建议，欣然应邀前往秦营会盟。公子卬一来，商鞅立刻撕下了和善的面具，凶相毕现，下令甲士将公子卬就地拿下，并突然发兵袭击了毫无防备的魏军。

不用说，魏军败得很惨，基本上接近全军覆没。

魏国受此打击，国力更削弱，魂飞魄散的魏惠王只好将魏国部分西河之地献给秦国以求和，同时将国都从安邑迁到大梁。

魏惠王这时才后悔当初没听从公叔痤的建议，恨恨地说："寡人恨不用公叔痤之言也。"然而，世上是没有后悔药吃的。

当年，吴起镇守西河之地，秦军无数次攻占均是无功而返，现在终于尝到了胜利的甜头！

商鞅的功业可谓达到了他人生的巅峰，他顾盼自雄，睥睨天下，不但变得骄傲自大，而且贪婪异常。以至于每次出门都极其讲究排场，后车十数，从车载甲，多力而骈胁者为骖乘，持矛而操戟者旁车而趋，只要缺少了一样，他就不出门。

其实，商鞅的许多做法，很让仁义君子所不齿。就拿这次袭取西河来说，他赢得非常不光彩。

在西周，甚至更久远的古代，人们所遵奉的是"以战为礼"，打仗讲究一定的礼节。比如说，打仗前必须要给对方下战书，约好开战的时间、地点，避开农时，以免耽误农业生产，不给对方民众造成困苦，不能在对方国丧的时候进攻。出征要堂而皇之地击鼓出境，不搞偷偷摸摸、有意隐藏行军路线的一套。打仗的地点双方都定在旷野之地，坚决不能选农田或城市这样容易伤及无辜和损害农作物的场所。战场上，双方的战车在冲锋过程中面对面不能相撞，应该错车而行，互相给对方留出可以经过的空间，免得车毁人亡，伤亡太大。在战场上遇上了对方的国君，要从车上跳下来，摘掉头盔，换上帽子，然后上车继续再战。如果对方有头发花白的人，不能肆意伤害；不杀放下武器的战斗人员；对于对方已经受伤的人员，要及时救治，礼送回国。交战中，只要有一方败退出的距离超过百步，另一方就不应再追；而如果撤退的距离超过九十里，则意味着战争结束，胜利的一方也应该适时收兵，放归对方的老弱俘虏，双方派出代表对战果进行评估，互订战后双方应该享有的利益或分担的义务，等等。

看得出，这种战争礼节还是挺可爱的。

可西周东迁以来，礼崩乐坏，诸侯力征，这种可爱的战争规矩就逐渐被破坏了。但诚如清人顾炎武所说："春秋时犹尊礼重信，而七国则绝不言礼与信矣。"春秋时期还存在很多保留战争礼仪的动人事迹，比如上文提到的齐桓公不违曹刿之盟、晋文公退避三舍等等。但其中最为著名的就是宋襄公在泓水之战的表现。该战，宋襄公高举仁义大旗，坚守古法，反对"半渡而击"，甚至，楚军的阵列没排好，就绝不出手。可是，现在到了战国时期，"则绝不言礼与信矣"的时代开始了。所谓"兵不厌诈"之类玩阴谋、耍诡计的招数开始登场，各种阴招、损招层出不穷，其狠毒程度令人发指。战争发展成了以杀戮为目的，以大量消灭对方有生力量为胜利，手段无所不用其极，焚庐、屠城、杀降、杀无辜，成千上万地杀。白起坑杀四十万赵军、项羽火烧咸阳等等，就是其中的极端表现。

这也是孔子哀叹"礼崩乐坏"的原因之一。

商鞅在扬扬自得、目空一切时，并没意识到，他的一系列无良行为已经招致了天怒人怨，很多人对他既鄙视又厌恶。赵良，便是其中敢怒敢言的代表。

六　赵良的忠告

赵良是秦国的一名贤人、隐士，因为看不惯商鞅的所作所为，决定登门予其一番忠告。

商鞅并不怎么把赵良放在眼里，只是淡淡地说："我之所以接见你，是因为孟兰皋的介绍，那么，今天我就与你交个朋友吧。"

赵良不卑不亢地答道："鄙人可不敢高攀。孔子曾说过'推举贤才的人就会得到人民的拥护和爱戴，聚合不肖之徒即使称王天下的人也会下台'，鄙人不肖，所以不敢和您做朋友。鄙人听到这样的说法：'不在其位而占据其位叫贪位，没有其名而享有其名叫做贪名。'鄙人要是接受您的情义，恐怕鄙人就是既贪位又贪名了，所以不敢从命。"

商鞅说："听你的言下之意，似乎是想影射些什么，难道是对我治理秦国的政策心存不满？"

赵良说："能听从相反意见叫作聪，能自我反省叫作明，能自我克制叫作强。虞舜曾说过：'自谦的人值得尊敬。'您只要能用虞舜的学说来指导自己的言行，就不必问鄙人了。"

商鞅哈哈大笑，说："当初秦国的习俗与西戎一样，父子无别，同居一室。现在我改变了这种习俗，使他们男女有别，分室而住，大筑宫阙，像魏国、卫国一样，序列长幼尊贵秩序。料想当年的五羖大夫百里奚治秦也不过如此。"

赵良冷笑说："一千张羊皮，不如一只狐狸的腋下皮毛贵重；一千个人随声附和不如一个人仗义执言。周武王允许大臣直言进谏得以昌盛，殷纣王钳制百官的喉舌因而灭亡。您如果不反对武王的做法，那就让鄙人在你耳边直言吧。"

商鞅止住笑，说："华丽动听的话如同花朵，忠实坦诚的话则好比果实，逆耳的忠言是治病的良药，阿谀奉承的话会让人迷失。先生如果肯天天在我耳边直言，那可是我治病的良药。我还愿拜您为老师哩。"

好！赵良清了清嗓子，娓娓地说道："那五羖大夫百里奚是楚国边远地区的乡下人，秦穆公用五张黑公羊皮将他买来，凌驾于贵族之上，秦国人没有谁有二话。他任秦相六七年，向东征讨过郑国，三次拥立晋国的君主，一次出兵解救楚国之祸，在境内施行教化，敬仰之下，巴国自愿进贡，施仁政于诸侯，八方少数民族乐为朝见。"

提起五羖大夫百里奚的个人功绩，赵良的声调越来越大，而当说到巴国进贡、八方来贺之事，语气中又充满了追思和景仰。

他继续说："五羖大夫百里奚可以说是功高盖世，但身居高位，劳累不坐车，暑热不打伞；在国内行走，不要车辆相随，不要武士防卫；功名藏于府库，德教施于后世。以至于他离世时，秦国无论男女都痛哭流涕，儿童不唱歌谣，舂米的人停止了捣杵。想想看，这是什么原因？这是他的德行所致啊！"

　　说到这儿，他的话锋忽然一转，极其尖锐、极其严厉地说："你靠巴结秦公的宠臣景监才得以见到并亲近秦孝公而飞黄腾达。这不是成名的正道。你出任秦相却对百姓漠不关心，不为百姓谋福利，光顾着大建豪华的宫殿城阙。这些工程算不上政绩。你用法律手段来排斥异己，对太子的老师施以墨刑，用严刑残害百姓，这不是执法，这是积累怨恨、积聚祸患啊！传统道德对百姓的感化比官府的恐吓命令更能深入人心，百姓仿效上司的行为比遵循官员三令五申的命令更为迅速。现在你排斥传统道德，用权力来强行灌输所谓的先进文化，这谈不上教化百姓。你又称孤道寡，炫耀权势，天天用新法来处罚和欺凌秦国的贵族公子。《诗经》上说：'老鼠都举止得体，有人却蛮横无理，这人既然蛮横无理，何不赶快去死。'根据这诗句看来，你是不会有好结果的。公子虔被割掉鼻子后闭门不出，你不但不知收敛，反而变本加厉，杀死祝欢，在公孙贾脸上刺字。《诗经》上说：'得人者兴，失人者崩。'这几件事，不是得人心的举措。你出行的时候，后面跟随数以十计的车辆，车上人人全副武装，全是身材魁梧的勇士做你的护卫。他们手里都握长矛锐戟，紧靠你的车子，一副如临大敌的样子。这些防卫不样样具备，你就一定不敢出门，请问，你到底在害怕什么？这样做，不感觉做人很累、很失败吗？《周书》上说：'恃德者昌，恃力者亡。'你现在处境之危险，就如同阳光照耀下的朝露，要延年益寿几乎没什么可能！"

　　想起商鞅那些严刑酷法，想起那些新增加的，如凿顶、抽肋、镬烹等等反人类的残暴肉刑、大辟，赵良的面部肌肉阵阵抽搐，亏商鞅还沾沾自喜地称自己改变了"父子无别，同室而居"的现象，连秦国人的风俗习惯都要管，这是什么样的变态政治啊！而且，他变法内容只许遵守，不许议论，否则就要遭到割鼻子、挖眼睛、砍手剁脚、五马分尸等等惩罚。甚至连"弃灰于道者"都要处以黥刑，这是在变相地残害百姓。他说在他的管理下国家富强了，这种富强，不过是军事力量的强大，但对百姓的压榨更残酷了，而全国百姓都生活在无穷尽的惊慌和恐惧中，人人自危，战战兢兢，生怕一不小心就会触犯哪一条酷律而招致杀身之祸。

商鞅没来秦国之前，秦国法令宽松，五羖大夫辅佐下的秦穆公时代，更是讲求以德治国。有一年，晋国发生大饥荒，晋惠公向秦国请求粮食支援。秦国上下虽然都厌恶晋惠公，但考虑到晋国百姓是无辜的，还是提供了大量粮食给予援助。过了两年，秦国发生饥荒，晋惠公不但不肯借粮救援，反而趁火打劫，乘机率军攻打秦国。这种情况下，秦穆公率兵出征，虽然击败并俘获了晋惠公，但还是从人道主义出发，将他释放了。那时候的秦国，是一个盛行仁义古风的国度；而现在的秦国，传统美德已经被商鞅败坏了，人人唯利是图，自私贪婪。商鞅用他的军功奖励把战争杀戮彻底制度化。他推崇暴力，内行刀锯，外用甲兵，整个国家已经被改造成了嗜杀的战争机器。他出卖信义，用欺诈的手段全歼魏国军队的行为为天下人唾骂，秦国也因此被背负上了"虎狼之国"的恶名。魏公子无忌就说："秦与戎翟同俗，有虎狼之心，贪戾好利无信，不识礼义德行。苟有利焉，不顾亲戚兄弟，若禽兽耳，此天下之所识也，非有所施厚积德也。"

可悲呀，可叹呀！

赵良不无悲愤地说："您为什么不放弃权力，归还十五座封邑，到偏远僻静的乡下去浇园耕种，劝说秦公多做好事：提拔被埋没的贤能、敬养老人、抚育孤儿、使父兄互相敬重、按功劳大小赏赐官爵、礼遇功臣、尊崇有德之士。这样可以使您稍保平安。难道您还要贪图既得利益，热衷于独掌秦国大权，使百姓的怨恨不断积聚吗？一旦秦公死去，秦国要收拾您的人难道还少吗？您的灭亡真是指日可待。"

赵良一连串的拷问，商鞅始终沉默不语。

其实，对于自己所实施的变法，商鞅也是有心理准备的。赵良所说的以德治国，其实就是尧舜等人所奉行的帝道，无奈秦孝公喜欢的不是帝道，自己就只能以霸道相佐。霸道既非古代先贤留下的正道，变法即使可以让秦国强大，后世也必然不复殷周的文明成就。先贤重视道德教化，而道德教化的周期太长，没有上百年不可能成功。要在短期内推行变法，就必须变古法，定秦律，以暴力威化，辣手治国，这，只能是无奈的杀鸡取卵之举罢了。

看见商鞅对自己的话不置可否，赵良长叹了一声，飘然而去。

七　商鞅之死

与赵良会面后五个月，秦孝公去世，太子惠文君即位。隐忍多年的公子虔等人诬告商鞅谋反。

商鞅顿时慌了手脚，知道大难临头了。因为，按照他所制定的秦律，他要证明自己的清白，就必须拿出自己没有谋反的证据。众所周知，证明一个人谋反的证据容易找，而要证明一个人没有谋反的证据可就难找了。没有谋反，就是行为没有发生，或尚未发生；行为既然没有发生，或尚未发生，又怎么会产生证据？

商鞅第一次对自己所制定出来的无厘头法律感到了恐惧。而且，既然是公子虔等人的告发，那肯定是处心积虑、必欲置人于死地的了，当下之计，只有走为上了。

商鞅收拾好金银细软，驾车仓皇逃亡。

到了函谷关，夜幕降临，商鞅想住客店，店主要他出示证件，猛然，他呆住了。身份？什么身份？告诉他们，自己就是相国商鞅？自己现在可是全国通缉的一级重犯，自报家门可不就是自投罗网？那么，就假造另一个身份？可是，自己制定的法律里明确有这么一条："客舍收留无官府凭证的旅客住宿，收留者与无官府凭证者同罪。"自己没有可以证明假身份的假证件，店家那是万万不肯留宿了。

唉，自己当日颁布连坐令时，又何曾想到会亲身陷此令？

商鞅驾着自己的车子，悻悻地离开了客店，喟然叹道："嗟乎，为法之弊，一至此哉！"

本来，商鞅还想逃到魏国，但想到自己曾经对付过魏国人，魏国哪里还有自己的容身之处？不得已，他只好返回自己的封地组织人马与政府对抗。商鞅的对抗，只能是垂死挣扎，没有太多的意义，很快兵败被杀。

就这么死了，真是太便宜你了，不行！

惠文君命人把商鞅的尸体拉回来，实行了严酷的车裂之刑，五马分尸，然后灭族。

商鞅虽然死了，但他对秦国二十多年的影响不可能一下子消除。事实上，因为他的变法明显使秦国的军事更加强大了，继任的惠文君甚至后来的秦国君主都把他所制定的苛刻法令保留了下来。最后才有始皇帝续六世之余烈，振长策而御宇内，吞二周而亡诸侯，履至尊而制六合的统一大业。

但成也商鞅，败也商鞅。

商鞅变法所带来的军事成功使后来的秦国统治者误认为"恃力者昌"，盲目崇拜武力，认为严刑峻法是治理天下的好方法。甚至秦始皇统一天下后，还将这种不得人心的残酷秦法向全国推行，刻石颂功，耀武扬威，到处宣扬自己"依法治国"的思想。其结果是天下人民积怨蓄祸，苦于暴秦苛法，终于激起风云激荡的大民变，天下群起而攻，秦始皇所幻想的子孙帝王万世之业成了天下笑柄。

贾谊在《过秦论》中说："仁义不施，而攻守之势异也。"一语得之。

总觉得张仪的成功是一段传奇，是一个神话，可以临摹，不能复制；可以模仿，从未被超越。

张仪曾经身无分文、家无立锥之地，能够依靠的，只是一双能敏锐捕捉天下形势变化的慧眼、一张能颠倒众生的利嘴和一个机变百出的脑袋。就这样，他居然从默默无闻的底层小人物摇身变成了腰佩玄玉、叱咤风云的将相公卿。就这样，他的成功没有终点，总是从一个成功的高峰走向另一个成功的高峰，将所有的竞争对手远远抛在身后。就这样，他还将巨大的声誉从生前传递到身后，享受着人们的赞叹和追捧。最难得的是，他所取得的成就堪与商鞅比肩，却成功地避免了商鞅式的悲惨结局。

第七篇

舌撼山岳的辩士——张仪

一　张仪的机会

商鞅死了，但他所制定下来的制度和政策却被秦惠文君全部保留了下来，秦国也因此保持着原有的势头继续发展，进而走上了一条以对外扩张为主的快车道。

秦国要扩张，最先倒霉的就是魏国。

前文说过，魏国占去了原属秦国的西河之地，使秦国无法东进，秦国为了染指中原，就围绕着西河展开了一场又一场惨烈的战争。但在吴起镇守西河的时代，秦国的每次进攻都无功而返，以惨败收场。

公元前 389 年，为了打通东进的道路，秦国还集结倾国之力直取阴晋（今陕西华阴东），可这次行动的结果，最终竟是五十万秦军惨败给吴起所领的五万魏军，给吴起的军事生涯添上最浓墨重彩的一笔。

现在，时势已异，彼消我长，魏国霸业已一点点消散，秦国已现王者之相。

公元前 333 年，秦国大良造公孙衍率军向魏国发起进攻，掀起了一波对外扩张的狂潮。

说起来，这公孙衍原本就是魏国人，准确地说，是魏国阴晋人，因为在魏国得不到重视，便向西投入了秦国。在他的指挥下，秦军在对魏作战中取得了一连串军事胜利。魏国被打得一点脾气都没有了，于公元前 332 年正式割阴晋之地求和。至此，公孙衍算是为自己出了口气，而秦国人也为当年惨败给吴起的阴晋之战出了口气。

出了气的公孙衍和秦国人并不肯就此收手，他们恃仗军事力量强大，继续欺负魏国，俘获魏国西部方面军主帅龙贾，斩首八万余人，进入了魏国用于阻挡秦国东进的长城。

魏国安置在上郡、西河两郡的兵力损失殆尽，魏惠王权衡利弊，干脆再割西河郡献给秦国，只求停止战争。

公孙衍并不满足于此，从公元前330年到公元前329年，又率军渡过黄河攻取曲沃（山西曲沃）、焦（今河南三门峡以西）、汾阴（今山西万荣西南）和皮氏（今山西河津东）四地。

秦国人的攻占杀伐行为引起了另一个魏国人的高度关注。这个魏国人姓张名仪，是一个穷困潦倒的落魄文士。普通文士，长于刀笔，但和普通文士不同，张仪长于口舌之辩，故又称辩士。

所谓辩士，必须是头脑灵活，思路缜密，伶牙俐齿，能把死的东西忽悠活、活的东西忽悠死。

但张仪是一个有追求的辩士，他并不屑于小打小闹、随随便便地混几个钱度日，他渴望的是跻身于政坛，手执国家权柄，左右国家大事，过翻手为云、覆手为雨的生活。就因为定位太高，对于张仪现有地位来说，几近一步登天，所以张仪一直没有成功。

但，他从没有放弃自己的理想。魏国没有发展机会，就到别国找。

说起来有点心酸，浪迹天涯、历遍众诸侯国的七八年时间里，他混得最好的一份成绩，就是投入了楚相国昭阳门下，成了一名光荣的门客。

门客，当然远不是张仪所追求的目标，所以，张仪不能就此止步，他躁动不安，急切地等待展示自己才能的机会。这就使得他和其他门客格格不入，显得有几分孤傲、清高。其他门客也就有意无意地疏远他、排斥他。

甚至，在一次宴会上，其他门客集体诬赖他偷盗了昭阳家的宝玉。张仪因此遭受到了严刑逼供，浑身被打得皮开肉绽、血肉模糊。

毒打并没能让张仪放弃理想，他的斗志反而更高了。遍体鳞伤的他依旧豪气冲天，他对给他敷伤口的妻子说："只要我的舌头还在，就没有我做不成的事儿！"

公孙衍攻打魏国的时候，张仪正在家里养伤。

从公孙衍的攻伐行为中，张仪已经嗅到了可以使自己飞黄腾达的良机，没有半点犹豫，他手脚麻利地收拾好行李，雄心万丈地向咸阳而去。

二　张仪任相

张仪的理想是做一个可以呼风唤雨、撼动风云的辩士。

而要做到这一点，除了机变百出、巧舌如簧外，最最重要的是，还必须拥有世界大局观，对国内外形势的变化有着理性的认识，总结并掌握可以影响国家间风云变幻的规律。

张仪觉得，他已经做到了。

现在，秦国一味沉迷于攻打魏国，虽说取得了一大片一大片土地，但危险也由此产生了。

要知道，这是一个多极的世界，除了秦国和魏国外，还有韩、赵、楚、齐等国在一旁观战。

秦国的扩张，就不可避免地会对其他诸国构成威胁，他们是断然不会坐视秦国从容坐大的。现在其他各国之所以还没行动，是在等待一个合适的切入点，而一旦这些诸侯国介入，秦国就将面临以一对多的不利局面，后果将不堪设想。

退一万步说，就算韩、赵、楚、齐始终袖手旁观，不插手秦魏的斗争，魏国为求自保，必定会向其他诸国求救，只要它和楚国或齐国中的任一国结成同盟——而齐国和楚国都是老牌大国，国力并没和秦国差多少——那时，秦国就会面临巨大的生存压力。比这更可怕的是，魏国会因为楚、齐等国将自己从秦国的魔爪中救下，其与楚、齐等国的结盟将是死心塌地、牢不可破的，秦国只怕难有出头之日了。

看到了这一点，张仪意识到，自己进入秦国国家管理机构的机会来了。

公元前329年，张仪见到了秦惠文君，他把自己对天下形势的发展变化一五一十地向秦惠文君做了全面而又翔实的分析。秦惠文君频频点头，有一种茅塞顿开之感，心为之折服，当即奉张仪为客卿。

在张仪的劝说下，秦国放弃了对魏国的攻打，魏国和楚或齐的联盟就没有联结起来。不但没有联结起来，魏国反而将屠刀挥向了楚国。

魏国为什么要这么做？

原因是楚威王在这一年病死了，魏惠王欺负继位的楚怀王是个新手，且楚国政权新旧交替，肯定存在许多不稳定因素，就发兵攻打楚国的陉山（今河南漯河东），准备把自己与秦国作战时的损失在楚国身上找回来。

对于魏国人的表现，秦惠文君深感满意，同时，也对张仪更加敬重。但张仪并未因此骄傲，他决心借魏国攻打楚国的机会给秦惠文君进献一份大礼。

这份大礼就是魏国的西河郡。

原来尽管魏国去年已经同意将西河割给秦国，但一直拖着欠着不予交付。显然，魏惠王是好了伤疤忘了痛，他看秦国已经撤军，就心存幻想，想一赖到底。

现在，张仪提醒秦惠文君，说："现在是秦国收回西河之地的时候了。"

怎么，又要出兵对魏国宣战？

秦惠文君愣愣地看着张仪，心里说，先前劝我撤军的人是你，现在，要我出兵的人又是你。

张仪却微微一笑，说："现在收取西河，根本不用费我大秦国一兵一卒。"

什么？不用费一兵一卒就可以收取西河？！

秦惠文君兴趣大增，连声说："先生快说说，怎么个收取法？"

张仪不紧不慢地说："我们不是在皮氏俘虏许多魏国的士兵并缴获许多装备吗？要收取西河，奥妙就在这些魏国士兵和装备上。我们把这些全部交还给魏国，声援魏国对楚国的战争。这样一来，魏国攻打楚国的劲头也会更足，而等到它取得了胜利，它也已经疲惫不堪了，那时候，我们再跟它提及西河的交接问题，它一则无力跟我们再争，二则也欠了我们的人情，就不得不乖乖将西河交付给我们了。"

秦惠文君听了，连连称妙，便委托张仪全权去办理此事。

一切尽在张仪的掌握中。

不久，魏国攻下了陉山，但在秦国软硬兼施的要挟下，终于忍气吞声地向秦国献出了西河。凭借同样手段，公元前328年，张仪又向魏国施压，顺利地将魏国的上郡划归秦国。为了安抚魏国方面的情绪，张仪又说服了秦惠文君，让秦惠文君送了一个儿子前往魏国做人质。这么一来，魏国方面虽然吃了大亏，却偏偏有苦说不出。张仪的外交手段实在太高明了！

秦惠文君感慨之余，效仿山东诸国，在国内设置相国一职，将张仪任命为秦国的第一任相国。

三　惠文君称王

张仪感激秦惠文君对自己的器重，就决定投桃报李，将秦惠文君尊拥为王。

他主动出使魏国，与魏国进一步发展友好关系，并于公元前327年，把两年前由公孙衍攻占来的焦、曲沃及皮氏等魏国原有领土大大方方地还给了魏国，暗示魏惠王在秦惠文君封王问题上出一把力。

公元前326年，在张仪的倡导下，秦惠文君举办了一次规模空前的"腊祭"，由文武百官轮番上阵，对惠文君本人进行不遗余力的歌功颂德活动，为惠文君的封王之举造势。

大会结束，张仪又鼓动惠文君到黄河龙门渡口祭神。惠文君所乘大船与西河郡当地的少数民族部落首领自黄河龙门渡口（今山西省河津市）溯水而上。看看火候差不多了，张仪便让惠文君正式宣布明年称王，并发出请帖，遍邀各部首领届时齐聚咸阳参加称王仪式。

这样，惠文君称王的消息风一样地传开了。

本来，普天之下，莫非王土；率土之滨，莫非王臣。按照西周的分封制度，天下就只有一个"王"，这个"王"，就是周天子，天下之共主。

可是，早在春秋早期，楚国就称了王；到了春秋末时，吴、越两国也称了王。这样，连同周天子在内，已经出现了四王共存的现象。

如果说楚、吴、越三国都是处于尚未开化的"蛮夷之地"，还不足以撼动周天子的绝对权威，那么，继吴、越两国称王之后，田氏齐国的齐君田因齐也很快称王。马陵之战后，田因齐在公元前334年迫使魏国国君魏武侯之子到徐州会晤，互尊为王，田因齐即为历史上颇有威名的齐威王，魏武侯之子即是魏惠王。

所以说，惠文君要称王，这已经不是什么太过敏感的话题了。

而且，和齐、魏两相国比，特别是和齐相国比，秦国地处西部边陲，在中原人士看来，和楚、吴、越三国差不多，也是处于尚未开化的"蛮夷之地"，所以天下反对的言论并不是很强烈。

这就好办得多了。

通过试探，确认自己称王不至于招来天怒人怨，公元前325年，秦惠文君的称王大会大大方方地举行了。因为张仪的前奏工作做得好，事前得到特别嘱咐的魏惠王依期而来。魏惠王的到来实在太重要了——不为别的，就因为魏惠王的身份。

从自欺欺人的角度说，魏惠王的身份是王，而秦惠文君称王得到了另一个王的肯定和认可，那么，秦惠文君称王的过程就可以说是遵守了法律程序，其王的身份也得到了官方认证。

所以，魏惠王能来，秦惠文君乐不可支，开心极了。

魏惠王终于出现了。让秦惠文君意想不到的是，魏惠王还带来了一个神秘嘉宾。这个神秘嘉宾的意外莅临，又给秦惠文君的称王大会增添了更多华丽的光环。这个人就是韩国的国君韩威侯。

为了邀请韩威侯和自己一起出席秦惠文君的称王大会，魏惠王专门到巫沙和韩威侯搞了一个见面会，并在会议上私自尊韩威侯为王。可以说，韩威侯来咸阳，既是祝贺和见证秦惠文君称王，也是为自己以后称王学习经验的。

有魏惠王和韩威侯的参加，称王大会圆满结束，秦惠文君成了秦国的第一任王，史称秦惠王。

称王大会中，秦惠王亲自检阅仪仗队，负责驾车的居然是魏惠王和韩威侯！

三位国君同乘一车，显得三位一体、亲密无间。也就是说，通过这次称王活动，秦惠王的身份不但有了一个质的提升，而且极大地巩固了秦国与韩国、魏国的关系。

这种关系，张仪称之为"连横"。

在中国古代，人们将东西走向的直线称为横线，而将南北走向的直线称为纵线。秦国在西方，其他诸侯国在东方，秦国与东方的诸侯相连（联）结，故称连横。

张仪认为，以当下形势论，共有七个大国并起争雄，而国力最强者非秦莫属，只要强秦联结起东方的两三个国家，就可以对其他的另外几个国家进行扩张和兼并了。

不过，世事如棋，不可能每一件事都是按照你心中所想的步骤发展的。

张仪以为，秦国只要坚定不移地实施连横政策，就可以达到兼并和扩展土地的目的。可是，与连横相对，一种针锋相对的策略——合纵，也很快横空出世了。

秦在西方，而其他六国的土地南北相连，使六国联合起来一致抵抗秦国的策略即称合纵。

制定合纵策略并与张仪相抗的人便是此前曾率领秦军大肆攻占魏国的公孙衍。

四　合纵与连横

公孙衍到底怎么啦？

自从张仪来了，公孙衍就开始失势了。

公孙衍攻魏国正攻得顺风顺水，张仪一来，战争就被叫停了。这让公孙衍感到无比扫兴。单单扫兴就罢了，可气的是，魏国答应割让西河郡给秦国明明是自己的功劳，到头来，秦惠王却把功劳记在了张仪的头上！

这个张仪，出了这么大的风头也不知收敛，又用奸计攫取了魏国的上郡，职位一下子就跳到自己的头顶上了。这还不算，他又当上了秦国的第一任相国，而且，还拥戴秦惠王封了王，秦国哪里还有自己的位置？

好吧，要说你有能耐我也认了，我低调做人，不和你争，可你还不知满足，不肯给人活路，非要把我和陈轸等曾为秦国立下汗马功劳的大臣赶尽杀绝才称心如意！陈轸受不了你，已经投入楚国了，我公孙衍也不能坐着等死，魏国是我的祖国，那我就回归魏国去吧！

这样，在张仪志得意满的时候，公孙衍回了魏国，被魏惠王任命为将。

看着张仪实施连横政策，公孙衍心中冷笑：绝不能让你张仪和秦国好过！

考虑到魏国刚刚和秦国结盟，还不到明目张胆地拆台的时候，公孙衍决定玩一手阴的，把秦魏间的结盟神不知、鬼不觉地破坏掉，然后再联合起其他诸侯国对抗秦国。

他对魏惠王说："前年楚国的楚威王薨了，继位的楚怀王是个愣头青，咱们趁着这新老政权交接的间隙出兵攻楚，捞取了不少好处；现在，赵国的赵肃侯也薨了，继位的新君赵雍是个乳臭未干的小毛孩，出兵吧？"

前文说过，在西周，甚至更久远的古代，人们所遵奉的是"以战为礼"，打仗讲究一定的礼节。其中之一，绝不能在对方国丧的时候进攻。可西周东迁以来，礼崩乐坏，诸侯力征，那些可爱的战争规矩已经被破坏殆尽了。魏惠王在上次楚国举办国丧时进攻楚国的确得到了自己所要的东西，现在听公孙衍提议趁着赵国举办国丧进攻赵国，一下子就动心了，但又担心自己国家饱受战火摧残，实力不济，出兵攻赵，别到时便宜没占着反惹火上身，他就有些迟疑地对公孙衍说："赵雍虽是个孩子，但赵国的实力还在，打他们，有把握吗？"

公孙衍当然清楚他的担忧，就说："放心好了，我们叫上田盼一块儿干。"

田盼是公孙衍的朋友，也是齐国的宿将。

早在公元前333年，齐威王与魏惠王"论宝"时曾不无自豪地说："吾臣有盼子者，使守高唐，则赵人不敢东渔于河。"如果田盼能参与此事，那么赵国面对的就是魏齐联军了，这仗，稳操胜券了。

于是，魏惠王点头同意。

公孙衍找到田盼，说："赵国刚继位的新君才十五岁，可谓主少国疑，如果你率领五万齐兵，我率领五万魏兵，合兵一处攻打赵国，不出五个月，一定可以破灭赵国。"

田盼摇头说："用兵草率者，其国易危；用计轻狂者，其身易穷。两国合兵不过十万人，你就认为五个月内能破赵，这也太过草率轻狂了。"

公孙衍笑了，说："万事开头难，如果我们一下子向国君请兵过多，他们可能就不同意攻赵，计划就会泡汤。只要咱俩领着这十万人攻赵，战事开展了，他们还能拒绝增兵吗？"

田盼一听，觉得是这么个道理，就同意出兵了。

正如公孙衍所料，他们两个人所率的十万联军还没出魏国国境，魏惠王和齐威王就担心兵力不够，又各加派了十万士兵相从。

这么一来，战争更加毫无悬念了。

公元前325年，田盼俘虏了赵将韩举，攻取了平邑和新城；接着公孙衍也打败了赵将赵护，新继位的赵国国君不得不屈服于齐、魏。

魏惠王高兴极了，为了纪念这一盛大的胜利，宣布改元，计年重新从魏惠王元年开始。

齐、魏伐赵的行动传入秦国，张仪脸色大变，连呼不好。

怎么啦，这是？

魏国胜利，赵国失败，张仪怎么连呼不好呢？要知道，赵国并不是秦国的盟友，魏国才是。自己的盟友国家打败了一个非盟友国家，这，应该感到高兴才是呀？

原来，张仪所关注的并不是战争的胜负，而是，在这场战争中，齐国和魏国结成同盟国了！

这是张仪所不愿意看到的。

事实上，和张仪一样，公孙衍所关注的也不是战争的胜负，他的真实用意是想通过这场战争让魏国和齐国结成同盟国。

虽说，在当时是七国分峙并立的多极世界，但这七国中最强的是秦、齐、楚三国，这三国间的明争暗斗也就最为激烈。张仪实施连横政策，和韩、魏两国结盟，本意是将这两国培植成秦国的跟班，这样，在与齐或者楚争雄时，秦国就可以占据较大优势。可是，公孙衍已经不动声色地把魏国带入了齐国，而齐、楚之间本来就缔结有盟友关系，事实上已经用南北联盟的合纵策略来对付独处西面一隅的秦国了，这如何不让张仪叫苦连天？

为了驯服魏国，张仪亲自领兵杀出函谷关，大肆攻取魏国的陕邑，将魏人赶走，同时在上郡筑关塞。可是没有用，公元前 324 年，齐、魏两国会于东阿，继续修盟。

张仪愤怒极了。

不过，公元前 323 年，楚国为报魏国六年前夺取陉山（今河南漯河东）之仇，由大司马昭阳率军攻魏。在对楚作战中，齐、魏联军步调不一致，关系闹翻，齐、魏联盟随即瓦解。

张仪趁机召集楚相昭鱼、齐相田婴、卫嗣君会盟，准备在齐、楚、卫这些国家身上实施自己的连横策略。

在张仪看来，秦国只要和齐或楚中的任一个国家结盟，就可以天下无敌了。

可惜，齐、楚和秦国此时并无共同语言，会谈谈崩，张仪只好灰溜溜地返回了秦国。

张仪的连横策略碰上了两个硬钉子，公孙衍的合纵策略却上了一个新台阶。

张仪在召集楚、齐、卫举行会谈时，公孙衍则策划了一个声势浩大的称王活动，串联起赵、韩、燕、中山等国国君，鼓动他们一起称王。

显而易见，鼓动他们称王只是一个噱头，公孙衍的真实用意还是搞合纵，把这些国家拧在一起，共同对抗强秦。

公元前 323 年，魏、韩、赵、燕、中山的国君像前几年的秦惠王一样，召开了一个隆重的称王大会，相互承认了王的资格。

这样一来，中原大地一下子又多出了好几个王！

面对遍地封王的局面，齐威王很不高兴，大加指责中山国太小，不配称王。中山国国君无视齐威王的反应，仍旧称王。只有赵国国君赵雍自觉底气不足，自动放弃了虚有其表的王的称号。补一句，这赵雍就是后来胡服骑射、雄霸一时的赵武灵王。

齐威王的指责只是口头上的指责，秦惠王的指责表现在行动上，他直接发兵，狠攻猛攻魏国，一口气攻占了魏国的曲沃（今山西闻喜东北）和平周（今山西介休西）。

五　出任魏相

又回到本篇开头的命题：在这个多极并峙的时代，秦国攻打魏国，就会让魏国成为齐、楚争取的对象；秦国打魏国打得越急，魏国就会更加义无反顾地投入齐、楚的怀抱。所以，秦国现在要做的不是怎么打魏国，而是怎么把魏国拉到自己的阵营中来。

张仪认为，打，是解决不了问题的；但不打，也解决不了问题。他的看法是适可而止，打一大棒，给一甜枣；唱了红脸，就该唱白脸了。打到了一定程度，就应该赔一个笑脸，恩威并施，把魏国弄得服服帖帖，再收归帐下。

为使自己的连横策略得以顺利实施，他豁出去了，向秦惠王申请，说自己宁舍弃一条老命不要，愿意以秦国人的身份到魏国任职，以使秦魏结成铁杆联盟。

秦惠王大为感动。

到魏国任职，可不能委屈了大秦的相国，要任就任相国之职。秦惠王决定以武力护送张仪去魏国任相。已被打得连连告饶的魏惠王被迫任用张仪为魏国相国。这样，张仪一人兼任秦、魏两国相国。

张仪来了，公孙衍倒霉了，除了收拾行囊外出逃亡外，已经没有更好的选择。

张仪在魏国任相期间，一直向魏国君主灌输连横思想，要魏国臣侍秦国并带领其他诸侯国也一同臣侍秦国。

魏惠王死了，张仪又把这套思想灌输给魏哀王。一开始，魏哀王很反感，也很抵触。于是，张仪就暗中让秦国攻打魏国，给魏哀王施压。

魏哀王被吓得差不多了，张仪才施施然出来布道施教，他说：

"魏国地方不过千里，士卒不足三十万。地势平坦，一如车轴辐射通向四方之诸侯国，无名山大川之限。自新郑至大梁二百里，车驰人走，一日可至，而南有楚、西有韩、北有赵、东有齐国，可谓四战之地，稍有差池，就有灭国之灾。

"现在，各诸侯国之所以缔结合纵联盟，其目的就是要安社稷、尊君主、强兵、显名。主张合纵的人倡导天下联为一体，在洹水边歃血，约为兄弟。然而，即使是一奶同胞的亲兄弟，也少不了钱财之争，您还天真地以为这种虚伪欺诈、反复无常的策略可堪仗恃，失败是不可避免的了。

"假如大王不珍惜和秦国的这段友谊，秦国将出兵攻打河外，据卷、衍、燕、酸枣等地，劫持卫国以取阳晋，则赵、魏两国被分隔，合纵联盟的通道就被断绝，魏国的灾难就会很快降临。想想看，韩国与秦国一直相处融洽，若韩、秦合兵攻打魏国，魏国的灭亡就在顷刻间，我替大王深为担忧和惋惜。今为大王计，不如西向事秦。事秦则楚、韩不敢轻动；则大王高枕而卧，国家再无忧虑了。

"现在秦国最想削弱的国家乃是楚国，而最能削弱楚国的却是魏国。楚国其实是个纸老虎，表面强大，其实怯弱，士兵虽多，却容易受惊，不堪一击。如若魏军向南攻楚，必定大胜。宰割了楚国，魏国便能增强实力，而楚国也因受损而不得不归服秦国，魏、秦两国都得到好处，这是最好不过的事了。如若大王不听从我的建议，秦国精锐甲士向东伐魏，则虽欲事秦，也为时已晚。

"想想吧，那些主张合纵的人多有慷慨之词而少慷慨之志。我听说，积羽沉舟，群轻折轴，众口铄金，积毁销骨。敬请大王认真审定计议，并且请准许我乞身引退，离开魏国。"

在这种长篇大论的轮番轰炸下，魏哀王崩溃了，表示完全接受张仪连横政策，同意派太子入秦朝见，向秦表示归顺。

摆平了魏国新君，张仪感到自己出任魏国相国的使命已经完成，便于公元前318

年回秦国复命了。

<h1 style="text-align:center">六　两入楚国</h1>

　　秦国与韩、魏结盟，东西连横、势头逼人。为了与秦相抗，齐、楚两国也缔结了合纵相亲的盟约。

　　齐雄踞于东方，楚则虎视于南方。齐、楚的同盟成了秦国向东扩张的心腹大患。

　　不行，必须想办法破坏齐、楚联盟！

　　公元前 313 年，张仪辞掉秦相国位，向南投入楚国，准备以一己之力搞垮齐、楚联盟。到了楚国，他并不急着去见楚怀王，而是先用黄金、珠宝开路，买通楚怀王的宠臣靳尚，由靳尚替自己做铺垫和造势工作，让楚怀王相信自己是代表秦国带着十二分诚意前来促进两国友好关系的和平大使，如此再三，这才郑重前往叩见楚怀王。

　　他对楚怀王说："我们秦王最敬重的人莫过于大王您，而我们秦王所憎恶的人莫过于齐王。说起来，齐国对秦国做下的缺德事太多了。现在我们秦国想讨伐齐国，如果大王能够与齐国断绝关系，解除盟约，我将请求秦王把商於一带六百里地方献给楚国，让秦国的女子作为服侍大王的侍妾，秦、楚之间娶妇嫁女，永远结为兄弟国家。这样，齐国就一定会被削弱，齐国被削弱了，大王就可以使役齐国。这是向北削弱齐国、向西施德于秦而自己据有商於之地，没有比这更好的策略了。"

　　显然，这是一条赤裸裸的离间计。

　　可楚怀王垂涎于张仪所说的商於六百里土地，而且也希望看到秦、齐鹬蚌相争，自己好收渔翁之利，于是爽快地应允了张仪。

　　想着就要轻松得到六百里土地，楚怀王高兴极了，大宴群臣。

原本在秦国工作，后来被张仪排挤投到楚国的陈轸，听说楚国要与齐国断绝关系，大惊，给楚怀王泼冷水说："在我看来，商於一带的土地不仅不能得到，而且会因为我们和齐国搞僵，齐国和秦国就可能会联合起来，到时，就大祸临头了。"

楚怀王说："何出此言？"

陈轸分析说："秦国现在对楚国的重视程度这么高，是因为楚国在和齐国结盟。一旦和齐国断绝往来，则楚国就势孤力单了。秦国看势孤力单的楚国可欺可凌，又哪里会给你六百里土地呢？等着瞧吧，秦国一定不会认账的。而那时，楚国和北面的齐国绝交，又招惹了西面的强秦，楚国绝不会有好日子过。我妥善地替大王想了一个对策，我们可以暗中和齐国联合而在表面上断绝关系，并派人跟随张仪去秦国。假如秦国真给了我们土地，再和齐国断交也不迟；假如秦国要赖账，那我们也就试探出了它的真正用心。"

楚怀王认真听陈轸说完，又经过长时间的思考，最后还是拒绝不了六百里土地的诱惑，生怕自己表现得不合张仪的心意而致使好事泡汤，无力地挥了挥手，对陈轸说："先生不要再说了，秦人不会负我，土地必定可得。"

为了显示自己的诚意，楚怀王又把楚国的相印授给了张仪，任张仪为相。此外，还馈赠了张仪大量的财物。为了避免夜长梦多，楚怀王宣布与齐国断绝关系，废除了盟约。张仪大为满意，热情地邀请楚国使者跟随自己到秦国接收土地。

楚怀王乐坏了。

然而，好事多磨。

回到秦国，张仪下车没捉住车上的绳索，一不留神，从车上重重地摔倒在地，受了伤，连着三个月没上朝，土地交割的事就一拖再拖。

望眼欲穿的楚怀王惴惴不安，暗自琢磨：张仪是不是怀疑我与齐国断交的态度还不够鲜明？

楚怀王干脆派了大批勇士到宋国，借了宋国的符节，到北方的齐国破口大骂齐威王。齐威王怒不可遏，一刀劈断了符节，彻底与楚国断交。

这正是张仪所希望看到的。

其实，张仪摔伤是假，他只看到楚国对齐国的断交声明，还没看到齐国对楚国断交的公告，所以以退为进，故意称伤不出，让楚怀王着急，进一步迫使齐、楚两国彻底交恶。现在，目的既已达到，就不再藏着躲着了。张仪大大方方地出来，和颜悦色地接见楚国使者，告诉他，先前许诺的六里封地，可以交割给楚国了。

什么？六里封地？楚国使者以为自己听错了，分辩说："我只听说是接收商於六百里之地，不曾听说过六里。"

"你没有听错，我也没有听错，听错的也许是你们楚王，是六里地。"张仪平静地说。

完了，使者看着张仪那一副若无其事的样子，知道被忽悠了，不再说话，回报楚怀王。

"张仪，寡人与你不共戴天！"听了使者的报告，楚怀王大暴粗口，气咻咻地痛骂张仪是出尔反尔的小人，到处找家伙，要马上兴兵伐秦。

一旁的陈轸轻轻地说："淡定，淡定，大王一定要淡定。要我说，现在，与其跟秦国干仗，不如再割一块土地给秦国，请他们和我们一起合兵攻打齐国。您想想，反正我们已经和齐国绝交了，而和秦国的结盟又已生米做成了熟饭，认了吧。一旦打赢了齐国，我们割让给秦国的土地也就得到了补偿，楚国还可以生存下去。"

楚怀王不听劝阻，执意兴兵。

公元前312年，楚怀王命大将军屈匄与裨将军逢侯丑率数十万大军疯狂进攻秦国。

俗话说，冲动是魔鬼。

楚怀王这么冲动，楚军不但被以逸待劳的秦军击退，反而丢失了丹阳（今河南西峡丹水以北地区）、汉中等大片土地，屈匄、逢侯丑和受封有爵位的将领共七十余人被俘，八万楚军被歼。

战败消息传来，楚怀王像赌输了的赌徒，头脑发昏，理智全失，把筹码全部押上，继续调动军队进攻秦国。

楚军孤军深入，再败于蓝田。

楚国于是成了一只落水狗，不但惨遭秦国痛击，先前一直在旁观看的韩、魏两国发现有利可图，也乘机向南进攻楚国，一直打到邓邑。

楚腹背受敌，只好匆匆割让了两座城池和秦国谋和。

打趴了楚国，能够与秦国抗衡的就只剩下了齐国了。秦国想得到黔中一带的土地，就强买强卖地要用原本从楚国抢来的汉中等地和楚国交换。

小肚鸡肠、鼠目寸光的楚怀王还在对张仪欺骗自己的行为耿耿于怀，说："不！绝不！我绝不愿意交换土地，要交换，就拿张仪来交换，只要把张仪交给我，我何惜区区黔中之地！"

对楚怀王这种小孩子式的赌气行为，楚国上下只能暗中摇头，无话可说。

秦惠王看楚怀王指名道姓要得到张仪，知道他是想杀张仪以泄私愤，哪里肯应？

张仪却笑了，主动请求前往楚国黔中之地。

秦惠王诧异万分地说："先生难道不知楚王对你恨之入骨？您这一入楚国，只怕凶多吉少。"

张仪说："我有强大的秦国为后盾，楚王敢对我怎么样？况且，我和楚国大夫靳尚关系亲善，靳尚交好楚国夫人郑袖，郑袖的话楚王从来都是言听计从的，有什么好担心的？退一万步说，楚王真的不计一切后果杀了我，但我仍能在有生之年用自己一条贱命替秦国换得黔中的土地，也是很值得啊。"

秦惠王为张仪一心为秦的高尚行为感动，命人以最隆重的方式礼送张仪入楚。

真是明知山有虎，偏向虎山行！秦国上下也都为张仪的勇敢之举一致叫好。

秦国英雄张仪才到楚国，就毫无意外地被楚怀王像抓小鸡一样抓了起来，丢进大牢，准备割颈放血以祭楚国先祖。张仪并不慌张，使用种种手段，通过楚国大夫靳尚向楚怀王夫人郑袖说情，由郑袖出面，请求楚怀王释放张仪，并和秦国和亲。楚怀王被郑袖的枕边风吹晕了，同时，又担心得罪秦国，权衡再三，终于下令释放了张仪，并把张仪待为座上宾。

重获自由的张仪永远不放过为秦国谋利益的机会。他满面春风、意气自若地对楚怀王说："秦地半天下，兵敌四国，被险带河，四塞以自固，有虎贲甲士百余万，战车千乘，铁骑万匹，积粟如丘山。法令严明，士卒乐用，军虽未出，而已席卷常山之险，堪折天下之脊，天下谁能抵挡？有些国家要合纵与秦国相抗，其情形无异于驱群羊而攻猛虎。如今，大王不亲附猛虎而去亲附群羊，岂非大错特错？"

听到张仪这一番骇人听闻的盖世危言，楚怀王脸色大变，当即被吓傻了。

张仪心中暗笑，又说："凡天下疆国，非秦即楚，非楚即秦，楚秦相争，其势不能两立。大王如果不肯交好秦国，秦国将出兵宜阳，割断楚韩两国的通道，再攻占河东，夺取成皋，迫降韩、魏。彼时，秦攻楚国之西，韩、魏攻楚国之北，楚国势难存活。"

这席话，跟之前恫吓魏惠王所说别无二致，张仪自己也觉得缺少新意，于是又增加了新的内容，换一种极为恐怖的语气说："一些主张合纵的人聚集了多个弱小的国家来制衡强大的国家，不料敌而轻战，国贫而数举兵，这是自取灭亡的策略。我听说，'兵不如者勿与挑战，粟不如者勿与持久'。那些主张合纵的人只知夸夸其谈、空发议论，抬高自己国君的节行，只说合纵的好处不说合纵的害处，等到大祸临头，什么都来不及了。秦国现在据有巴蜀，大船满载兵马粮草，起于汶山，浮江可下，日行五百余里，不费牛马之力便可尽占黔中、巫郡之地。楚国能够支撑的时间最多三个月，而楚国要得到诸侯的援救却至少得半年。所以，楚国除了与秦国结好别无其他可以长存之道。坐等弱国的援救而忽视秦国的威胁乃是楚国不可不重新考虑的大事。"

看楚怀王已被完全镇住，张仪又说："只要秦国出动军队攻占魏国的阳晋，便如扼锁住天下的胸膛。而楚国出动军队进攻宋国，只需数月就可以全获全宋国土，彼时再挥师东指，则泗上的十二诸侯国尽归楚国所有。秦楚结盟的前景实在太好了，而且，秦国和楚国连壤接境，从地理来说，也应该互相亲近。大王果真能听取我的建议，我请秦王派太子来楚国做人质，楚国派太子到秦国做人质，把秦王的女儿作为侍候大王的姬妾，进献万户之邑，以作为大王征收赋税供给汤沐之具，秦楚永结兄弟邻邦，万世不相攻伐。我认为没有比这更合适的策略了。"

这一番滔滔说辞使楚怀王连声称是，当即同意归附秦国。

七　游说山东诸国

　　张仪离开了楚国，并没有直接返回秦国，他觉得自己年岁已老，想趁着这一把老骨头还走得动，先去一趟韩国，巩固好韩、秦两国的盟友关系，然后再到赵、燕等国跑一圈，形成大连横策略。

　　到了韩国，见到了已经称王的韩威侯（韩宣惠王），他说："韩国到处都是穷山恶水，韩国人民全是山民，国产粮食不是小麦而是大豆，韩国国民吃的全是豆子饭、豆叶汤。一年没收成，人们连糟糠都吃不上。全国土地不足九百里，国库从来没有储备两年以上的粮食。兵马超不过三十万人。相比之下，秦国带甲之士有百余万，车千乘，骑万匹，虎贲之士彪悍敢战，在战场上左挈人头，右挟生虏，与山东六国的士兵对砍，就如同神话里的大力士孟贲猎杀怯弱的胆小鬼。想想看，用孟贲这样的军队去攻打不服从的弱小国家，无异垂千钧之重于鸟卵之上，必无侥幸之想。偏偏有些诸侯、大臣们不估量自己的力量大小，却听信主张合纵的人的蛊惑，互相结党营私，不自量力地说'从吾计可以强霸天下'。没有比这更自欺欺人和更危险的事了。假如大王不肯奉事秦国，秦国将发甲兵据宜阳，切断韩国的北地，向东夺取成皋、荥阳，则韩国就难以立国了。可见，臣事秦国就安全，不臣事秦国就危险。现在，秦国欲削弱楚国而后快，今为大王计，大王不如助秦削楚。要知道，能够削弱楚国的，没有谁比得上韩国。当然，这不是因为韩国比楚国强大，而是因为韩国地理形势的关系。如今，如果大王向西臣事秦国进攻楚国，秦王一定很高兴。进攻楚国并在它的土地上取得利益，转移了自己的祸患而使秦国高兴，可以说是万全之策。"

　　韩宣惠王原本就在跟着秦国干，对张仪的话全部表示接受。

谋士纵横

张仪又向东去游说新继位的齐宣王说:"天下强国莫过于齐,人民生活富足、安乐。然而,在朝廷上替大王出谋划策的人,皆为一时之欢,不顾百世之利。特别是那些主张合纵的人,他们必定会说:'齐国西有强赵,南有韩魏。而齐本身又是负海之国,地广民众,兵强士勇,虽有百秦,却也无奈齐何。'对这种说辞,大王一定是赞其贤而不计其实。主张合纵的人,结党营私,排斥异己,没有不认为合纵是可行的。我听说,齐与鲁三战而鲁三胜,鲁最后却灭亡了。战胜而国灭,这是什么原因呢?齐国强大而鲁国弱小啊。如今秦国与赵国比较,就如同齐国和鲁国一样。秦国和赵国在漳河边上交战,赵国两战两胜;在番吾城下交战,赵国仍是两战两胜。但四次血战,赵国阵亡的士兵高达几十万,邯郸城已然保住了,战胜之名也有了,国家却已残破不堪了。这是什么原因呢?秦国强大而赵国弱小啊。眼下秦、楚两国嫁女娶妇,已结成兄弟盟国。韩国献出宜阳,魏国献出河外,赵国献出河间,都争着奉事秦国。如果大王不臣事秦国,秦国就会驱使韩、魏之军进击齐国南面,赵国之军也会渡过清河,直指博关、临淄,齐国将难以保存。这么危险的事,请大王深思。"

齐宣王挠挠头,说:"齐国地处僻陋,隐居东海之上,从来没听到过这种关于社稷百年长远利益的道理,今日一听,犹如拨云见日。"答应奉事秦国。

张仪又向西游说赵武灵王,称:"张仪有几点不成熟的意见要进献给大王。大王率天下诸侯以制秦国,秦兵不敢出函谷关十五年。大王之威传遍于山东各国,秦国也因此恐惧慑服,缮甲厉兵,整顿车马,熟习骑射,埋头耕种,储存粮食,守护四方边境,愁居慑处,不敢动摇。而正是有了这十五年的闭关发展,秦国已攒足了力量,一举攻克了巴、蜀,并汉中,包两周,迁九鼎,守白马之津。秦国虽说地处偏僻辽远,但心忿含怒日久,一旦爆发,其能量足可震天撼地。向您说了吧,秦国现在已派遣了一支大军,驻扎在渑池,打算渡黄河、跨漳水、据番吾,同贵军相会在邯郸城下,并期望于甲子日与贵军交战,以效法武王伐纣的旧事。现在,楚国与秦国已结成了兄弟盟国,韩国和魏国也已向秦国臣服,齐国则奉献出渔盐之地,赵国右臂已断。赵国该怎么办呢?要我说,大王不如到渑池与秦王会晤,面相见而口相结,共同制定和平方案。这件事,希望大王早定主意。"

赵武灵王叹道："与各国联合一体对抗秦国，是先王的政策。彼时，我还深居宫内，从师学习，不能参与国家大事的谋划。现在，听您这么一说，我决定改变心志，去掉疑虑，割让土地弥补已往的过失，竭诚奉事秦国。"

张仪向北到了燕国，又游说燕昭王说："燕国最亲近的国家，莫过于赵国。可赵王凶暴乖张，六亲不认，多次出动军队攻打燕国，两度围困燕都以劫持大王，大王被迫割让十座城池向他请和。如今，赵王已经到渑池朝拜秦王，献出河间一带土地奉事秦国。如若大王不奉事秦国，秦国大军将直下云中、九原，驱使赵国攻燕，那么易水、长城等地将不再为大王所拥有。说直白一点，现在的赵国就相当于秦国的郡县，一切行动都听从秦国的指挥。如果大王能奉事秦国，秦、赵一定不会攻燕，这就等于燕国西有强大的秦国为援，南面也没有来自齐、赵攻打的忧虑，希望大王认真考虑这件事。"

燕易王一拍大腿，说："嗨！我就像蛮夷之徒一样生活在落后荒远的地方，这里的人即使是成年壮汉智商也仍像个婴儿，他们的言论不能够产生正确的决策。如今，承蒙先生教诲，我愿意献出恒山脚下五座城池向西面奉事秦国！"

这样，张仪运用纵横之术，游说于山东六国之间，利用各国之间的矛盾，或为秦国拉拢，使其归附于秦；或拆散其联盟，使其力量削弱，为秦国的强大和以后统一中国立下了汗马功劳。

八 张仪之死

公元前 310 年，秦惠王病逝，继任的是秦武王。

秦武王四肢发达、头脑简单，身体健硕，力大无穷，崇尚武力，对张仪那一套玩阴谋、耍嘴皮子的功夫不感兴趣。

这么一来，秦国朝内那些妒忌张仪、看张仪不顺眼的人就乘势而起，纷纷说张仪的坏话。有人甚至说："张仪也就一个反复小人，以出卖国家而牟取私利，秦国如果还要任用他，一定会被天下人所耻笑。"

这种声音传到张仪的耳朵里，张仪感到，秦国不能再待下去了，再待下去，脑袋迟早会搬家。

于是，他主动找秦武王谈话，用饱含忧患的语调说："臣为秦国社稷考虑，东方局势将有大变，秦国可以趁这个机会掠取更多土地。在我的运作之下，齐国与楚国背盟结怨，齐国因此将我视为眼中钉、肉中刺，无论我到哪个国家，齐国都会去攻打。我愿意用我这把不中用的老骨头出使魏国，引诱齐国攻打魏国。请大王在齐国和魏国相持之时发兵攻打韩国的三川地区，拿下三川，周天子的地盘就会直接暴露在秦国的兵锋之下。那时，大王只要稍加威吓，周天子就会乖乖地交出治理天下的宝器，这样就可以挟天子以令诸侯，秦国的王业可成。"

秦武王乐呵呵地接受了张仪的建议，发革车三十乘，敲锣打鼓、轰轰烈烈地护送张仪出使魏国。

居然被张仪猜中了，齐国果然发兵攻打魏国。魏哀王方寸大乱，浑身直打战。

张仪安慰他说："大王不要惊慌，我这就让齐国罢兵。"他叫出亲信冯喜，如此如此、这般这般地叮嘱了一番。于是，冯喜信心百倍地出发了。

冯喜先潜入楚国，找来一个楚国人，让他以楚国的名义和自己一起出使齐国。

冯喜一见齐宣王，就劈头盖脸地说："大王，你中了张仪的奸计了！"

看"楚国使者"这么说，齐宣王头脑"嗡"了一下，不解地说："我憎恨张仪，张仪在什么地方，我就出兵攻打什么地方，这么做，怎么就中了他的奸计？"

冯喜说道："张仪就是知道您会有这种反应才出使魏国的。大王攻魏，秦国就会趁机出三川，临二周，求祭器，挟天子以令诸侯。想想看，大王不顾自己国内疲惫困乏而一味攻打与自己建立邦交的国家，广泛地树立敌人，祸患殃及自身，却让秦国获得了利益，而张仪也获得了秦国的信任，这岂不是中了张仪的奸计？"

齐宣王狠狠地吐了一口唾沫，打魏国的目的原本是要张仪死，没承想，反倒成全了张仪，让他和秦国落得天大的好处，撤军吧，别便宜了他！

　　齐军一撤，张仪就平安地在魏国活了下来，不但活了下来，还出任了魏国相国，风光体面、快乐无比。

　　不过，这种快乐的生活也仅仅维持了一年，张仪患上了重病，死在了魏国。

说起战国的纵横家，张仪之外，还有一个苏秦。事实上，苏秦对后世的影响比张仪大得多。《汉书·艺文志》纵横家类有《苏子》三十一篇，所集为苏秦散佚作品及后人关于他的事迹的记载，在纵横家类中篇幅最多，而有关张仪的才不过十篇。由此可见，从战国到西汉，纵横家中属于苏秦作品或有关材料数量最多，流传也最广。但需要说明的是，司马迁在写《史记·苏秦列传》时，已经发现了不少有关苏秦的记载不可信，但他在处理苏秦的事迹时，仍然出现了许多张冠李戴的错误，其中最为严重的，就是对苏秦活动的年代定位不准。

按照《史记》所载，苏秦应该是与张仪同时期的纵横家，两个人是同学，但苏秦入世比张仪早，推行合纵策略，得佩六国相印，迫使秦国十五年不敢轻出函谷关；张仪出道，苏秦暗中助了一把，最后两个人互相斗法，一个推行合纵，一个推行连横，共同上演出一幕幕纵横捭阖却又精彩绝伦的历史大戏。然而，从山东银雀山出土的竹简本《孙子兵法·用间》，以及先秦时的著作《吕氏春秋·知度》等书可知，苏秦是为燕而仕齐、最后导致齐亡而燕兴的风云人物。《荀子·臣道》因此把"齐之苏秦"和"秦之张仪"相提并论，连司马迁在《史记·邹阳传》中也把苏秦称为燕国的忠臣。齐亡燕兴的时间指的是齐愍王和燕昭王当政之世，可见，苏秦和张仪不是同一时代的人。按时间推算，苏秦至少比张仪晚生了三十多年。所以说，两个人不可能出现同台对决的场面。公元1973年在长沙马王堆汉墓出土的帛书本《战国纵横家书》也证实了这一点。《战国纵横家书》全书共二十七篇，其中有十一篇是苏秦上燕王或赵王书，不见于《战国策》。《史记》等传世的古籍，应该是司马迁所没有见过的，另有两篇其部分内容见于《战国策》，这十三篇文字确凿无疑地告诉了我们，苏秦是比张仪、公孙衍、陈轸等晚一代的纵横家，曾与孟尝君、李兑、周最等人一起活跃六国间。他一生的成就和功名与燕昭王、齐愍王的兴亡衰败捆绑在一起，密不可分。

一　燕齐恩怨

要了解苏秦，就得先从燕、齐两国的恩怨说起。

西周初年周武王分封诸侯，封宗室召公于燕地（今北京、河北北部、辽宁西部一带），即燕召公奭为燕国的开国君主。由此可见，燕国和鲁国一样，是周王室的宗亲之国。

由于燕国远居华北，与中原各地来往比较少，文化较齐国、晋国等中原大国落后。

春秋初年，山戎入侵燕国，燕国差点灭亡。所幸春秋第一任霸主齐桓公义薄云天，高举"尊王攘夷"大旗，齐桓公本人更是以盟主的身份率军北上，大败山戎，终于救护了燕国。

那一战，齐军将山戎追逐到孤竹（今河北卢龙县一带）才班师凯旋。

班师之时，齐桓公还上演了一出流传千古的仁义佳话。劫后余生的燕庄公因为感激齐桓公的出手相救，一路相送齐军，进入齐国境内还不肯回去。齐桓公认为自己不是天子，燕庄公相送出了燕地就违反了礼制，为了显示自己绝不会对燕国无礼，毅然下令分开沟界，将燕庄公所经过的地方全部割送燕国。此举，燕庄公感恩戴德，齐桓公也因此德布天下。

可见，燕、齐两国间原本存在着很深的渊源。

齐者，脐也。当年分封诸侯，周公的意思就是以鲁为首，燕为足，而首足中间为脐（齐），这就是齐国国名的由来。但是，到了战国中期，姜齐为田齐所代，齐国已经不是原来意义上的齐国了。田氏立国，大招天下贤士。齐地人才济济，成为东方学术文化的中心。

齐威王任用邹忌为相，改革政治，齐国不断强大；用田忌、孙膑为将，齐军大败魏军于桂陵、马陵，齐国随即取代了魏国的霸主之位。而在魏、楚、秦、齐、韩等国纷纷进行改革时，燕国仍处于保守状态，默无声息，政治、经济发展缓慢。

齐国为了向北扩张，不断进攻燕国，公元前380年，占取了燕国的桑丘；公元前355年，又侵掠燕国易水之地。燕国在三晋的支援下，这才没让齐军有更大的作为。

公元前323年，燕国参加了公孙衍发起的韩、魏、赵、燕、中山"五国相王"活动，燕国在此年称王。

公元前321年，燕易王卒，儿子哙继位。这一年，距魏国的李悝变法已有近七十年，眼看其他各国发展飞快，而燕国还停留在原来的贫弱状态之中，而且周边环境险恶，除了齐国不怀好意的觊觎之外，还有北面东胡人的虎视眈眈。

燕王哙是个理想主义者，他苦身忧民，殷殷望治。可惜燕国地处偏僻，文化发展落后，他面对中原各国各种新的思潮和变法革新之风茫然无措，自感难以承担富国强兵的重任，陷入一片痛苦之中。恰巧，燕相子之精明强干、做事果断，颇有变法革新的才能。经过反复考虑，并在子之的多番蛊惑下，燕王哙决定效法传说中尧舜让位的故事，实行禅让，把君位让贤给子之。

此举，引起了太子平及其他许多旧贵族的极大不服。

公元前314年，将军市被和太子平聚众而起，引兵攻击子之，失败，死于乱军之中。这次内乱长达数月之久，燕国民众人心惶惶，国力遭到了严重削弱。

齐国趁火打劫，大举伐燕，不到两个月就占领了燕都，燕王哙和子之被杀，燕国国灭。

燕国灭亡的速度明显超出了齐国的意料，这就使得齐国出现了许多准备上的不足，尤其是思想上。蓦然间就侵占和征服了这样一片广袤的土地，齐国竟然不知道该怎样开展管理工作，不知道该怎么安抚燕地的民众，不知道该怎么制止燕国旧贵族的反抗，更不知道该怎么应对来自齐、燕外的第三方、第四方甚至第五方势力的干涉……这就注定了齐国在燕地的统治不会长久。

不久，燕人开始反抗，赵、韩、秦、楚等国也开始插手介入。

齐军苦苦支撑了三年，最后不得不悻悻退兵。

在韩国为人质的公子职，在赵武灵王的护送下返回燕国，是为燕昭王，燕国宣告复国。而燕齐两国间不共戴天的仇恨已由此构成。

燕昭王以越王勾践为榜样，卧薪尝胆、励精图治，一意兴复燕国，报仇雪耻。

当年勾践能以三千越甲破吴，是因为他有文种、范蠡等仁人志士的鼎力相助。现在，燕昭王也急需找到属于自己的文仲和范蠡。可是，燕地文化落后，似乎不出产这样的人才，为此，燕昭王很是苦恼。他向燕国的隐士郭隗发牢骚，说："万恶的齐国人趁我国内乱而发兵攻打，使得燕国遭受了前所未有的损失。我也知道燕小力少，不足以报国仇家恨，所以，求贤士与共国，以雪先王之耻，是孤王的大愿，可是，这样的贤士哪儿才有啊？"郭隗皱了皱眉头，说："成就帝业的人善于与老师相处，成就王业的人善于与朋友相处，成就霸业的人善于与臣子相处，而亡国之君就只善于同仆役小人相处。以恭谨的态度侍奉贤者，虚心接受教导，则会有才能远胜自己百倍的贤人来投。笨鸟先飞，学习抢在别人之前，休息落于别人之后，最先向贤者求教，最后一个停止发问，则会有才能超过自己十倍的人来投。见面时看别人笑脸相迎自己也笑脸相迎，则会有和自己能力相仿的人来投。只知道颐指气使地吩咐别人去做事，那么来投的就只能是服杂役之类的仆人。如果肆意打骂呵斥，那在你身边的就只有刑徒和奴隶了。大王果真诚心广选国内贤者，就当亲自登门拜见，天下人听说大王拜访贤臣，则天下的贤者就会日夜兼程地赶赴燕国。"

燕昭王挠挠头皮，说："我也想亲自登门拜访，但拜访谁？"

郭隗看燕昭王不开窍，也并不急于点破，而是慢条斯理地讲了一个故事。他说："曾经有一位国君，非常渴望自己能拥有日行千里的宝马良驹，他用一千两黄金求购千里马，三年也没买到。有一个宫廷的清洁工对他说：'一千两黄金给我，我一定帮你找到它！'于是求马若渴的国君把黄金交给了他。过了三个月，清洁工回来了，说是只用五百两黄金就买回了千里马。国君高高兴兴地去看马，看到的却是一堆白花花的马骨头。国君认为清洁工是戏耍自己，当场就气炸了肺，骂道：'我要求购的是活着的千里马，你怎么给我买回了一副马骨头？'清洁工答道：'大王息怒，请让我把话说完。您想想看，买一副马骨头就花了五百两黄金，这件事一定轰动天下了，而天下人也因此知道了大王您是舍得出高价求购良马的人，那养有活千里马的人还不赶紧来给您献马呀？'国君听了，是这么个理，于是放过了清洁工，静等前来卖马的人。事情的发展果真如清洁工所说，一年不到的时间，就有好几匹千里马送到了国君的面前。"

讲完这个故事，燕昭王陷入了沉思。

郭隗看燕昭王还不开窍，只好悠然自得地说道："大王求贤和那个国君求购千里马是一样的道理，如果大王真的要不惜一切代价访求豪杰，那么就把我充当那一副马骨吧。您用重金买了我、善待我、供奉我，那么，您还担心找不到属于您的千里马吗？"

燕昭王一拍脑袋，说："好吧，就按你说的办！"

燕昭王大张旗鼓地给郭隗筑造宫室，封郭隗大官，给他丰厚的俸禄，并奉他为自己的老师，毕恭毕敬，用心供奉。

燕昭王的敬贤爱贤行为一下子就传遍了天下，很多英雄豪杰纷纷投靠燕国，其中有魏人乐毅、齐人邹衍、赵人剧辛，当然，还有苏秦。

邹衍是五行说和大九州说的创造者。所谓五行，是指金、木、水、火、土五种元素共同构成世界：黄帝属土德，"土气胜"；大禹属木德，"木气胜"，木胜土，所以夏代代替了黄帝时代；商汤属金德，"金气胜"，金胜木，则商代代替了夏代；周文王属火德，"火气胜"，所以周代代替了商代。邹衍于是就迷恋于用阴阳消长、五行相胜来解释王朝新旧交替的规律。他所总结出来的理论风行一时，战国时期列国君主都急切地想找到周代的灭亡的理论依据，并以之作为争雄的舆论工具，这就使得邹衍成了炙手可热的大人物。当他来到燕国朝堂之前，燕昭王激动得手脚都不知道怎么摆放了，一冲动，拿起扫把，呼呼呼地扫地。燕昭王一边躬身扫着地，一边倒退着迎邹衍入门，把自己降身为臣妾奴仆，其敬贤爱贤之名更是轰动了整个中原。

二 失败的处子秀

苏秦是洛邑人氏。

洛邑地处中原，四通八达，属于南北转运的枢纽，又是东周国都。所以，洛邑人最佳营生手段莫过于从事商业活动。

然而，苏秦志不在此。

苏秦自小喜欢研究兵家、纵横家的学问，希望凭借自己的一张嘴就可以纵横天下，进而建功立业，名垂后世。这么说来，张仪、公孙衍、陈轸等布衣出身的纵横家应该是他推崇和效仿的对象。

公元前310年，苏秦二十岁出头，鬓角青青，正对未来充满了如花如海的痴迷梦想。而他的偶像张仪却以魏相的身份病逝于魏国。张仪虽然永远地离开了人世，但他所留下来通三川、窥周室、临宝器、挟天子以令诸侯的方针还是被精力旺盛、勇武过人的秦武王有板有眼地付诸行动。

公元前307年，秦国攻陷韩国坚城宜阳，韩国举国哗然，韩宣惠王宣布投降，周天子惶惑不安。

秦武王急不可耐地进入洛阳观看梦寐以求的九鼎。

当年，夏王大禹划分天下为九州，以天下九州州牧所献青铜铸造九鼎，将全国九州的名山大川、形胜之地、奇异之物镌刻于九鼎之身，以一鼎象征一州，并将九鼎集中于夏王朝都城。这样，九鼎成了国家拥有政权的象征，夏王成为天下共主。"定鼎"，则成为国家政权建立的代名词。

商汤逐夏桀，移九鼎至其都。周武王灭商，曾公开展示九鼎。可见，九鼎已经成了国家传国宝器。

周成王即位，周公旦营造洛邑，将九鼎迁至该城，并请成王亲自主持祭礼，将九鼎安放在太庙之中。东周王室衰落，各诸侯开始觊觎王权。周定王时，春秋五霸之一的楚庄王兴兵攻击陆浑之戎，经过洛邑，曾向周定王询问九鼎的轻重，流露出了灭周的野心。后人也因之称政权争夺为"问鼎"。到了战国时代，尽管周天子的权威已经消失殆尽，但因九鼎还在他的掌握之中，所以没有人认为周朝已经彻底灭亡。楚庄王虽有问鼎之举，但对周王室多少还存在着一些畏忌、恐惧，因此，终其一生，他却是连鼎长什么模样都不知道。

秦武王一介武夫，不敬神不法祖、不怕天不怕地，在文臣武将的簇拥下趾高气扬地进入了洛邑，以胜利者的姿态打量着九鼎，盘算着把九鼎弄回咸阳。

秦武王看着一只只古朴厚重的大鼎，突然想试试鼎的重量。他自负气力盖世，竟然脱下衣服，光着膀子，双臂一较劲，把九鼎中最重的龙文赤鼎举过了头顶。可是，众人还来不及叫好，噼啪一声，秦武王的腰椎突然断裂，大鼎从空中跌落下来，秦武王当场被砸死了。

秦武王没有儿子，他一死，他的那些兄弟们为了争夺王位立即展开了一场场你死我活的血腥搏杀。最后胜出的是秦惠王的第二任王后芈八子所生的公子稷。公子稷在秦国大将军魏冉的支持下登上了王位，是为秦昭王。

魏冉是芈八子的异父长弟，秦昭王登位，芈八子被称为宣太后，魏冉则被封为穰侯。宣太后和魏冉联手掌握了秦国的军政大权。

苏秦仰慕张仪在秦国取得的功绩，也把自己成功的起点定位在了秦国，在这种背景下他西入咸阳，见到了秦昭王。

按照早已打好的腹稿，苏秦眉飞色舞地对秦昭王说："秦为四塞之国，被山带渭，东有关河，西有汉中，南有巴蜀，北有代马，乃是天造地设的宝府。以秦地士民之众、兵马之强，足可以吞天下称帝而治。"

苏秦以为这么一说，秦昭王一定大感兴趣，既而向自己询问具体的治国良策，重用自己。可是，秦昭王只是抬了一下眼皮，不咸不淡地说了一句："秦国的毛羽未成，不可以高飞，国家的政教尚未步入正轨，不可能兼并天下。"将他打发了事。

苏秦失落极了。

其实苏秦还是嫩了一点儿，入秦之前，他都没认真考察过秦国的内部形势，他根本就不知道秦国的军政大权到底掌握在谁的手上。秦昭王生活在宣太后、穰侯两个人的阴影下，自顾不暇，哪有什么资本"吞天下称帝而治"？

苏秦碰了一个大钉子，灰溜溜地返回了洛邑。

兄嫂、弟妹、妻妾都私下取笑，说："我们周人的特长是治理产业、致力于从事工商业，追求那十分之二的盈利。你偏要丢掉本行而去干耍嘴皮子的事，这不是不务正业、自取其辱吗？"

这些议论就像一把把白盐，无情地撒在苏秦那血淋淋的伤口上，苏秦痛苦不堪，自怨自艾、自伤自怜。

我是不是应该放弃自己的追求？我是不是应该背弃自己的理想？我是不是应该把长久以来的梦想打碎？

苏秦大声地对自己说："我从少年时期就做出了这个选择，并且已经从师受教，阅读了这么多书籍，我怎么可以半途而废呢？！"

苏秦认真地进行了反思，总结出了这次行动失败的原因：只注重国家间形势的发展，忽视了每一个国家内政的变幻。他决定下更大的苦功，读更多的书籍，开阔自己的视野，拓宽自己的思路。

为了对症下药，他专门找到了千古奇书《阴符经》，一头扎到书本里以苦心孤诣的精神研读起来。

苏秦的研读可不是一般的研读，他为了不让自己打瞌睡，手边准备了一把利锥，每当睡意袭来，就用利锥猛戳自己的大腿。成语"悬梁刺股"中的"刺股"就是从他这儿来的。

《阴符经》中所载多为奇谋异计，构思瑰玮，文辞艰深，苏秦锥刺股，以玩命的姿态进行研究，又参照和借鉴了鬼谷子关于此书的注解，终于悟出了书中真谛，找到足以纵横捭阖的门道。

苏秦激动得涕泪长流，仰天长啸道："此真可以说当世之君矣！"

三　游说六国

　　苏秦闭关修炼了一年，自认为已有大成，正好从北方的燕国传来消息，燕昭王设下黄金台，诚招天下贤能之士。苏秦没有半点犹豫，当即一路向北，风尘仆仆地投入燕国。

　　苏秦见到了燕昭王，开口便说："我是东周乡野的一介小民，听说大王有崇高的德义并且通情达理，鄙人愚昧无知，就放下锄、耨前来求见大王。到了邯郸，听到关于大王的评价，又比在东周时听到的更高。我坚持自己的意愿，来到燕廷，观大王群下臣吏，知道大王果真是天下明主。"

　　燕昭王说："先生所说的'天下明主'，到底怎样才算是？"

　　苏秦回答说："作为一个明君，必定非常喜欢探究自己的过错而不喜欢夸耀自己的优点。让我告诉大王的过错：齐国是大王的敌国，楚国和魏国是大王的盟国，现在大王尊奉敌国而交恶盟国，这不是对燕国有利的办法，大王自己考虑一下，就知道这是一项错误的决策。"

　　燕昭王说："那么，怎么做才是正确的决策呢？"

　　苏秦在秦国碰了一鼻子灰，就恨透了秦国，他站在燕国的立场上大谈合纵抗秦的好处，对燕昭王说："燕国东有朝鲜、辽东，北有林胡、楼烦，西有云中、九原，南有滹沱、易水，地方两千余里；南有碣石、雁门之饶土，北有枣栗之利民，这就是所谓的天然府库啊。更为难得的是，因为有赵国在燕国的南面遮蔽，秦要攻打燕国就要穿越云中、九原、代郡、上谷，行军数千里，显然，秦国对燕国不能构成威胁。可是，如果赵国想要对燕国不利，只要其发出号令，赵国的几十万大军就会迅速挺进到东桓，渡滹沱、涉易水，前后不过十几天时间就抵达燕国的都城。所以说，燕国现在最需要做的事就是先与赵国合纵相亲，再把其他各国联成一体，那么燕国就可以集中精力发展经济了。"

实际上，燕昭王最想干的事就是干掉齐国、报仇雪恨。但燕国的实力太弱，现在只能夹着尾巴做人，甚至还得向当年的勾践学习，示弱于齐，对齐国哈腰点头、百依百顺。于是，他不动声色地说："先生说得一点儿不错，我的国家本来就贫穷弱小，最近又新遭受齐国的打击，您如果能用合纵相亲的办法使燕国安全无事，我愿倾出国库所有以支持。"

自己只用了寥寥数语便得到了燕昭王的鼎力支持，苏秦信心百倍。他带着燕昭王所赞助的车马钱财开至赵国，兴奋地对赵惠文王说：

"天下卿相人臣及布衣之士皆仰慕于大王，今日我希望能在大王面前听从教诲和陈述忠言。我个人认为，国君最应该做的事就是让百姓安宁、国家太平。而要做好这一点，就必须做好国与国之间的邦交。大王如果能听从我的忠告，竭力和周边国家搞好关系，则燕国一定会献出盛产毡裘狗马的土地，齐国也会献出盛产渔盐的海湾，楚国则会献出盛产橘柚的园林，韩、卫、中山等小国更加会相应地献出供您汤沐的费用，那时，您的兄弟亲戚都可以裂土封侯了。获得割地、收取厚利，这可是春秋五霸不惜冒着全军覆没的危险所去追求的，也是商汤、武王不惜冒着遭受流放甚至掉脑袋的危险所去争取的。如今，我可以让您安然就座就可以轻松得到这两种好处。

"如果大王和秦国修好，则秦国就一定会恃仗着和赵国结盟而削弱韩国、魏国；如果和齐国修好，则齐国就一定会恃仗着和赵国结盟而削弱楚国、魏国。

"魏国衰弱了就要割地河外，韩国衰弱了就要献出宜阳，楚国衰弱了赵国就会孤立无援。这三个结局都会让赵国陷入极其不利的局势。原本，赵国地方二千余里，甲士数十万，战车千乘，战骑万匹，积粟可支数年之需。西有常山、南有河漳、东有清河、北有燕国。燕固弱国不足畏。天下间秦国最嫉恨的莫过于赵国，但秦国为什么不敢发兵相攻呢？它是害怕韩国和魏国在后边捅刀子。这样说来，韩、魏可算是赵国南边的屏障了。韩、魏若已被秦国征服，那么，来自秦国的战祸就会很快降临到赵国头上了。我深为此事而担忧啊。

"唐尧没有分到过一亩地的赏赐，虞舜也没有得到过咫尺的封地，他们却能拥有整个天下；禹聚集的民众不足百人终能称王于诸侯中。商汤、周武的卿士不足三千、战车不足三百辆、士兵不足三万，却能成为天下共主。所以说，作为一个贤明的君主，对外要能预料敌国的强弱，对内要能熟谙自己士兵的优劣，这样，不用等到双方军队开战，胜败存亡的关键所在早就了然于胸了。

"我私下考察过天下的地图，各诸侯国的土地加起来五倍于秦国的土地，各诸侯国的士兵加起来十倍于秦国的士兵。如若六国结为一体、并力西向，秦国一定会被打败。与其等待被秦国打败，不如先打败秦国；而要打败秦国，就得先考虑使韩、魏、齐、楚、燕、赵结成一个相亲的整体，让天下的将相聚于洹水之上，杀白马、歃血盟誓，则秦国一定不敢从函谷关出兵侵犯山东六国，大王您霸主的事业就成功了。"

赵惠文王点头同意，说："先生有意使天下得以生存、使各诸侯国得以安定，我愿倾出国库所有以支持。"他提供豪车一百辆，载上黄金一千镒、白璧一百双、绸缎一千匹，让苏秦用来游说各诸侯国加盟。

苏秦更加意气风发，先后去游说动了韩宣惠王、魏襄王、齐宣王和楚怀王，六国合纵宣告成功，苏秦做了合纵联盟的盟长，担任了六国的相国。

身挂六国相印的苏秦在这一刻走上了他人生功名和事业的巅峰。

在北上向赵王复命途中，苏秦的车驾经过洛阳，各诸侯派来送行的使者充斥满大街，气派堪比帝王。周天子为之气夺，赶紧找人为他洒扫道路，并派使臣到郊外迎接慰劳。

苏秦回到家里，妻子、嫂子都俯伏在地上不敢抬头看他，态度恭谨，一动也不敢动。

苏秦向嫂子打趣说："你以前不是喜欢对我呼来喝去的吗？现在怎么对我这么恭顺呢？"

嫂子弯曲着身子，匍匐到了苏秦的跟前，脸紧贴着地面请罪说："小叔您现在的地位不是比以前显贵了千倍万倍了嘛！"

苏秦由此感慨地说:"同样是我,发迹了亲戚就敬畏万分,贫贱时就轻贱如蚁。唉,要是我当初在洛阳近郊有二顷良田,恐怕我今生都没有佩带六个国家相印的命了。"

当日,苏秦散发了千金赏赐给亲戚朋友。

四 铜牙铁齿收十城

看着苏秦在外交上取得了巨大的成功,燕昭王暗暗称奇,认定了苏秦是可以帮助自己复仇的最佳人选,于是徐徐启动他的复仇计划。

齐国入侵燕国,虽然在燕国人民和其他各国的武力干涉下狼狈撤出,但撤离得并不干净,齐军还占据着原属燕国的十座边城。

燕昭王对苏秦说:"当年,是我提供了第一桶金给先生,先生才取得这么大的成就。现在,六国的合纵联盟已经结成,但齐国还牢牢地控制着我国的十座边城,先生能帮我要回来吗?"

苏秦听了,应声答道:"义不容辞。"

苏秦驾车到了齐国,见了齐宣王,先不说话,连着拜了两拜,然后弯下腰去向齐宣王表示庆贺,口中连连高叫:"恭喜大王,贺喜大王!"齐宣王还来不及问他喜从何来,他又仰起头来向齐宣王表示哀悼,口中连连低呼,"节哀顺变,节哀顺变!"

齐宣王彻底被他弄晕了,问:"你什么意思,到底是要恭喜我还是要哀悼我?"

苏秦清了清嗓门,说:"乌头是一种有毒的植物,食用它,可以填饱肚子,也可以毒烂肠子,食用得越多,死亡得越快。现在,大王您就在食用乌头,我一方面要恭喜您可以填饱肚子,一方面又要哀悼你即将到来的死亡。"

齐宣王强忍住不快,呵斥道:"真是满嘴胡言,我哪有食用乌头了?"

苏秦扑哧一声,笑了,说:"燕国虽然弱小,却是强秦的女婿之国。齐国占了燕国的十座城池就等于长久地和强秦结成仇怨。在我看来，燕国的十座边城可不就是有毒的乌头？"

齐宣王一听，脸色大变，道："天啊，那该如何是好？"

苏秦悠然答道："古代善于处理事情的人能够把灾祸转化为吉祥、通过失败变为成功。大王如果把边城还给燕国，则燕国白白地收回十城一定很高兴。秦王知道因为他的关系而归还燕国的十城也一定很高兴。这就叫作放弃仇恨而得到牢不可破的友谊。大王若因为此事和燕、秦结成了盟友，则号令天下，谁敢不从？这等于是以十城的代价取得天下，这是称霸天下的功业啊。"

在苏秦的劝说下，齐宣王最终同意将十座边城返还燕国。

苏秦以一张利嘴就轻轻松松地收复了燕国十座连城，可谓千古罕有，奇功一件。但却有许多妒贤嫉能的奸猾小人在燕昭王的耳畔对他恶意中伤，说："苏秦是个见风使舵、左右逢迎、不忠不义、出卖国家、反复无常的乱臣贼子，绝不能容许这样的人在燕国做官，否则一定会引起国内大乱。"

话说得多了，燕昭王就渐渐对苏秦有了戒备的心理。

回到燕国，苏秦冷笑着对燕昭王说："我本来不过东周一个浅薄鄙陋的人，身无寸功却得到了大王的礼遇，迎我于城郊，授我以官职。我心怀感激，这才代表燕国出使齐国，说退了齐国的军队、收回了十座城池。不想此举却招来某些人的诽谤，说我是'不忠不义'之徒。然而，我想说，我的所谓'不忠不义'正是大王的福分。要知道，忠诚信实的人一定都是围绕着自己的目标奋发进取，而我把自己的父母、亲人抛在东周，本来就不打算为自己树立忠信的名声。想想看，假使我像曾参那样孝顺、像伯夷那样廉洁、像尾生那样诚信，大王愿意任用我吗？"

燕昭王迟疑地说："为什么不呢？"

苏秦继续冷笑说："曾参为尽孝道绝不离开父母在外面过上一夜，像这样的人，您又怎么能让他步行千里来到弱小的燕国来侍奉处在危困中的国君呢？伯夷坚守正义不愿做孤竹君的继承人、不肯做周武王的臣子、不接受赐爵封侯，最终饿死在首阳山下。像这样的人，您又怎么能让他步行千里到齐国干一番事业替您取回十座城池呢？

尾生和女子相约在桥下幽会，女子没能如期而来，洪水却来了，他信守约定不肯离去最终被水淹死。像这样的人，您又怎么能让他步行千里退去齐国强大的军队呢？"

燕昭王听了，久久回不过神来，半晌，才憋出了一句："你不能因为自己不忠诚信实就否定忠诚信实吧？"

苏秦收起笑容，严肃地说："我没有否定忠诚信实。曾经，有一个人在外地做官，他的妻子和别人有染。某年，丈夫要回来了。奸夫忧心忡忡，那妻子说：'你用不着担心，我已经备好了毒酒，凭这壶毒酒，一定可以让他停止呼吸。'不日，丈夫果然回来了。妻子让侍妾端来毒酒相劝。侍妾想告知酒中有毒又不敢违背主母之命，想不告诉又不忍心就这样毒害了一条生命，怎么办？她前思后想，最后假装跌倒把酒泼了。丈夫暴怒，将她打了一顿。唉，侍妾假装跌倒泼掉了那杯毒酒，在上保存了主人，在下保存了主母，可是自己却惨遭毒打。可见，即便是忠诚信实，也会给自己招致祸患。非常不幸，现在我所遭受的祸患就与那个侍妾相似。"

燕昭王听了，怪不好意思地说："敬请先生原谅我此前的轻慢。"从此愈发优厚地对待苏秦。

五　疯狂的游戏

燕昭王一直把自己对齐国的仇恨深深地埋藏在心底，从来没对任何人说起，但，随着他和苏秦交往的加深，苏秦慢慢就觉察到了。

苏秦试探地问："大王是不是想讨伐齐国？"

燕昭王瞿然一惊，说："我对于齐国从来都没有过进攻的心思。"

苏秦怫然说道："没有谋算别人的心思却让人怀疑到了自己头上，这是自造的疑惑；有谋算别人的心思却被别人觉察了，这是自己的笨拙；谋算还未开始，便已泄漏出去，这是自处于危险。我听说大王居处不安，食饮不甘，一心想要报复齐国，并且亲自动手缝缀铠甲上的甲片，边缝边念叨说：'我有大计了！'妻子一旁帮着搓制穿甲片的绳索，也跟着念叨说：'我们有大计了！'有这样的事吗？"

燕昭王的脸一下子就红到了脖子根，支支吾吾地说："这事既然已经被您知道了，我也就不敢隐瞒了。是，我有深怨积怒于齐，日夜寻思着报仇雪恨。齐国是我的仇国，我一直想要讨伐它，只是担心国弊而力不足啊。您如果能率领燕国对抗齐国，我就把燕国委托给您。"

苏秦点点头，说："如今天下互相攻战的国家共有七个，燕国是个弱国，独战则力不济，依附于别国，则该国就会因此而提高他自己的地位。南边依附楚国，则楚国就会提高地位；西边依附秦国，秦国就会提高地位；中间依附韩国、魏国，韩国、魏国就会提高地位。当然，燕国所依附的国家提高了地位，大王的地位也会跟着提高。现在齐王是贤主，但为人却刚愎自用。齐国向南连续攻打了楚国五年，蓄积散；向西连续困扰秦国三年，民憔悴，士疲敝；向北与燕国交战，覆灭了全燕三军，擒获了两名燕将；又向南侵占五千乘之劲宋，吞并了十二个诸侯小国。齐主想要得到的都得到了，但又怎么样呢？他的民力已被耗尽，还能有什么作为？要我说，数战则民劳，久师则兵敝。"

燕昭王说："我听说，齐国有济水、黄河，足以为固；有长城、钜防，足以为塞。这事是真的吗？"

苏秦微微一笑，说："天时不与，就算有济水、黄河，也不可以为固；民力穷弊，就算有长城、钜防，也不可以为塞。况且，济西一带不征召兵役，其养兵只是为了防御赵国；河北地区不征召兵役，其养兵是为了防御燕国。现在济西、河北地区都已征召兵役了，全国已疲惫不堪。骄傲的国君一定听不进别人的计谋，亡国的大臣必然贪图财货。大王如果舍得宠子、胞弟，派他们到齐国做人质，再拿宝、珠、玉、帛去讨好齐王的近臣，齐王就会放松对燕国的警惕，轻易出师去继续他的灭宋行为，那时，齐国更加疲惫，只要稍事进攻就可以灭掉它了。"

燕昭王恭恭敬敬地说："如此说来，我还是按照上天之命接受您的教导吧。"

苏秦还礼答道："内寇不除，外敌则不可拒。大王领兵从外面进攻齐，我在齐国做内应。这就是灭亡齐国的大势。"

就这样，苏秦为燕昭王认真地制订出了一条灭齐大计：挑拨齐国灭宋，以引发韩、魏、赵、楚、秦等国的不满，让齐国引火烧身，最终走上自取灭亡的道路。

宋国位于韩、魏、齐、楚的交界处，工商业发达，是个繁荣富庶的金融宝地，但国小民弱，一直生存于诸大国力量的制衡之下。别国之所以不能吞并宋国，那是因为只要有国家对宋国不怀好意就会遭受到其他一连串国家的联合制裁。

现在，苏秦和燕昭王要做的，就是帮助齐国独吞宋国而力阻韩、魏、赵、楚、秦等国的染指，让宋国最终成为一个足以毁灭掉齐国的巨大炸药包。

公元前 289 年，燕昭王郑重其事地封苏秦为武安君，并为他准备了大批车马财物作为入齐之用。入齐前夕，苏秦特意给新继位的齐愍王写了一封信，大意如下：

由于燕王的累次羁留，我一直不能南来，也就不能服务于大王。现在形势正朝着不利于齐国的方向发展。原本已经达成了合纵联盟的韩、魏、楚三国，竟然图谋勾结燕、赵，以天下之师入秦进而与宋国一起谋取齐国，我曾为此事与燕王展开抗辩，燕王没有听从。我考虑到如果我离开了燕国，则燕国谋取齐国的士大夫就会懈怠，所以，拼着失去燕王的信任，我也要来齐国帮助大王排忧解难。当年，管仲一言而被齐桓公所重。大王贤于齐桓公，我本不敢妄请，但大王如果能重用于我，则天下人就会认为燕国与齐国已经亲密无间地结成了一体，这样，他们在图谋齐国的时候就不得不考虑行动有无可操作性。如果大王重视这件事，请以诸侯之礼迎接我，准许我带领一百五十辆礼车高调来齐。若不然，我就只带领五十辆礼车低调来齐。

因为这封信，苏秦入齐那天，受到了齐国最高规格的礼遇，齐都临淄城里，万人空巷，男女老少，列队欢迎，争相一睹苏秦的风采。在齐国，苏秦还没来得及挑拨齐愍王伐宋，秦国却先来勾结齐国一起攻赵了。

韩、赵、魏三晋挡住了秦国东进的道路。曾几何时，魏国是秦国的最大障碍，可是时过境迁，魏国饱经秦国的反复打击，国力已一落千丈，而赵国经过赵武灵王的胡服骑射改革，军事力量堪可与秦国争锋。为了打击赵国，秦国就运用了远交近攻的策略，准备联合齐国一起瓜分赵国。

为了促成此事，秦国的穰侯想出了一个点子：秦、齐携手，并肩称帝，秦为西帝，齐为东帝。两帝并称，从东西两面合击赵国。

应该说，穰侯的这个想法还是极具诱惑力的。显然，帝比王尊贵，一旦称帝成功，那齐愍王就会比韩、赵、魏、楚的王远高一头。

听说齐愍王准备和齐国一起称帝分赵，苏秦连呼不妙。这个计划一旦实现，则齐国将对燕国形成半包围态势，且赵国一灭，燕国就少了灭齐的最得力帮手，灭齐大计将化为泡影。

为了阻止齐愍王与秦国结盟，苏秦不动声色地对齐愍王说："攻赵绝对是个错误的选择，赵国是个军事强国，占领了赵国也捞不到什么大的油水，而齐国也消耗不少国力。要我说，要打仗，就拿宋国开刀，宋国商业发达，地方富庶，而宋国国防力量弱小，攻宋可事半而功倍，失去很小，得到很多。得十里之赵，不如得一里之宋。取一里之赵，难于取十里之宋。齐国和秦国结盟，不过是为人作嫁衣。秦国是阻碍齐国攻宋的最大障碍，齐国要做的，不仅不是灭赵，而是要联合赵国压制秦国，以吞占宋国。再者说了，齐国拒绝称帝，舆论就会站在齐国一边，从而让秦国的独自称帝行为陷于万人的唾骂之中，齐国也正好利用这个机会联合各国对秦国发动攻击。"

齐愍王听了，连声赞妙，拒绝了称帝行动，转而联络赵国对抗秦国。

公元前288年，齐、赵两国在阿地召开了联谊活动，齐愍王和赵惠文王正式确立了联合拒秦的战略伙伴关系。

处理好了与赵国的盟友关系，齐愍王随即发动了攻宋大战。燕国为了表达出自已是齐国的忠实跟班，派将军张魁带领两万士兵投入了战场，助齐攻宋。

正如苏秦所说，宋国国防力量弱小，不堪一击，连接几仗打下来，宋国连连告饶，请求割让淮北地区向齐国乞和。

看见齐国伐宋得利，赵、魏等国哪里坐得住？纷纷发兵加入战场与齐国争利。

山东诸国分宋之际，西面的秦国向齐国表达了强烈的抗议，扬言齐国如果不停止对宋战争，则接下来发生的一切后果全部由齐国承担。这样，齐愍王取得淮北之后便暂时停止了攻伐，着手处理各种影响到齐国攻宋的关系。

苏秦建议，既然在攻宋、称帝等问题上齐、秦关系已经闹掰，干脆一不做，二不休，高举合纵大旗，联合各国攻秦。伐宋的胜利，使苏秦成功地获取了齐愍王的信任，齐愍王让他全权代表齐国出使联合各国。

虽然苏秦口口声声地鼓吹燕、齐是两位一体的亲密盟国，而且这次燕国也主动发兵助齐攻宋了，齐愍王对燕国的诚意还是有所怀疑。为了检验燕国的诚意，他故意将燕国将军张魁杀死，以观察燕昭王的反应。

燕昭王效仿自己的偶像勾践，不但对齐国毫无怨言，反而素衣素袍，以国君最高规格的认错仪式到远离国都的一间茅草屋里闭门思过。

燕昭王的表现成功地骗过了齐愍王，燕国被齐国视为可以信任的盟友。

苏秦用他的三寸不烂之舌很快就鼓动起韩、赵、魏三晋和齐国结成了反秦联盟，齐、燕、韩、魏、赵五国联军集结在中原的成皋一带，大战一触即发。

六 攻秦结秦

成皋即洛阳以北的荥阳地区，成皋有关城名成皋关，即史上威名赫赫的虎牢关，控制了成皋地区，就可以由虎牢关直趋函谷关，杀入秦国本土。

秦国人看五国军队来势凶猛，不敢硬碰，先示弱，求和，写服字，把之前侵占魏国的温（河南温县）、轵（河南济源地区）、高平（济源地区）归还魏人，此外，也把侵占赵国的两个地方归还赵国。

尚未动一刀一枪，就得到这样的成果，魏、赵两国国君心花怒放，斗志更盛。特别是赵国国君，高兴之余，又加封苏秦武安君封号。这样，苏秦除了得到燕国所赐的上卿爵位、武安君封号、相国地位，也得到了齐国和赵国所封的武安君封号、上卿爵位，苏秦的名声如日中天，达到了他事业的巅峰。

可以说，当此之时，天下之大，万民之众，王侯之威，谋臣之权，皆决于苏秦之策。正所谓贤人在而天下服，一人用而天下从，壮哉！威哉！盛哉！

不过，齐愍王的击秦之心并不彻底，他击秦的目的只是为了震慑秦国，使秦国不敢插手自己灭宋。五国联军对秦大战才开始不久，齐愍王就耍了一个滑头，另派军队大肆攻宋。

齐愍王的行为惹得三晋强烈不满，他们纷纷指责齐愍王不地道，要齐愍王立即放弃对宋的攻打。

三晋对齐不满原本是苏秦希望看到的，但苏秦不愿在这个时候就出现三晋和齐国的矛盾激化。因为，一旦三晋和齐国打起来，齐国还有可能和秦国联合，为了彻底排除齐、秦合作的可能性，就必须继续催动由齐国所领导的五国攻秦行动，最大限度地打击和伤害秦国的根本利益和秦国人的自尊心，使齐、秦关系到达一种难于修复的境地。这样，当三晋攻齐时，不但秦国不可能和齐国联合，还会义无反顾地加入倒齐队伍，跟着三晋一起击齐，从而最终实现灭齐兴燕的终极目标。因为，以齐国的强大，如果没有秦国人的参与，单靠三晋和燕国的力量，恐怕还不足以对之形成致命一击。

于是，身在前线的苏秦赶紧写信，劝齐愍王停止对宋国的攻伐。他说："大王现在已经成功与三晋结盟，相约攻秦，秦国已经不敢插手齐国攻宋之事了。但秦国之外，我们还得顾及三晋的感受。现在五国攻秦之兵刚刚聚合，大王却突然掉头大举攻宋，您想想，三晋会怎么想？他们又怎肯眼睁睁地看着您独吞了宋国？那时，他们也都掉头跟着抢攻和瓜分宋国，事情岂不搞砸？"

同时，苏秦又努力约束成皋的五国之兵，积极主动地寻找机会与秦人开战。

齐愍王对宋国乃是志在必得，并不因为苏秦这封信就停止了对宋行动，反而加快了伐宋的速度。

这么一来，魏国的相国孟尝君就有些坐不住了，蠢蠢欲动，准备离开成皋，改攻宋国。

苏秦生怕合纵攻秦的事就此泡汤，再次给齐愍王写信，说："五国的攻秦行动一旦失败，三晋必定会倒向秦国，和秦国一起对付齐国，其时，齐国不但灭不了宋，还会面临巨大危险。大王既然不肯停止对宋用兵，就必须先稳住魏相孟尝君。大王可以以宋的平陵之地来收买孟尝君。答应在打下宋国以后，以平陵之地相赠，如此，孟尝君就会在这里安心攻秦。孟尝君安定，三晋就不会妄动，大王也可以专心攻宋了。"

这一次，齐愍王答应了苏秦的请求，同意了，用平陵之地来贿赂孟尝君。

可是，按下葫芦起了瓢，齐国国内出现了这样的舆论：齐国不应该和三晋联合攻秦，因为，一旦攻秦成功，三晋的风头就会盖过齐国，既而宋国就会被三晋所得，齐国则只能靠边站。

苏秦急得直跳脚，又连夜地写了一封长信来批驳这种论调，他说："现在离攻秦成功还远着呢，三晋怎么会对齐国产生威胁？而且，有我在这儿守着场子，三晋断不会作乱。再者说了，就算三晋真有什么异动，我一定会在第一时间反馈给您。

退一万步说，三晋敢对齐国不敬，咱们不是可以改为结好秦国而切断三晋后路吗？这样，三晋就算有天大的胆子也不敢乱来啊。还有，咱们不是还有铁杆盟友燕国吗？燕国又可以联络楚国，十个三晋也会被打败。放心吧，有我在这里，三晋一定不敢背盟。要对付三晋，我所预备下的应急措施不下上百种。"

信中，苏秦还信誓旦旦地说："有我在，齐、燕关系就牢不可破，三晋就不足为患。苏秦愿以身家性命担保，不超过三个月，大王就会成就'王天下'的大业。"

信的结尾，苏秦还颇为动情地说："苏秦披肝沥胆要干成这一番大业，并不纯粹为了大王您，也是为苏秦自己。幸蒙大王见爱，从不谋攻我所侍奉的燕国，让我有德于燕王，所以，干这番事业，也是为了对大王和对我自己有个交代。大王若举霸业而使得我名列三公，我也就可以自矜于世，死也甘心了。"

苏秦这封信既言之有理，又动之以情，齐愍王读了，疑心尽消，继续支持三晋攻秦，并明确落实了给孟尝君以宋国封邑之事。这样，齐愍王又坚定无比地落入了苏秦设下的圈套，而得了好处的孟尝君也提神振气，用心攻秦。五国合纵之势既往如旧，秦国狼狈不堪，对齐国恨之入骨。

随着时间的推移，苏秦眼看齐、秦之间的矛盾已难以调和，觉得该是挑唆三晋攻击齐国的时候了。

他还是在孟尝君身上做文章。

孟尝君田文原本是齐国宗室大臣，并一度出任齐愍王的相国，但公元前294年，齐国发生了贵族田甲用暴力"劫王"的事件，孟尝君受到了齐愍王疑忌，被迫出走，到了魏国任相。孟尝君是个私心极重的人，到了魏国，他日夜思谋报复齐国，以泄己愤。他还曾经写信给秦国穰侯，强烈要求秦国和魏国一起联合伐齐。在信中，他利诱加威胁，说："您还是赶快劝秦王跟我一起伐齐吧。破灭了齐国，我划出一块大大的齐国土地给你。除此之外，你没有任何出路。"

这时，苏秦和孟尝君都和五国联军滞留在成皋一带，彼此见面很方便。苏秦才向孟尝君流露一点点伐齐的意愿，孟尝君就心思荡漾、情难自持，迅速做出反应——给苏秦支着，并提醒说："三晋联合伐齐国，魏国这里没有任何问题，但三晋兵力中最强的是赵国，就怕赵国不肯参与。"

孟尝君的话是有道理的。

现在赵国的掌握话语权的人是相国、奉阳君李兑。这个李兑，在沙丘之变中逼死了赵武灵王，拥戴赵惠文王登位，独专国政。之前齐湣王为了安定孟尝君，既许以孟尝君宋国的平陵之地，同时也考虑到李兑的情绪，也答应了将宋国的陶邑送给他，所以齐、赵关系很快地进入了一个新的蜜月期。

孟尝君说："要使赵国人跟我们干，就必须让齐国人先恶心赵国人，齐、赵的关系弄僵了，我们联合攻齐的计划就成功了。"

听了孟尝君的提议，苏秦笑了。

怎么才能让赵国人恶心齐国人呢？

七 交赵反赵

苏秦决定玩一个极其疯狂的游戏：鼓动齐湣王背叛三晋而与秦国议和。

试想想，五国联军现在正在攻秦，你齐湣王突然瞒着其他盟国去和秦国结交，够不够恶心？赵国人会是什么样的反应，不用动脑子，用脚指头都可以想得到。当然，苏秦并不在乎秦国能不能与齐国尽释前嫌，这么做的目的，只为分裂三晋与齐国的联盟。但这么做的难度系数还是极大。

苏秦对自己的辩才很自信。他身处五国联军对峙秦军的前线，悄悄向齐湣王递了一个假情报，声称三晋不愿意看到齐国独自吞并宋国，准备与秦国议和，以便回头与齐国争夺宋国的地盘。

齐湣王一听，慌了神，就想停止对宋的军事行动，着力搞好齐国与三晋的关系。

苏秦却不赞同，说："现在攻宋，已经是势在必得了，怎么能停呢？而齐国向三晋所做出的两面三刀的行为已不是一两句话可以解释得清楚的，当下之计，不如抢在三晋之前和秦国议和。这样，齐国一方面可以消除来自秦国方面的威胁，另一方面也可以通过秦国牵制三晋使自己可以从容占领宋国。"

这么做，无论是苏秦还是齐国，都是危险的玩火行为！

一旦齐湣王意识到苏秦劝自己这么做的目的，计划不采纳，苏秦一定会死得极其难看。而一旦齐湣王没有觉察到这么做的危险，冒冒失失地采纳了这个建议，则齐国将会彻底激怒三晋，而秦、宋也不能放过齐国，燕国也会选择在这个时候向齐国发起致命的一击，则齐国将会众叛亲离、万劫不复！

到底齐湣王会是哪一种态度，这就取决于苏秦的能力和口才了。

不用说，苏秦的辩才如潮，完全拥有了混淆是非、颠倒黑白的能力。他写信给齐湣王说："大王，现在五国之兵聚于成皋，三晋攻秦之心已发生动摇，虽然我一而再，再而三地给他们动之以情、晓之以理，要他们坚定不移地和强秦对抗，无奈他们阳奉阴违，还是频繁与秦人相通，无限热切地追求和秦媾和结好！当下之计，大王只有抢在三晋之先和秦国讲和才能彻底挫败三晋的阴谋。而大齐一旦和秦国人和好，就可以继续攻宋，三晋震慑于齐、秦结盟，是绝不敢再出头干预大齐伐宋之事的。其时，宋必为齐所独得。"

齐湣王读了信，被迷迷糊糊地绕了进来，完全听从了苏秦的建议。

齐湣王一方面派使者出访楚国，通过楚国向秦国传递出和好的信号，不久，又亲自入楚国约会了楚顷襄王，正式进入与秦人交好和合作的渠道；另一方面，又派甲士把赵国送到齐国为人质的公子劫持起来，以防赵国对齐不利。要知道，三晋之中，赵的实力最强，防住了赵，魏、韩就不会有大的作为。

这样，大爆炸来临，齐国的末日开始进入倒计时了。

赵国的李兑果然被恶心到了，他勃然大怒，心中暗骂，好你个齐国，说得好好的一起结盟攻秦，现在又要和秦国交好，这不是要卖我们给秦国人吗？等你们齐、秦联合了，哪还有我们韩、赵、魏的好日子！于是，李兑不等孟尝君来找他，他先找孟尝君了，谋划着攻齐具体事宜。

韩国国小民弱，向来唯赵、魏马首是瞻，赵、魏合谋齐国，韩国也就毫不犹豫地加入密谋小组中来了。

行动这么顺利，苏秦大喜。

然而，百密一疏，苏秦还是算漏了一点。身负国仇家恨的燕昭王一听三晋已经策划攻齐大计了，再也沉不住气，以为报仇时机已到，就急吼吼地高举起伐齐大旗，昏头昏脑地加入列国联合谋齐的队伍中来了。

苏秦吓得一身冷汗直冒。

燕昭王没按之前设定的戏路演，这戏注定要砸了。不但自己的脑袋不保，只怕灭齐兴燕的计划也要泡汤了，甚至，燕国还有可能招致二次灭亡的危险。苏秦早就交代过了，在没有策动秦国加入伐齐队伍之前，燕国一定不要轻举妄动，因为，单凭燕国和三晋的实力还不足以对强齐构成致命的威胁。

苏秦叫苦不迭。

燕昭王的过快反应引起了齐愍王的警觉。不过，齐愍王还不知道苏秦是谋齐的罪魁祸首，仍然对苏秦信任有加。侦知来自燕国方面的异动，他写信给苏秦商讨对策，说："寡人与先生谋攻宋国，倚仗的是背后的燕国和西北方向的赵国的支持。所以不遗余力地与燕、赵交好。现在事情有变，燕王在朝廷上跟群臣昼夜谋划攻齐，情况紧急。看来，寡人必须从宋国撤军以防燕人了，攻宋攻到八月为止，不管得不得到宋国土地，都必须八月从宋国撤兵了。"

听齐愍王说要准备对付燕国，苏秦的前胸后背吓出了一身汗，火急火燎地给燕昭王写信示警："大王不要再在朝廷上整天叫嚷着要攻打齐国了。齐国已经被惊动，并有攻燕的打算。不过大王现在也不必过多恐惧，齐国虽欲攻燕，但针对当前形势，其尚不能，尚不敢。"

信的结尾，苏秦再三嘱咐说："足下虽怒于齐，请养之以便事。不然，臣之苦齐王也，不乐生矣。"

苏秦好说歹说，燕昭王这才稍稍收敛了一点。但这一耽搁，苏秦根本来不及去拉秦国下水，三晋谋齐联盟已被齐愍王成功化解了。

其实要化解这样的联盟也不是什么困难的事。齐湣王知道，三晋能联合起来对付齐国，关键人就是李兑，李兑的工作做好了，就一切都好说了。

齐湣王先从宋国撤回了军队，然后大行拉拢赵国之能事，派人向李兑反复解释自己没有谋赵的心思。

齐湣王向李兑将自己结秦的原因解释得头头是道。他说："寡人要跟秦国讲和，主要是基于以下几方面考虑：一、寡人倡兵攻秦，实是因为魏国在伊阙之战中被秦国打得太惨了，形势危急，犹如累卵。可是，这次合兵，魏国人却从客观上阻挠了五国大军西进，使得兵疲师老，滞留在成皋一带，数月不进，令人失望。二、魏国人不但阻挠了大军西进，还掉头向东，与寡人争攻宋国之地。三、寡人再三恳请魏人停止攻宋，均遭到拒绝。四、最最主要的是，魏国人为了争到宋国之地，还暗中派出两个使节入秦和秦国人媾和。寡人极其担心魏国人背叛了我们，独自和秦国人结好，从而威胁到我们。寡人和秦人讲和乃是迫不得已的下策。其实，攻秦，才是寡人的一贯主张。"

对于约会楚顷襄王的事，齐湣王的解释是："谣言，赤裸裸的谣言，这是魏国人散布的谣言，说什么寡人通过楚国与秦人讲和的目的是图谋三晋，这真是滑天下之大稽！不错，我是约会了楚王，但没有见面，见面的是楚国的大臣，我跟那些大臣所议论的事情是邀请楚国与三晋会盟，一起联合攻秦！"

解释完毕，齐湣王又再次强调了把攻占宋国的所得土地封给李兑和孟尝君的旧约。李兑高兴之余，疑云尽消，答应不再攻齐，并表示自己会率领三晋之兵继续攻秦，以保障齐国顺利攻宋。

李兑这一表态，孟尝君也不好再说什么了。于是，三晋与齐国前嫌尽释，重归于好。

苏秦离间齐与三晋的计划就此搁浅。

八 忠心事燕

这时候的苏秦没有时间遗憾，他还要帮燕昭王擦屁股。

三晋对齐国的威胁已经解除，你燕昭王之前喊打喊杀，齐国还能不找你算账吗？

苏秦写信给齐愍王，带着万分歉意地说："我以燕臣的身份入齐，一再保证燕国终臣一生不可谋划攻齐；同时也保证齐国终臣一生不攻燕国。这，既是我的意思，也是燕王的意思。如果燕齐结好，就没有了后顾之忧，足以图取天下。可偏偏有居心叵测的人造谣构陷，说燕王和群臣谋划攻齐，大王又相信了这样的谎话。仔细想想吧，燕国能把王子送到齐国，这是对齐国的信任，又派出两万人的军队自带粮食随大王攻宋，这是对齐国的忠诚；在合兵攻秦过程中，燕国又派两万人参战。这样的忠心大王视而不见，却偏听那些中伤燕王的言语。燕王百口莫辩，痛苦万分。我希望大王能稍稍抚慰一下燕王事齐的苦心，若燕齐相亲相爱，大王何患得不到天下？"

对齐愍王而言，他的当务之急不是伐燕，而是攻宋。他必须尽快攻克宋国才能兑现给李兑、孟尝君的封邑，进而安抚好三晋，维持齐国与三晋的友好合作关系。所以，齐愍王把燕昭王叫嚣着向齐国喊打喊杀的那一页轻轻地翻过去了。

燕国也因此躲过了一劫。至此，苏秦才长舒了一口气。但，死亡的阴影已悄然向苏秦袭来了。这个阴影，不是来自齐愍王，而是来自赵国的李兑。

李兑要从齐国那里得到宋国的陶邑，一千个一万个不愿意有人离间齐、赵关系，他已经注意到了苏秦的行动，对苏秦产生了怀疑。

这年十一月，李兑将苏秦诱骗到邯郸，拘禁起来了。

李兑声色俱厉地对苏秦说："根据可靠情报，我已经知道了，一直以来在离间齐、赵关系，搞破坏的，就是你苏秦！劝齐王通过楚国与秦人结好，进而夹胁赵国的，就是你苏秦！并且，劝齐王发甲士劫持我赵国公子的，也是你苏秦！你还有什么话可说？！"

铁证如山，苏秦确实没什么话可说了。

李兑派人向齐国揭发苏秦的间谍行径。

结秦防赵的策略的确是苏秦向齐湣王进献的，但齐湣王并没因此认为苏秦是在祸害齐国，反而认定苏秦是在为齐国操劳。听说苏秦的人身自由遭到了限制，齐湣王很着急，苦苦思索着在不破坏齐、赵友好合作前提下解救苏秦的办法。

苏秦并不知道齐湣王对自己是这样不离不弃，只以为自己的间谍身份已经露馅，能拯救自己的就是燕国了。他把希望寄托在燕昭王身上，写密信给燕昭王，请求燕国对自己施予援手。

信的开头，先极尽其详地自述了这段时间来离间齐、赵的工作成效，以示自己对燕国的功劳不容抹杀，然后才是求救。他说："我离间齐、赵已被李兑觉察，李兑恨我至极点。即使这样，大王不必为我担忧。虽然有李兑的阻挠，我自己已经很危险了，但如果可以，我仍会选择去齐国，目的就是要实现大王所想要实现的报仇大业。我死了，如果齐国和赵国关系恶化，那就等于我还活着一样。只要赵国和齐国断交，天下就会大乱。那时，燕国就应当和三晋一起伐齐。而如果齐、赵两国永久和好，那么，伐齐的良机已失。即使身死，我也不会以此为祸患；即使逃亡，我也不会以此为羞愧；即使成为诸侯，我也不会以此为荣耀；即使披散头发生癫变形，我也不会以此为耻辱。我所担忧的是：在我死后，齐、赵两国仍在结好，那么，离间齐、赵的罪过就会落在我头上；燕国也会像齐、赵一样怪罪于我，从此与齐、赵恢复邦交。唉，我的死如果能换取齐、赵两国的互相攻打，则我心甘情愿去求死。尧、舜是天下的贤君，终究不免一死；禹、汤是天下的明君，终究不免一死；孟贲是天下的勇士，终究不免一死；乌获是天下的大力士，终究不免一死。天生万物，无有不死。我愿以一死来完成有利于燕国的计谋，大王不应该对我有什么疑虑。现在的问题是，齐、赵的关系尚未离间成功，如果我死了，大王的复仇计划不但不能完成，而齐、赵一旦联合北向图谋燕国，那燕国就大祸临头了。"

苏秦这封信虽然主要是求救，却在信中闭口不提搭救之事，仍是谈形势，让燕昭王认识到自己存在的价值。然而，让人寒心的是，燕昭王已经对苏秦的忠心产生了怀疑。

尽管苏秦为了兴复燕国不惜冒着生命危险到处操劳奔走，但由于长期离开燕国，他和燕昭王的关系不可避免地出现了疏远。而燕国朝廷内的恶毒小人，看着苏秦声名鹊起，大红大紫于天下，心生忌妒，就一天到晚在燕昭王耳边说不利于苏秦的话。他们说苏秦已经被齐愍王所赏赐的金钱和地位打动，已经一心向齐，还指证说上次苏秦写信回来阻燕国攻齐就是这件事的集中表现。

说起来，也不能一味怪燕昭王多疑，主要是这些小人说谗言太富有杀伤力了，听了没法让人不相信。

试想想看，苏秦既不是燕国人，也不是齐国人，在有奶就是娘的原则下，当然是谁给的回报丰厚就给谁卖命了。

所以，燕昭王没有理由不怀疑。

而且，齐愍王对苏秦实在是太好了，言听计从、信任有加。苏秦主动向燕昭王求救了，燕昭王还在迟疑，而人家齐愍王不等苏秦开口，已经启动营救措施了。

为了救出苏秦，齐愍王又加大了交好李兑的筹码，许诺攻破宋国后，在赠送陶邑的基础上，再奉送上宋国的另一块地——蒙邑（今河南商丘附近）。

说实话，以我们后人的眼光来看，我们都奇怪苏秦为什么要忠心耿耿给燕昭王卖命，跟齐愍王混，前途不是更加光辉灿烂吗？

也许，苏秦的心中一直存在着一种"初恋情结"。他入秦向秦昭王求功名，惨遭拒绝，打击巨大。而入燕则得到了燕昭王的盛情款待，从此产生了从一而终的心理，对燕国死心塌地、矢志不渝。就像一个人在生命中恋上了第一个人，不管以后他遇上的人比这第一个人要好上一千一万倍，他也始终忘不了第一个——原因很简单，那是他的"初恋情人"！

真是可怜复可叹。

不管齐愍王为了营救苏秦怎么积极奔走，苏秦仍把搭救自己的幻想寄托在燕昭王身上。在给燕昭王的第二封求救信里，苏秦像个怨妇似的，哀怨万分地说自己"智能免国，未能免身"，委婉地指责燕昭王不应该始乱终弃、见死不救，并透露了自己准备自救的一些谋划。

这次，燕昭王总算有反应了：回了一封信，告诫苏秦万不许逃离赵国，否则将不利于燕国。

读着燕昭王这封薄情寡义的回信，苏秦无限哀伤地悲叹道："死亦大物已，不快于心而死，臣甚难之。"

不过，齐愍王准备加送蒙邑给李兑的事终于被燕昭王获悉了。燕昭王坐立不安，感觉苏秦不可或缺，苏秦存在的意义就蓦然间重大起来了。

燕昭王异常清楚，有了陶邑和蒙邑这两块地盘作为交易，齐、赵的关系必将更加紧密，燕国攻齐复仇的事业就会遥遥无期。

燕昭王下定决心，不惜一切代价救出苏秦。这样，苏秦才能回到齐国阻止齐人落实给李兑的封邑。不日，燕昭王郑重其事地派出了两位使臣向赵国当局严正交涉，说："拘留苏秦不放，犹如免寡人之冠也！"

"免寡人之冠"这话的措辞可谓严重，"寡人之冠"即是君主的王冠，"免寡人之冠"即是废除燕昭王王位的意思。

燕昭王的话，明显让赵国的李兑感受到了巨大的压力。但与燕昭王方面所施加的压力比起来，向赵国施加压力更大的是齐愍王。

为了搭救苏秦，齐愍王开始准备动武了。他派人斥责李兑、警告李兑，说如果李兑不尽快释放苏秦，他将与秦国结好，从东西两面夹攻赵国。

燕昭王和齐愍王相比，谁对苏秦更好，一目了然。

迫于燕、齐两国的压力，主要是来自齐国方面的压力，还有陶邑和蒙邑这两块地盘的诱惑，李兑没有太多犹豫，宣布放人。

获得了自由的苏秦不是对齐愍王心存感激，而是马不停蹄地奔回齐国，加快启动他那足以葬送齐国和齐愍王生命的恶毒计划。

苏秦的思路一直都很清晰：先鼓动五国联合攻秦，恶化齐、秦间的关系；再离间齐、赵，使齐与三晋之间闹掰；其后，联合秦国、三晋、燕国一起攻齐，最终灭齐兴燕。

回到齐国，他说服了齐愍王，拒绝把蒙邑封给李兑。这样，齐、赵的友好关系迅速破灭。

失去了理智的李兑宣布与齐国断交，并于公元前 287 年、公元前 286 年，连续两次发兵攻齐。

苏秦离间齐、赵的阴谋得逞了。

不过，随着苏秦在齐国的见宠和得势，燕昭王对苏秦的猜疑就更深了，于公元前 286 年派人传召苏秦回国，准备另派别人接替苏秦的职务。

苏秦委屈万分，写信给燕昭王申辩冤情，说："燕、齐交恶由来已久，臣处于燕、齐两国之间，本来就知道会遭到猜忌。臣原本的计划是：齐既然是燕的心腹大患，则臣在齐国做卧底，大者可以让齐国不谋燕国，次者可以恶齐、赵之交，以便大王报仇雪恨。臣受命任齐五年，齐兵数出，未尝谋燕，而齐、赵之交，一美一恶，一合一离，燕不是与齐一起谋赵，即是与赵谋齐。而齐之信任燕国，其之前所设置在北地防守燕国的军队已全部撤离。臣即使没有大功，却也认为可以自免于罪。当初，臣离燕入齐，也曾考虑过有人会恶意中伤臣：臣若贵于齐，燕大夫将不信臣；臣若贱于齐，燕大夫将轻臣。臣若有用，燕大夫则将对臣提出更多更高难度的要求。齐若对燕稍示不满，燕大夫则将一切过错归罪于臣。天下诸侯不进攻齐国，燕大夫会说臣只善于为齐谋划、替齐人着想。天下诸侯攻齐，燕大夫和齐国就会一起抛弃臣。臣的处境，危如累卵。大王曾对臣说：'寡人必不听众口与造言，寡人信先生如信自己。先生可以大大方方地为齐国做任何事，以取得齐国方面的信任，只要不伤害到先生自己的性命，什么事都可以干。为了取信齐王，先生也可以带上全部家属一起去齐国，必要的时候，先生还可以适当地和齐国谋攻燕国。只要是为了我们的大业，寡人不会计较其他细节。'现在，大王听了众口与造言认为臣有罪，臣惶恐莫名。当初臣为赵人所拘，大王责赵人：'拘留苏秦不放，犹如免寡人之冠也！'臣感激大王之情已深植骨髓。臣甘死乐辱，以报大王。"

　　读了苏秦这些充满了愤懑和哀伤的文字，燕昭王选择了继续信任，另外派人接替苏秦的事不了了之。

九　最后的毁天

　　齐、秦关系已经交恶了，齐、赵关系也已经闹掰了，接下来，该是挑拨天下诸侯一起攻齐了。

　　这件事，只要让齐国继续攻打宋国就可以了。但，难在怎么让已经和三晋交恶的秦国和三晋一同握手站在同一战线上向齐国发难。

　　为此，苏秦又精心设计了一个辅助计划。

　　他对齐愍王说："实践证明，齐国要攻取宋国，没有秦人的默许是难以完成的。经过深思熟虑，臣有一个新的方案，可以让齐、秦双方形成瓜分天下的默契。"

　　齐愍王一下子来了兴趣，说："具体怎么弄，先生快给寡人说说。"

　　苏秦说："齐国默许秦国攻取魏国的安邑（今山西中部的夏县），则秦就不会干预齐的攻宋行动。"

　　齐愍王连声称妙。

　　秦昭王被五国联军打得透不过气来，而且因为给魏、赵两国割了地、赔了款，肚子正窝着火。

　　苏秦见了秦昭王，说："天下的说客莫不想离间秦、齐。那些乘坐在马车上伏轼西驰的人，没有一个声称自己与齐国关系好；那些乘坐在马车上伏轼东驰的人，没有一个声称自己与秦国关系好。究其原因，是他们都不希望看到齐、秦联合。须知，齐、秦交恶，就会有利于中间弱国的发展；而齐、秦联合，必图晋、楚。中间弱国就没有发展的空间了。而对齐、秦两国来说，只有共同合作，才能实现利益最大化，进而瓜分天下。现在，齐国要灭宋，魏国就会惶恐不安，其若惶恐不安，必然向西求救于秦。其时，秦国便可以不费吹灰之力地占取魏国的安邑之地。"

秦昭王闭着眼睛思索了一会儿，想清楚了这其中的利害关系，对苏秦说："宋王无道，多次在公开场合辱骂寡人，寡人实在是忍无可忍，只因宋国地面远离我国，我国军队不能亲自攻打，齐国代替寡人攻打宋国乃是求之不得。"

话虽这样说，秦昭王的小九九却是等齐国灭掉了宋国、秦国吞下了安邑，就跟齐国翻脸，讨伐齐国的灭宋之罪。

秦、齐间的和平协议结好，苏秦高高兴兴地返回齐国了。

但事情变化之快，又大大出乎了苏秦的意料。

齐国攻宋还没取得任何突破性的进展，那边的魏国看到秦国气势汹汹地来攻打安邑，一下子就怕了，准备自觉地献出安邑之地以求平安。

苏秦连呼不好。

要是秦人就这么轻松地得到了安邑，想必不会安安静静地看着齐国攻宋。那时，秦国势必出兵干预齐国伐宋，则齐国就吞灭不了宋国，既然灭不了宋国，就不能激化天下诸侯反齐，之前所做的一切也就毫无意义了。

苏秦赶紧奔赴魏国大梁，力阻魏昭王与秦国人讲和。他急匆匆地说："秦国这次攻打安邑，曾派人对我们齐国说，你们务必全力攻打宋国，就算宋国愿意讲和，愿意献出土地，你们也不要停止，得了土地，继续进攻，直到完全吞灭宋国为止。得势不饶人，那是秦国人一贯的作风。你们魏人千万不要指望献出一块两块地就能讨好和阻止秦国人的进攻。他对宋国的态度上是这样，从前对待楚国也是这样。所以，割让土地不但不能换取和平，反而会加速灭亡。当下之计，大王应该依靠同盟国的支持进攻秦国，就算讲和，也只能是假讲和，绝不能同秦国真正讲和，真讲和了，你在同盟国中将会被孤立，秦国人也就不再接受你的讲和，他们攻打魏国也就更加有恃无恐。"

苏秦句句在理，魏昭王完全接受了他的提议，发兵与秦军死磕。

不过，苏秦还没离开大梁，他那所倡议的"秦国人默许齐国人攻宋，齐国人默许秦国人攻安邑"的肮脏交易竟被魏国的间谍侦查到了，他本人被魏昭王就地拿下。

苏秦没有表现出太大的惊慌，他另有一套足以让自己脱身的说辞。

他对魏昭王说："齐国为了顺利攻宋，是想与秦国交好，为此，还许诺将攻宋所得的部分土地献给秦国，但是秦国并不接受。秦国人为什么不接受？因为他们讨厌土地吗？不，绝不是。是因为他们不信任齐国。现在，大王拘禁了我苏秦，齐、魏两国的友好关系就会破裂，到时，齐国就只能继续努力去结好秦人。一旦齐、秦两国结好，魏国就危险了。依目前形势来看，大王不如释放我苏秦，以表示齐、魏结好，如此一来，秦人就更加不信任齐人，齐、秦也就没有了联合的可能，则齐人既不能得志于宋，秦国对魏所形成的威胁也就十分有限。"

听了苏秦的话，魏昭王变了脸色，前思后想，只好点点头，同意释放苏秦。

在苏秦苦心孤诣的运作下，魏国一心抗秦。

公元前286年，齐国终于灭掉了宋国。

宋国被灭，各国间的平衡被打破了。

秦国人率先不干了。他们停止了对魏国的攻击，高呼"有齐无秦，有秦无齐，必伐之，必亡之"，发兵猛击齐国的河东（漳河以东，河南省北部地区），连战连捷，一口气夺下九座城池。

不过，秦国人并未被胜利冲昏头脑。他们知道，这胜利，是因为吞宋成功的齐国实在太疲敝了，但凡齐国缓过了一口气，单单秦国是奈何不了齐国的。于是，秦昭王"以齐饵天下"，盛情邀请三晋一起联合攻占齐地。

受尽齐国的欺诈和戏弄的韩、赵、魏三国毫无心理障碍地与秦国结成了同盟。

齐国的挽歌就此奏响。

公元前285年，各路大军云集，像惊涛怒潮一样向齐国席卷而来。冲锋在最前面的，竟是齐愍王认为最不可能背叛自己的燕国军队。

齐愍王感到一阵阵绝望。

事实上，这次担任盟军统帅的，就是在燕国效力的大将乐毅。和兵圣吴起一样，乐毅也是不世出的名将。他指挥盟军从赵国东南面出击，一下子就攻克了齐国边境重镇灵丘（今山东高唐南）。紧接着，在济水之西击破齐军主力，盟军顺利渡河，兵锋直逼齐都临淄。

齐国已经危在旦夕，齐愍王到了这个时候才蓦然清醒过来，原来，一切都是苏秦搞的鬼。

那么，在国破家亡之前，他唯一能做的就是将苏秦五马分尸！

苏秦死了，但他没等太久，齐愍王也紧随他的脚步而去。齐愍王是在逃亡的路上被楚国的将军淖齿杀害的。淖齿是受楚王之命带领楚军前来帮齐愍王一把的，但身为惊弓之鸟的齐愍王已经失去了理智，他的粗暴和无礼得罪了淖齿，淖齿忍无可忍，将他处死了。

原本，楚国并不希望齐国就此告别历史的舞台——齐国消失了，在楚国的身边，代替齐国的将是一个更加强大的燕国。

《三国志·诸葛亮传》中载："亮躬耕陇亩，好为《梁父吟》。身长八尺，每自比于管仲、乐毅，时人莫之许也。"由此可见，在一代贤相诸葛亮的心中，乐毅是和管仲有同等地位的，而诸葛亮本人也处处效仿管仲、乐毅，以他们两个人自比，努力向他们两个人看齐。可惜，史料对乐毅的记载并不多。我们对乐毅的了解，也就只知道他有兴燕灭齐的壮举，具体的细节、具体的措施，却是一无所知，或所知不多。司马迁所撰的《乐毅列传》也只是三言两语、几笔带过。所庆幸的，正是这篇《乐毅列传》，收录了乐毅的《报燕惠王书》。从《报燕惠王书》里，我们可以体味得到乐毅的若干悲欢、若干性情、若干思想，仅此而已。

第九篇
功大见忌的悲剧英雄——乐毅

一 来头不小的乐毅

战国七雄中，齐、楚、秦三国乃是老牌大国，魏国衰败之后，三国相继实施变法，国力都有不同程度的发展，天下一度出现三足鼎立的局面。

但楚国在张仪和楚怀王的合力作用下，很快退出了争霸的位置；而秦国在秦武王举鼎暴毙、秦昭王登位之前出现了大面积流血事件，政治混乱、经济遭受摧残，发展势头有所减缓。只有齐国，在齐威王、齐宣王两代君主的治理下，国力蒸蒸日上，一家独大，俨然霸主地位。

对于这一时期齐国的强大，可以通过一组战绩来体现：

一、公元前314年，齐军悍然入侵燕国，仅用短短五十天时间便占领燕国首都蓟，灭亡燕国。

二、公元前301年，齐国纠合魏、韩两国军队大败楚军于垂沙，杀楚军大将唐眜，夺楚宛（今河南南阳）、叶（今河南叶县）及以北之地。

三、公元前298年至公元前296年，齐军与魏、韩两国军队结成联军并力攻秦，破函谷关杀到盐氏（今山西运城），迫秦国割地议和后返回。这是战国时期山东六国唯一一次攻破函谷关的记录。

四、公元前286年，齐军绕开其他诸国的干扰，一举灭亡宋国。

可是，就是这样一个霸气十足的齐国，竟然被燕国打得只有招架之功、而无还手之力，不过半年时间，就丢失了七十余城，国家一度濒临灭亡。而燕国，原先却是战国七雄中最弱小的国家，又曾被齐国灭亡，是在秦、赵、韩等国的帮助下才得以翻身的，其贫弱的国力在战后重建中原本是那样举步维艰、那样的脆弱不堪，然而，事实就摆在眼前，强大的齐国最终被弱小的燕国打败了。

这是一个不可思议的结果。而在催生出这个结果的过程中，有两个人厥功至伟。这两个人，一个是苏秦，一个是乐毅。但凡缺乏了他们两个人中的任何一个，这个神奇的结果都不会产生。

苏秦运用他的外交才能为乐毅制造了战机，乐毅运用他的军事才能成就了苏秦的灭齐策略。

两个人一文一武，为燕国创造了历史，为历史创造了一出轰轰烈烈却又荡气回肠的大戏。他们如闪耀于战国上空的双子星座，争相辉映、光耀千古。苏秦因此成了古今名列第一的纵横家，乐毅也因此成了以弱胜强的绝世名将。

然而，与苏秦出生于平民家庭不同，乐毅身出名门，来头很大，他有一个很彪悍的祖上，名叫乐羊。乐羊在魏文侯时代担任魏国将领，带兵攻打中山国，中山国君为了胁迫他退兵，杀了他的儿子，煮成肉羹送给他。乐羊为示破城之志，慨然喝下肉羹，可谓惊世骇俗。

乐羊灭掉了中山国，魏文侯把灵寿封给了他，乐氏子孙就在灵寿安了家。被乐羊所灭的中山国曾一度复国，但又被赵武灵王灭掉了，作为乐家的后代，乐毅就成了赵国人。

乐毅精明强干，通晓军事，在赵国人的举荐下出任赵国官职，但随着赵国出现了沙丘之乱、赵武灵王被围困饿死之事，他很快就离开赵国到了魏国。

燕昭王借礼尊郭隗以招揽天下贤士时，乐毅为魏昭王出使燕国，得到了燕昭王的超高规格款待。乐毅推辞谦让，一来二去，两个人很快成了朋友。这种朋友间的情谊并不是建立在臣子与国君间的关系之上的，而是互相欣赏、彼此仰慕。在燕昭王的盛情相邀下，乐毅终于答应留在燕国。燕昭王惊喜之余，任命他为亚卿，委以国政和兵权，为兴燕灭齐做好了准备。

乐毅治燕期间，着力于协助燕昭王改革内政、整顿军队。首先，针对燕国法度驰坏、官吏营私的严重局面，乐毅教燕昭王制定法律，严厉法制，加强对官吏的审查和考核；其次，确定察能而授官的用人原则，摒弃"亲亲""贵贵"的择人传统，廓清了当权者拉帮结党、滥用亲信的劣迹，使燕国的吏治日趋清明；再次，他建议燕昭王对那些遵守国家法度的顺民，包括身份低下的贫民和一部分奴隶，都以一定制度予以奖励，以安定社会秩序。在军事上，乐毅着重进行战法和纪律训练，尽快提高燕军的战斗力。

<h2 style="text-align:center">二　破国之功</h2>

和苏秦一样，乐毅也觉察到了燕昭王要报复齐国的迫切心理，面对齐强燕弱的现状，他谆谆告诫说："齐国，曾经是称霸天下的大国，如今仍然保留着霸国的基业，地大人众，若是要以燕国的一己之力单独完成报仇大事，那是绝对不可能的，唯一的办法就是联合其余诸国一起攻击它。"

不用说，乐毅的观点与苏秦之前所说是一样的。于是燕昭王在派苏秦入齐后不久，便派乐毅去与赵惠文王结盟立约，另派别人去联合楚国、魏国。

功夫不负有心人，乐毅和苏秦的活动终于收到了成效。

公元前284年，齐国吞并宋国的行动触动了各诸侯国的神经，赵、楚、韩、魏、燕结成了同盟，共同讨伐齐国。

燕昭王倾举国之兵而上，派乐毅担任上将军，赵惠文王赏识乐毅的军事才能，干脆把相国大印授给了乐毅。由是，乐毅成了五国联军的统帅。

乐毅率五国联军气势汹汹地扑向齐国。

齐愍王暗叫不好，亲率齐军主力在济水（在今山东省济南西北）之西布下阵势迎战。

两军相遇，勇者胜。

乐毅亲临战阵，率五国联军向齐军发起猛攻。

齐军大败，齐愍王被乱军裹挟，仓皇逃回都城临淄。

济西大捷，赵、楚、韩、魏各诸侯国觉得打击齐国的目的已经达到，都停止了攻击，收归本国军队。

乐毅却不肯罢休，他收拢燕国所有军队，准备猛捣临淄，毕其功于一役。

有人认为齐军虽然败退，但瘦死的骆驼比马大，弱小的燕军仍不足独立灭齐，如果燕军不能清醒地看到这一点而被眼前的胜利冲昏了头脑，一味长驱直入，最终会招致齐军的强烈反扑，到时，场面将难以收拾。

赞成这个观点的人不在少数，但乐毅坚持自己的见解，一口咬定齐军精锐已失，国内纷乱，燕、齐双方的强弱形势已经发生了逆转，只要燕军继续追击，战果一定会扩大。

显然，乐毅的意见有很大的冒险成分。但燕昭王最终还是选择了支持乐毅。

也许，在燕昭王看来，一报还一报，齐国曾经破灭了燕国，那么燕国也必须以其人之道还治其人之身——破灭齐国，报仇雪恨！

乐毅于是率燕军撵着齐愍王的尾巴打，一直打到齐都临淄。

临淄作为一国之都，城池高大、城墙坚固，就算齐军只守不攻，躲在城里不出，燕国不花上三五年时间休想将城池拿下。可惜齐愍王已经胆寒，无心固守，遂率少数臣僚仓皇逃往莒城（今山东省莒县）。这样，乐毅没费多少功夫就杀入了齐都临淄，尽收齐国珍宝、财物、祭器。

闻此捷报，燕昭王仰天大笑，长出了一口恶气。

不日，燕昭王亲到前线犒赏、宴飨士兵。为酬谢乐毅克齐大功，燕昭王将昌国城（在今山东省淄博市东南）封给乐毅，号昌国君。

乐毅再接再厉，率领着燕军驰骋在齐国的大地上，自北而南，手脚不停，连下齐国七十余城，齐地仅剩聊城、莒城、即墨（今山东省平度市东南）三城还在齐国残余势力的手中，其余皆纳入了燕国的版图，燕国势力空前膨胀。

不过，乐毅并不就此认为齐国已经成了燕国的一部分，因为，武力虽然可以打败一个国家，但并不代表可以征服一个国家。武力之外，还得通过政治、文德来感化和收服民心。如果认为占领就等于拥有，绝对是大错特错。

所以，乐毅对已占领了的地区实行减赋税，废苛政，尊重当地风俗习惯，保护原有文化，安抚百姓，礼遇齐国各地的贤能之士，以此来同化齐国人民。

齐国百姓在战乱中得此优待，喜出望外，无不心悦诚服。

乐毅以为，按照这种形势发展，用不了多久，齐国全境可平。然而，在画邑，还是出现了一小段不和谐的插曲。

听说齐国画邑有个名叫王蠋的隐士，为了表现出对隐士应有的尊重，乐毅传令燕军必须远离画邑三十里，以免惊动大隐士的家小。然后他派人恭请王蠋归燕。

王蠋却是个直肠汉子，油盐不进，一口回绝。派去请王蠋的燕将也是个暴脾气，看王蠋不识好歹，一下子就火了，怒吼道："别给脸不要脸，你再磨磨唧唧，老子这就纵兵血洗画邑！"

王蠋眼里只有自己的千秋忠义之名，根本就不把画邑百姓的生命放在心上。他表现出一副凛然大义的模样，大声叫道："忠臣不事二君，烈女不更二夫。我王蠋虽不能援救国家存亡之危，却断不能助你等灭亡自己的国家，与其不义而生，不如就义而死！"说完，一条白练搭上树枝头，从容缢死。

燕将看王蠋这么嚣张，差点就要纵兵屠城，幸好乐毅知道得快，及时进行了制止。

经过此事，乐毅心有余悸，生怕齐国再有几个像王蠋这样要名不要命的亡命之徒激起齐国民众的斗志，坏了自己的同化大事，赶紧下令厚葬王蠋，并修建了高大的坟墓。同时，又在临淄之郊祭祀齐桓公、管仲，旌表贤士门闾，更加注意收揽人心。他把二十多位齐国贤士送到燕国，割燕国的土地作为他们的私人财产，又给上百位齐国名流在燕国都城加封爵位，以化解齐国人的亡国之恨。

对于聊城、莒城、即墨三城，也放缓了进攻步伐，围而不打，继续在政治攻势上大做文章。

乐毅这么做，其实是很危险的。他的危险不是来自齐国，而是来自燕国。

试想想，乐毅有破国之功，已经有许多人妒忌得要命了，又手掌举国之兵，长居他国，就算那些妒忌他的人不在燕昭王跟前说他的坏话，燕昭王自己也该有想法了。

这时的乐毅对于燕昭王来说，已经是枝大于本、尾大不掉了。

事实也是如此，如果乐毅有不臣之心，只要振臂一呼，就可以率燕国大军据齐地而立，甚至灭掉燕国，独享燕齐两国之地。不过，乐毅的心思主要还是放在怎么攻占和消化齐国之上，还没觉察到越来越浓重的危险气息。

燕国朝廷内在燕昭王耳边打小报告、说乐毅坏话的人越来越多，连大夫骑劫和太子乐资都加入诽谤乐毅的行列中来了。他们说，乐毅在六个月内就攻下齐国七十多座城市，却弃莒城与即墨城不打，非攻不下城，而是不想攻。究其用心，是想养寇自重，通过敌人的存在来抬高自己的身价，可谓居心叵测。假以时日，他非据齐地称王不可。

燕昭王听了，眉头深锁，再也坐不住了。

燕昭王很生气，后果很严重。他痛斥乐资说："吾先王之仇，非乐毅不能报，即使乐毅真欲据齐地称王，以他的功劳论，又有何不可？！"命人把乐资推下，狠狠打了一顿。这还不算，燕昭王又赏赐给乐毅之妻王后之服，儿子以公子之服，并派持节到临淄，正式拜乐毅为齐王。

乐毅大为感动，对天起誓，宁死不受封王之命，且更加尽心尽力地为燕国效劳。

三　《报燕惠王书》

燕昭王对乐毅的信任，实在让人感动。可是，燕昭王却是个短命鬼，笞太子和封齐王之事过了不久，他就病死了。继位的就是被燕昭王狠揍了一顿的太子乐资，是为惠王。

因为这顿揍，燕惠王就更加憎恨乐毅了。他这一登位，乐毅就没有好果子吃了。不过，鉴于乐毅兵权在握，燕惠王也没有直接动粗，而是通过一系列别有用心的政治运作，将乐毅的兵权巧妙地过渡到自己的亲信骑劫手中。

兵权一去，乐毅蓦然惊觉自己已身处险境之中了。他深知，再不走，灭顶之灾很快就要降临了。于是，他长叹了一句："善作者不必善成，善始者不必善终。"黯然西向投回了自己的故国赵国。

赵惠文王见乐毅回归，惊呼喜从天降，隆重接见，封其于观津（在今河南省商丘东），号望诸君。

乐毅灭齐的威名已传遍了天下，赵惠文王得到了乐毅，得以震慑天下。

接替了乐毅全部工作的骑劫是个刚愎自用却又寡思少谋的自大狂。他到了齐国，不由分说，一律废除乐毅原来的战略部署，进而反其道而行，对齐人施之以暴，激起了齐地人民的强烈反抗，很快就陷入了齐国军民战争的海洋中去了。

据守即墨城的齐国田单率领城中齐军奋起反攻，大破燕军，杀死骑劫，追歼燕军到黄河边上，收复齐国所失之城邑，齐国很快兴复。

燕惠王懊悔得肠子都青了。他恨骑劫，恨他不该妖言惑众、陷害忠良；也恨自己，恨自己不该鬼迷心窍，听信谗言，以致痛失好局；更恨乐毅，恨乐毅不能坚持原则、据理力争。他想，如果乐毅能坚持原则、据理力争，自己一定不会让骑劫替换他，也就不会发生现在自己所不情愿看到的结局了。

对于乐毅的奔赵行为，他更为怨恨，一点儿小小的委屈，就受不了了，就出奔外国，真是忘恩负义、卑鄙无耻！怨恨之外，燕惠王更多的是担心乐毅会在这个时候进攻燕国。为了避免出现这种情况，他决定先发制人，派人责难乐毅，从道义上阻止乐毅这么做。不过，乐毅已不是燕臣，贸然派人前往责难，如果惹毛了他，后果适得其反。

所以，责难之前，得先道歉。

燕国使者向乐毅致歉说："先王以举国之兵托付给将军，将军得以大败齐军，扬名海内。现在先王虽然已经去世，但将军不应该忘却先王的知遇之恩。现在的燕王初登大位，年纪轻，经验不足，容易被左右奸佞小人的话所迷惑。他之所以派骑劫代替将军，是不忍心看着将军累年暴宿于旷野之外，调请将军回国，一方面是想让将军得到调养，另一方面是想向将军请教各项国事。将军却误听传言，以致弃燕奔赵。当然，将军这么做，也是在为自己打算，情有可原，但将军应该不会做出一些不利燕国的事来吧？"

乐毅没有跟使者多说什么，为了表白自己的心迹，他写了一封长信，让使者带回交给燕惠王。

这封信，就是闻名后世的《报燕惠王书》，其大意如下：

臣不佞，不能奉承足下之命，亦不能顺从足下左右宠臣的心意，深恐回国会遭遇不测。臣死虽不足惜，却不愿因此而损先王的英明，且又有害足下的道义，故不得已遁逃走赵。现在足下派人来指责我的罪过，臣唯恐来使既不能体察先王收留、宠信我的道理，又不清楚我奉事先王的诚心，所以用信来答对。

臣闻贤圣之君不以爵禄收买人心，功多者必赏，有能力者必用，结合实际授予官职，量才而用，这，才是能成就功业的明君。根据品行所结交的朋友都是声名高洁的贤士。臣私下观察先王的言行举止，认定他有远超当世君主之心志，这才借为魏国出使之机到燕国接受考察。幸蒙先王见爱，将臣拔于宾客之中，又置于群臣之上，不征求宗亲大臣的意见，直接任臣为亚卿。臣缺乏自知之明，以为只要奉命行事就能幸免于犯罪，所以当仁不让地接受了任命。先王常常对臣说："我有积怨深怒于齐，拟不自量力，以伐齐为终生事业。"臣对答道："齐国秉承当年齐桓公称霸之余业且又保存有多次对外作战取得大捷的经验，兵甲精良，熟习攻战。大王若要讨伐，必须与天下诸侯共同图谋。而要与天下诸侯共图谋，莫若结盟于赵。另外，淮北、宋地，皆是楚、魏所想得到的，赵国若同意与我结盟，则楚、魏也可以加入联盟中来，四国共讨齐国，则齐国可破。"先王深以为然，遂使臣持符节南下与赵国结盟。结盟成功，起兵击齐。有赖上天之道、先王之灵，河北各国雄师直杀至济水岸边，一击而溃齐军主力，轻卒锐兵，长驱至齐国国都。齐王仓皇逃跑，奔向莒邑，仅以身免，齐国的珠玉财宝车甲珍器尽收入于燕。现在，原属燕国的宝鼎已物归原主，而齐国摆设在宁台的祭器则陈列于燕国元英殿内，齐国汶水出产的竹子也种植于燕都城郊，自五霸以来，功业未有及先王者。先王以大志已遂，则裂土而封赐予臣，使臣堪比小国诸侯。臣缺乏自知之明，以为只要奉命行事就能幸免于犯罪，所以没有推辞就接受了封赏。臣又闻贤圣之君，功业立而不废弛，所以名垂青史；有远见之贤士，名成而不毁弃，所以称颂于后世。先王报怨雪耻，夷平万乘之疆国，收齐国八百岁之蓄积，及至含笑辞世，余教未衰，执政任事之臣，遵法循令，施恩泽于百姓，凡此种种，皆可以垂范后世。

有道是，善于开创的不一定善于完成，开端完美结局不一定完美。昔年伍子胥的主张被吴王阖闾采纳，吴军无往而不利，一直攻到楚国郢都；而吴王夫差却屏蔽掉伍子胥的正确主张，赐马革囊袋以逼他自杀，将其尸骨抛之大江。以吴王夫差而论，其不明伍子胥先前的主张能够建立功业，所以沉伍子胥于江而不后悔；以伍子胥而论，其不能预见君主的气量、抱负，所以直至被沉入大江也不改变自己的观点。

所以说，免遭杀身之祸而保全自己的功业，并用以彰显发扬先王的业绩乃是臣之上策；自己遭到诋毁和侮辱性的非难，从而毁坏了先王的名声，乃是臣之大恐。冒着不测的重罪，以侥幸而为自己谋取利益，这种不合道义的事臣是万万做不出来的。

古之君子，交绝不出恶声；忠臣去国，无须洗雪自己的罪过和冤屈。臣虽不佞，却数奉教于君子。臣恐足下偏信左右宠臣所进谗言，故敢献书信以闻，望君王多加留意。

乐毅此信虽是针对燕惠王的责备而进行的反驳，却显得从容不迫、雍容大度，没有指桑骂槐、含沙射影，更没有直接的挖苦、嘲讽，甚至都没有直接触及燕惠王的文字，只是全面剖白自己的心迹，反复申诉与燕昭王曾经的鱼水关系、鱼水之情，不动声色地让燕惠王在字里行间读出他曾经的偏见。

这封书信文字雅洁、情感深沉，被《周文归》评为："行文委婉恳笃，洗心爽透凄其，乃奏疏之最优者。"

燕惠王读了此信，大感惭愧，且消除了乐毅领赵军伐燕的担心，将乐毅留在燕国的儿子乐间封为昌国君。

乐毅穿梭于赵、燕两国之间，为赵、燕两国架起了一座友好的桥梁，赵、燕两国重归于好，均任用他为客卿。

乐毅本人老于赵国，得以善终。

和乐毅一样，田单也是一个差点就被湮没在历史烟尘里的大人物。他被湮没的程度比乐毅深，至少，后人无从得知他的生年和卒年，没能像乐毅一样留下可供后人阅读的书信，甚至，他最后是怎么样的一个归宿，也无人知晓。他和乐毅在即墨城下长达三年的旷古对决才让他名扬千古，他所设计的"火牛阵"也在中国古代战争史上写下了浓墨重彩的一笔。因为才能太过杰出，光彩太过夺目，赵王竟愿割济东三城五十七邑给齐国以交换田单入赵为将，这也算是春秋战国时代一段罕见的历史佳话。

第十篇

力转乾坤的军事和政治奇才——田单

一　沧海横流

　　却说临淄陷落前夕，齐愍王先是逃往卫国，因无礼于卫国国君，被卫国民众所逐，不得已逃往邹、鲁。邹、鲁两国恶其骄横跋扈，禁其入境都，只好逃回莒城。

　　当年，管仲治齐，曾把齐国分为五个大区，每个大区既是行政大区，也是军事大区。每个大区都设一个都城，每一个都城设一名都大夫，以主管辖区内的军政事务。这五个都城分别是：中都临淄（今山东淄博东旧临淄）、东都即墨（今山东平度东南有即墨旧城）、西都平陆（今山东东平）、南都莒城（今山东莒县东有莒国故城）、北都高唐（今山东高唐县东南）。

　　齐愍王逃回到莒城，齐国已连失七十多座城池，包括中都临淄、西都平陆、北都高唐，偌大齐国，举目四顾，就只剩下东都即墨和南都莒城了。

　　莒城是已亡莒国的都城，这个莒国，就是齐桓公为公子时的避难所在，却于公元前431年为楚国所灭。不过，地理上的莒国离楚国比较远，楚国难以控制莒地，莒国的全境最终成了齐国的疆土。

　　齐愍王进入这个曾为齐、莒、楚三国一度缠绕不清的莒国故都后不久，就迎来了来自楚国的援兵。

　　原来楚国眼见齐国灭亡在即，不愿燕国独吞齐国，就派将军淖齿率兵救齐。

　　齐愍王觉得淖齿是上天特意派来拯救自己的救星，欣喜若狂，封淖齿为齐相。

　　哪料，淖齿却是齐愍王的命中煞星。他进入了莒城，就处决了齐愍王，准备和燕国平分齐国。

　　杀死齐愍王容易，要平分齐国却很难。

　　齐国大臣王孙贾之母伤感于齐王被杀，流着眼泪对儿子说："你早出晚归，我倚门而望；暮出而不还，我倚闾而望。君之望臣，何异于母之望子？你为齐王之臣，齐王被弑，你该怎么办？"王孙贾听了，头脑一热，跑到闹市上大呼："淖齿祸乱齐国，杀齐王，有愿意和我一起诛杀淖齿的站出来！"他这一呼喝，竟然把街上过往的数百人召集起来了，大伙儿的情绪激昂，拥入淖齿的府第将淖齿乱棍打死。

齐国逃亡在外的大臣得知王孙贾带头诛杀了淖齿，纷纷奔往莒城，找到了齐愍王的儿子田法章，共立其为齐王，是为齐襄王。

大家同仇敌忾，团结在齐襄王周围奋力抗燕。

莒城位于今莒县县城一带。莒城的平面呈四方形，城墙高大雄伟，分三层，以天然河道为东、西屏障，东有沭河，西有柳青河，在不临河的内城墙外挖护城壕沟卫城。并且，城内面积较大，远超周王城规模，可容纳人口数目惊人，且城内还挖有备战备荒的地道，囤积有大量粮食。

老实说，要攻占这样一座城池可是一件极不简单的事，何况城内的军民又已上下一心拧成了一股绳来与燕军对抗呢。

乐毅猛攻莒城数月，无果，考虑到城中军民士气正盛，便移师向东，将进攻重心压在即墨身上。

即墨大夫很有几分男儿气概，率领驻防军主动出击。但是，打仗光有气概是远远不够的，主要还是看实力说话。

一番厮杀下来，即墨大夫血染征袍，战死沙场，死得很英勇也很壮烈，却于事无补，对整个战局未能产生任何影响。相反，他这一死，即墨城内群龙无首，人心惊恐，几至崩溃。就在这形如危卵的背景下，有人想起了城中还居住着一名田氏宗亲，提议由他主持大局，带领大家共同抗燕。正所谓沧海横流，方显英雄本色，属于齐国的大英雄就这样横空出世了。

正是这名大英雄的出现，不但撑住了危局，而且力挽狂澜，击败了燕军，顺利兴复了齐国。

这位大英雄在中国古代历史上有一个响亮的名字：田单。

田单是齐国田氏远房亲属。燕、齐战争爆发之前，田单只是一名在临淄市场上维持市场交易秩序的小吏。乐毅率燕军攻破临淄，田单率族人逃到临淄附近的安平。

如果说，在临淄市场的生活没能让田单有太多表现才能的机会，那么，到了安平，他做了一件看似毫不起眼的小事，而正是这件小事，让人们见识了他的智慧。

安平距临淄不足百里，田单料定，临淄既失，安平必定难保朝夕，他命令族人将车轴两端的突出部分全部锯掉，一律包上铁箍。一开始，大家都不理解他为什么要这样做。但，现实很快就检验出他这么做的奥妙所在了。

不日，燕军攻至安平，人们纷纷拥向城门，争相溃逃。很多人因为车辆相撞，车轴撞断，车辆瘫痪，不能行进，成了燕军的俘虏。田单宗族却因截去了突出的车轴，车子减少了宽度，避免了过多的碰撞，而且因为包上铁箍，即使与其他车辆碰撞，也能在碰撞中胜出，因而能在混乱中出逃，顺利逃入了即墨。

因为这一件事，人们记住了田单。

现在，即墨城中人心涣散，有人突然回忆说："安平一战，田单宗族以铁箍包车得以保全，可见田单足智多谋且精通军事，可以让他做统帅，带领大家对付城外的燕军。"

一句话，勾起了大家对安平逃亡的回忆。

田单宗族在安平城外表演"极品飞车"的情形可谓精彩绝伦，让人记忆犹新，众人心悦诚服，一致同意拥田单为将军。

二　独撑危局

"能力越大，责任越大。"相信这句话所包含的意义早被两千多年前的田单所深味。

国事艰难，敌人兵临城下，面对众人的殷殷期望，田单没做太多的推辞，慨然允诺，独力挑起了抗燕重任。他提弱卒，守孤城，气不慑，身先士卒，与士卒一起坚守在前线；招集流亡，整肃军令，制造战具，浚壕缮城，并将自己的宗族兄弟全部编入部队；调兵遣将扼守各冲要地点，互为应援，增强守备。此外，他还时时扶病问伤，激励士气。城中军民蓦然有了主心骨，人心很快稳定。

乐毅挥师狂攻，竟是数月不下。猛攻不行，就改缓攻；武的不行，就用文的；军事不行，就用政治。

乐毅出师持久，师老兵疲，自忖坚城一时难下，便让燕军撤围，离城九里修筑壁垒，下令："城中居民出城不得拘执，困乏者赈济，让他们各安其业。"

这么一来，即墨城里的军民总算缓过气来了，守城的意志也更加坚定了。

这一场攻防战竟然一战就是三年多。

兵家有语云："兵以正合，以奇胜。善之者出奇无穷；奇正还相生，如环之无端。"毕竟燕军势大，齐军被层层困压在一座孤城之内，动弹不得，要想脱困，可谓困难重重，而要翻盘复国，简直是难如登天。

田单决定在正面战场之外再开辟一个看不见的第二战场。这个第二战场就设在燕国内部，即派出间谍到燕国实施反间计。

间谍不断游说燕昭王身边的人，挑拨是非，称乐毅对莒城和即墨两城围而不打，是想资敌自重，拥兵称王，只不过是因为妻儿尚在燕国，所以隐忍不发。

一开始，行动收到了很好的实效，许多燕国大臣被说动了，包括燕太子乐资，都纷纷到燕昭王的耳边大讲乐毅的坏话。但，这个反间计注定是失败的。失败的原因，不是间谍履行不到位，而是燕昭王与乐毅的关系太好了，对乐毅太信任了。

燕昭王不但将一个搬弄是非的宠臣斩杀，还狠狠地揍了太子乐资一顿。

燕昭王当众表态说："齐国无道，趁我国内乱灭我国家，害我先王，寡人痛入骨髓，所以招揽天下英雄以求报仇。如今乐毅亲为寡人破齐，就算他称齐王与燕同为列国，寡人也心甘情愿！你们休得再进如此谗言！"随后，燕昭王赏赐给乐毅之妻王后之服，儿子以公子之服，并派遣相国带着国王的车马仪仗奉送给乐毅，立他为齐王。

燕昭王与乐毅的关系坚如磐石，牢不可破，反间计就此失败。

偏偏，燕昭王不久便去世了，继位的是素与乐毅有隙的太子乐资，即燕惠王。

田单得知，乐坏了，嘿，乐资不是因为说乐毅的坏话招致一顿揍吗？现在，我的机会来了。田单继续派人入燕诽谤和诋毁乐毅，扬言说："乐毅与新王有宿怨，不愿再为燕国效劳，打算在齐国称王。齐人现在不害怕乐毅，就害怕燕国换将，燕国如果换将，即墨就完蛋了。"

燕惠王很快中计，派人召回乐毅，换骑劫统帅燕军继续伐齐。乐毅知道回到燕国肯定没有好果子吃，交出兵权后改投赵国去了。

燕军将士知道燕惠王这是挟私报复，对换将之事大为不满，眼见乐毅被迫远走高飞，愤然不平之余，斗志大为下降。

反间计成功，田单大为欣喜。乐毅已去，燕军士气低迷，齐军反击的时候到了。

但田单不急，他想，齐军被围困了三年多，气势上遭受长期压制，反击之前，必须给士兵打打气，增强他们的信心。

首先，他命令城中军民吃饭时一律把饭菜摆放在庭院里祭祀祖先，说是寻求祖先在天之灵的保佑。

他这一说，将士们纷纷依行。

于是，奇怪的一幕出现了：每到用餐时间，天上经过的飞鸟纷纷下地抢食，以至即墨城的上空总是群鸟盘旋。城外的燕军大惑不解，以为真有神灵降临即墨城，军心骚动。

这还不够，造势之外，还得造神。田单抛出他行动中的第二环，公开宣称说："我已得到上天的警示，说不日将有神人下凡授我破燕大计。"然后和一个士兵演起了双簧，由士兵扮演神仙，自己毕恭毕敬地行弟子之礼，每次发布命令都向神仙奏请，对外声称每令均出于神仙。

既然是神仙的旨意，城中军民无不遵令如山，信心大增。

似乎，可以出击燕军了。但田单觉得还是少了些什么。

少了些什么呢？

既然是战斗，就必须得要有杀气，而这种杀气是建立在仇恨的基础上的。乐毅的怀柔分化政策实施得好，即墨城内的军民对燕军的仇恨已经被化解得差不多了，固守城池还可以，要和燕军进行殊死搏杀，那可不行。

为了让即墨军民重新点燃怒火，田单又派间谍到燕军阵营中散布谣言说："齐国人最害怕鼻子被人割去。如果燕国人把齐军俘虏割去鼻子，押到阵前进行恐吓，非让守城齐国人的精神崩溃不可。"

燕将骑劫志大才疏、庸碌无能，一听竟误以为真，将之前俘获的齐军俘虏全部割去鼻子，押到阵前震慑齐军。

即墨城头的军民见自己的同胞满脸污血，惨叫不绝，无不怒气填膺，纷纷请战。

面对军民的请战，田单借神的名义答复：一律不许。不许的原因很简单，田单觉得这股怒气还不足以杀敌。能杀敌的怒气必须是恨不得把人生吞入肚的那种。他还要加强、加大这股怒气。

他继续派间谍到燕军阵营中散布谣言说："齐国人最害怕燕国人挖掉即墨城外的祖坟，祖坟被挖，城内的军民丧魂失魄，非蔫了不可。"

骑劫一听，是这么个理，就指挥士兵遍搜城外坟墓，大行发掘、焚烧之能事。

即墨城内的齐国军民站在城头上远远看见燕军掘冢墓、烧死人，无不目眦尽裂，请战之心更切。

田单看见军民一个个都怒目圆睁，嘴里丝丝冒着冷气，知道士气可用矣。但，他仍旧拒绝出战。

他认为，不能就这样冒冒失失地冲出城去与燕军硬拼，燕军的人数是城内军民的十几倍，硬拼，就算能取胜，那也是破敌一万，自损八千，何况，取胜的把握还不够大呢。

他接着玩了一手阴的，派出使者到燕军营寨约降。

燕军一听，以为是之前的割鼻、挖坟两项"壮举"收到实效了，丝毫没有怀疑，想到征战数年，终于可以圆满收场了。

俗话说，做戏要做全套。田单决定给戏份加码，他大量征用了即墨城中豪富的金银，遍贿燕将，说："受降入破之日，希望不要掳掠我的家室。"大小燕将捏着手里的硬通货，笑逐颜开，满口应承。

可以说，这时候的燕军已经提前进入了庆祝胜利的喜悦中去了，戒备之心全无。

嗯，该是捅刀子的时候了。但田单还不着急。

他命人在城中搜罗了数千头牛，每头牛都穿上绛红色牛衣，衣上画有五彩龙纹，牛角上牢牢绑上两把锋利的尖刀，牛尾捆上浸满油脂的苇草。然后，又命人在城墙上开凿了几十座大门，当然，这个门凿并没有完全凿透，最外面的一层砖还留着，从城外根本看不到这些门的存在。一切准备停当，单等黑夜降临。

城外燕军的戒备心理已经消除，入夜，他们很快就进入甜蜜的梦乡。

好了，可以出击了！

新开门洞的前面，早已整整齐齐站立那几千头狰狞古怪的公牛。随着田单的一声令下，门洞的最外一层砖被拆走，牛尾的芦苇被迅速点燃，牛群吃惊，疯了一样夺门而出，朝着燕军营寨狂奔而去。

这时候，城上灯火齐举，老弱妇孺一齐击打各种器皿，加以鼓噪呐喊，声如山崩。

熟睡中的燕军从梦中惊醒，睁眼看时，只见无数只怪兽眼露凶光践踏而至，不由得大为惊恐，拔腿就逃。

可是，能往哪儿逃？

受惊的牛群四处奔走，横冲直撞。两把缚在牛角上的利刃扎人无数，四蹄奔腾，很多燕军士兵的肚子被踏破，肠子摊了一地。

然而，这才是燕军噩运的开始。

田单又指挥城内军民一齐杀出，燕军终于全面崩溃，四处溃逃，尸首遍地，主帅骑劫也死于乱军之中。

此战结束，即墨三年之围遂解。

当然，田单并不满足于这样一场胜利，他需要做的是将燕军逐出国门之外，兴复齐国。

田单没有给燕军以喘息之机，率领齐军追亡逐北，大举反攻，一口气将燕军从即墨赶至黄河岸边，齐国沦陷的七十余城失而复得。

公元前 279 年，田单派人到莒城迎齐襄王返回临淄，光复齐国的战争取得了阶段性胜利。

齐襄王为表彰田单的功勋，封他为安平君，任为相国。

三　田单的政治危机

田单巧设火牛阵大破燕军，力扭乾坤，成了兴复齐国的大功臣。初返临淄的齐襄王对田单倚如长城，敬仰有加。

可是随着日子的推移，看着万众都对田单顶礼膜拜，齐襄王心中又渐渐不平衡起来了。

这也难怪，看看人家田单，受任于败军之际，挺身于危难之中。面对强大的敌人，他临危不惧，不屈不挠，用奇谋、设妙策，沉着应战，终于反败为胜，神话般完成了收复大业。对比自己，眼看父王被害，自己只能蜷缩于街头巷陌，隐姓埋名，苟活于乱世，偷安于民间。之所以做上了齐国国君，不为别的，完全是因为自己是王室血统，没有这王室血统，自己什么也不是，穷如鸡、贱如狗。

渐渐地，这种自卑感转化成一种恐惧感，缠绕在齐襄公的心头。他生怕有朝一日，功高震主的田单会取代自己，成为新的齐国主人。他提防着田单，原先对田单的感激、尊宠没有了，有的是无端的恼怒、忌妒和猜忌。

齐襄公这种心态很快就被身边的宠臣摸清了，这些宠臣原先都是齐国的贵族大夫，地位很高，比田单高得多。他们看见现在的田单已经成了相国，也同样眼热，也就经常在齐襄公身边嘀嘀咕咕，对田单横挑鼻子竖挑眼，专说田单的坏话。

俗话说，谎话重复了一千遍也会成为真理。这铺天盖地的诬蔑和构陷织成了一张巨大的网，将田单牢牢困住——世事就是这样惊人地相似，燕惠王嫉恨乐毅的一幕发生在齐襄公和田单身上了。

可叹的是，当局者迷，旁观者清。

关于燕惠王准备对付乐毅的心理田单可是摸得透透的，可是，齐襄王准备怎么对付他田单，他居然毫无觉察。

一年冬天，齐襄王和田单乘车路过淄河，河水冰冷彻骨，一个白胡子老人涉过了淄水就冻得浑身直打哆嗦，身体缩紧成一团，几近僵硬。田单从车上看见，心疼得不行，赶紧停车，脱下自己的裘衣给老人穿上。一开始，齐襄王熟视无睹，毫无感觉。可是，等田单驾车走了，听着那些宠臣你一言、我一语的议论，齐襄王心中就越来越不是滋味。

其中一个宠臣说："田单这是在笼络人心啊！现在齐国人的眼里可是只有他没有您了，大王！"另一宠臣也满脸着急地说："还有啊，田单在安平城里秘密地扩充军队，应该是准备图谋不轨！"又有一个宠臣恶狠狠地说："田单到处收买人心，为的就是窃国篡位，如不抢先下手，日后必定受制于他！"

宠臣们叽叽喳喳，七嘴八舌地说着，齐襄王的牙齿咬得咯咯直响。

齐襄王身边有一个宦官，等那些宠臣都走了，就冒着杀头的危险劝谏齐襄王，说："齐国民众爱戴田单，其实也是齐国的福分，更是大王的福分。大王如果认为田单是在收买人心，不如干脆下令嘉奖田单，就说：'寡人忧民之饥，田单收而食之；寡人忧民之寒，田单解裘而衣之；寡人爱护百姓，田单亦爱百姓。田单乃是寡人称心如意的大臣。'这么一来，田单施加给民众的恩德不就变成大王您施加给民众的恩德了？"

齐襄王听了，觉得这个主意不错，可以由此窃取田单的名声，取代田单的威望，于是连连称善，命赏赐田单牛酒。

田单莫名地得到齐襄王的奖赏，还没感到来自其中的危险。

所幸，不久田单又遇到了他命中的另一个贵人。这个贵人名叫貂勃，他那个算不上好人的祖上名叫竖貂——春秋五霸齐桓公所宠爱的三大弄臣之一（另外两个人是易牙、开方）。

貂勃，曾经陪伴着齐襄王在莒城度过了六年漫长的生活，官位却一直不高不低。

貂勃他和那些嫉恨田单的贵族士大夫一样，也同样嫉恨田单。那些嫉恨田单的贵族士大夫老是说田单的坏话，他呢，也没少说，并且多次在公开场合指名道姓地说："田单，十足小人！"

有道是明枪易躲，暗箭难防。其他的贵族士大夫说田单的坏话只是在背地里说，田单根本不知道，但貂勃这么明目张胆地乱嚼舌根，田单的耳朵再不好，也应该知道了。

说实话，以田单目前的地位，他要除掉貂勃，让貂勃停止呼吸、告别这个世界，那是轻而易举的事。但这绝不是田单做人的风格。田单自认是个顶天立地的大丈夫、好男儿，坦坦荡荡，问心无愧，听貂勃这么辱骂自己，并没有生气，而是感到奇怪。

他干脆备了宴席，请貂勃赴宴，在宴席上虚心请教说："我和先生素昧平生，向来是井水不犯河水，到底哪些地方得罪了先生？先生何故要跟我过不去？敬请先生明示，让田单诚心改过，下不为例。"

貂勃露出一副拿人手短、吃人嘴软的嘴脸，嘿嘿一笑，诡异万分地说："盗跖的狗朝着尧狂吠乱叫，并不是狗尊重盗跖，鄙视尧帝，因为狗只会向外人狂吠而不会朝自己的主人乱叫。大贤人和不肖者争斗，不肖者养的狗还是义无反顾地去咬大贤人的小腿肚子。话说回来，如果那狗是大贤人养的，面对两个人相争，狗要咬那不肖者，那就不是咬小腿肚子这么简单了。所以说，我骂你，并不是针对你的人品，而是……嘿嘿，明白了吗？"

田单不傻，一点即透，恭恭敬敬地说："田单遵从先生的教诲。"第二天，他上朝便向齐襄王隆重地推荐了貂勃，让貂勃做上了中大夫。

貂勃利用自己长时间待在齐襄王身边的优势，很快就成了齐襄王的宠臣。但他和其他诋毁田单的宠臣不同，总是多方维护田单，想办法化解齐襄王对田单的怨恨。田单也因此暂时得到了安全保障。

但百密总有一疏，有一次，貂勃出使去了楚国。齐襄王的宠臣趁貂勃不在，就大讲特讲田单的坏话，说田单的威望越来越高，已经盖过了国君；又说田单权势太重，以致国人只知相国，不知国君；等等。

齐襄王越听越坐不住了，他要挫一挫田单的威风！他一拍案桌，喝令侍从："去，把田单给我叫来。"哪里是邀请相国？分明在传呼仆人。

田单此前得到貂勃的提醒，已明白自己陷入了被猜忌的处境，心里早有准备。听见齐襄王传呼，他便除掉了冠帽、脱掉了鞋袜、袒露出肩膀，一副囚犯的装扮，诚惶诚恐地跟随着侍从来向齐襄王请罪。

齐襄王看见披头散发、袒露着肩膀、光着脚丫匍匐在地的田单，怒气顿时消了一半，心里很是得意——看来，田单打仗虽然厉害，但胆子还是很小的，也挺害怕我的。于是他大大咧咧地说："其实你也没有什么罪过，但我是君，你是臣，君呼臣，臣就必须随传随到。今天叫你来，就是让你明白这道理。"

田单唯唯诺诺，连连称是。

改日，貂勃从楚国回来了，齐襄王和他一起喝酒，酒至半酣，齐襄王突然一拍案桌，喝令侍从："去，把田单给我叫来。"

貂勃听了，猛吃一惊，当即离开座席，行大礼参拜，然后严肃地说："大王这种灭族亡国的话是从哪儿学来的？"

齐襄王丈二和尚摸不着头脑，问："什么？灭族亡国的话？"

貂勃一本正经地问道："大王认为自己跟周文王相比，谁高谁低？"

齐襄王摇摇头说："周文王是天下第一贤王，我怎么能和他相比？"

貂勃说："人人都知道你不能和他相比！那么，大王跟齐桓公比又怎么样呢？"

齐襄王挠挠头皮，老老实实地回答："齐桓公为五霸之首，我也不能和他相比。"

貂勃说："人人都知道你不能和他相比！可是，周文王得到了吕尚，尊他为太公；齐桓公得到了管仲，尊他为仲父；大王得到了安平君，却直呼他的名字，一口一句'田单'。要知道，自开天辟地有人类以来，做臣子的功劳，有谁能胜过安平君？大王居然一口一句'田单'，这可不就是灭族亡国的话？当初大王不能守先王的社稷，燕人兴师侵犯齐国，大王逃到城阳山中，是安平君凭着区区即墨的三里之城、五里之郭，带领着七千敝卒，俘获了燕将司马，**收复了千里的失地，功劳何其之大**！在那时，如果他要自立为王，恐怕全天下谁也不能阻止他。可是，安平君完全从道义出发，认为不能这样做，所以修筑栈道，从城阳山中迎接了大王和王后，大王你这才得以返回国都，治理国家。依赖安平君的帮助，国家已经安定，你却一口一句'田单'，就是三岁孩童也不会做这种寒心事。大王赶快杀掉身边专说安平君坏话的人，并且向安平君道歉。不然，国家就危险了。"

齐襄王惊出了一身冷汗，当即下令杀掉了那几个专讲田单闲话的宠臣，把他们的全家驱逐出境，并将掖邑万户之地（今山东莱州）封给了田单。

四　田单收聊城

在貂勃的调和下，齐襄王认识到了自己的错误，重新审视自己与田单的关系，确认了自己及新兴复的齐国实际是依附于田单而生。而且，齐国虽说已经兴复，燕国仍然占领齐国黄河以北的土地，前景并不是无限乐观，所以，齐襄王静下了心，尊崇和倚重田单，将田单视若齐国的擎天大柱。

这么一来，君臣同心，共同谱写出一曲战国时代难得一见的"君臣乐"。

转型后的齐襄王信任田单，一如当年齐桓公信任管仲，这么说来，齐襄王已经开始向贤明君主的层次靠拢了。可惜，天不假年，正值盛年的他竟然于公元前265年薨了。

太子田建继位，史称"齐王建"，也称"齐共王"。齐王建年少，国事皆决于齐襄王的王后，即史上所称的"君王后"。

齐襄王死了，则齐襄王和田单之间互敬互爱的君臣佳话就此戛然而止了。但君王后比齐襄王明白事理得多，她对田单的信任和尊重远远超过齐襄王，田单从而可以放手去做许多自己之前想做却不能尽情去做的事。

却说，燕军在齐军的追杀下，虽然已经退过了黄河，却沿河设下了防线，牢牢占据了黄河北岸原属于齐国的土地，并以之为依托，时不时就渡过黄河对齐国进行骚扰、侵食。齐国的聊城就是这样重新落入燕军之手的。

田单看见国内局势已经稳定，自己再无后顾之忧，便亲自挥师北上，猛攻聊城。因为攻得太猛、太急，燕军身陷死地，竟然迸发出了惊人的斗志，置之死地而后生，多次打退了田单的进攻。

田单不信邪，咬定聊城不放，日日狂攻，可是，就这样，围攻了一年有余，竟然没能攻下。

田单屯兵于坚城之下，旷日持久，师老兵疲，进退两难，不知怎么办了。就在田单准备放弃的时候，齐国高士鲁仲连来了。

鲁仲连是田单所钦佩的世外高人，鲁仲连一来，田单预料，聊城可得矣。说起来，鲁仲连能得到田单钦佩，也源自一场战争。

那年，田单刚刚迎齐襄王返回了临淄，便要率军进攻临淄北边的狄邑（今高青县高城镇）。云游到临淄的鲁仲连却给他泼冷水，说："你现在攻打狄邑，一定攻不下。"大军尚未开拔，就听到这种不吉利的丧气话，田单恼怒万分地说："想我田单以即墨破亡余卒就可以打败拥有战车万乘的燕国，这小小一个狄邑，我怎么攻不下！"可奇怪的是，如鲁仲连所料，田单攻了整整三个月，损兵折将，却是连一块城墙都没敲下。田单终于服气了，专门请教鲁仲连。鲁仲连摇头晃脑地说："同样是齐军，但此一时、彼一时，在即墨时，你所率领的将士身处绝境，将军有必死之心，士卒无生还之念，全军上下同甘共苦，同仇敌忾，所以可以破燕。现在将军东有掖邑之封，西有安平之乐，锦衣玉食，黄金玉带，有生之乐，无死之心，所以必不能取胜。"田单听了，大为折服，于是撕裂锦衣、拗断玉带，亲至一线，迎着飞石箭雨，冒死登城，终于攻克了狄邑。

所以，鲁仲连出现，齐军就有把握拿下聊城了。

果然，鲁仲连献出了一条良策。

他认为，这次之所以屡攻聊城不克，主要是齐军攻得太猛，过早地将燕军陷入了死地，激发了他们求生的欲望和斗志。这种情形下，就应该给燕军看到不战也可以有生的希望。怎么做呢？鲁仲连对田单说："守城燕将跟之前的乐毅一样，也不得燕王信任，所以不敢回国；可要投降了齐国，又怕落个不忠之名。这才誓死坚守聊城，以换英忠之名。将军要是以武力相迫，他一定不会屈服，不如让我修书一封，射入城中，晓以利害，让他三思而后行。"

田单听了，连连称妙。

鲁仲连于是亲自操刀，写了一封长信，射入城中，对燕将陈述利害。信写得很有水平，大意如下：

智者不违背时机以丧失利益，勇士不贪生以自损威名，忠臣不先考虑自身而后考虑君主。如今将军只顾意气行事而不肯撤军返燕，让燕君白白丧失了臣子，是为不忠；聊城丢失自己身灭，将军则毫无威名可言，是为不勇；明知聊城不能再守，还要等到功败名灭，是为不智。作为将军，竟然不忠、不勇、不智，是不是很失败？所以说，一个智者，要迅速认清形势，遇事不要过多计虑；一个勇者，要不畏死，生死关头，要明快果断。现在将军的未来，是要生还是要死？是要荣还是要辱？是要贵还是要贱？是要尊还是要卑？就全看您现在的决断了，时机一过，便不再来，此事关系重大，希望您一次性考虑清楚，不要拘泥于世俗之见而死撑到底。

现在楚国攻齐之南阳，魏国攻齐之平陆，而齐国围攻聊城的部队并没有前去救援，原因何在？因为齐人的心中认为丢失南阳的害处较小，收回聊城的利益大，所以他们立定计划，决心要收回聊城。如今，楚、魏侵略齐国的部队都已先后撤走，而你们燕国的部队又不肯救援您。齐国可以心无旁骛，一意收取聊城，您认为聊城还能守得住吗？

这些年来，燕国年年大乱，君臣失计，上下迷惑，对外作战，连败五次，每次损失十万之众，以至万乘之国被围于赵，疆土被削，君主受困，为天下僇笑。

可谓国敝而祸多，民无所归心。将军竟能以敝疲之众抗击全齐之兵，食人炊骨，士无反外之心，用兵一如孙膑，才能显于天下。

正因为这样，所以为您着想，您还是不如放弃聊城、保全车甲回归燕国。想想看，燕王正孤立无援，您保全车甲回来，必会如获支柱，欢喜不尽；燕国的士民正彷徨无靠，看到您安全回来，必会如见父母，依恋万分；您的朋友也必然会攘臂而议于世，则功业可明。上辅孤主以制群臣，下养百姓以资说士，矫国更俗，功名可立。又或者，您已无心归燕，或是认为燕王不足以扶持，何不捐燕弃世，东游于齐呢？到了齐国，齐王承诺裂地定封，富可敌国，尊荣贵显，世世称孤道寡，与齐久存。

以上两计，显名厚实也，愿将军于二者中审慎择一而行。

我又听说："拘小节者不能成荣名，恶小耻者不能立大功。"当年管夷吾射桓公中其钩，不逆不道；辅佐公子纠不能殉主，贪生怕死；甘心受缚，手脚加梏，奇耻大辱。有了这三种失节行为，世上君主都不愿用他为臣，而乡里的人也不愿与他交往。但是，如果管仲拘守小节，一死了之，哪里还有后来的齐桓公的霸业呢？这是因为管仲不以己身的被囚受困为辱，而以天下未能大治为耻；不以没为公子纠殉难为辱，而以声威没能伸扬于国间为耻，终于名高天下而光烛邻国。

曹刿为鲁将，三战三败，失地五百里。如果曹刿羞愤之下，为守小节，刎颈而死，则留在世上的不过一个败军之将的称呼。但曹刿弃三败之耻，退而与鲁君商议计划，在诸侯盟会上，以一剑之任，抵桓公之心于坛坫之上，颜色不变，辞气不悖，三战败亡的土地一朝收复，天下震动，诸侯惊骇，威加吴、越。

管仲、曹刿二人，非不能以死来成就小廉和小节，只是杀身亡躯，绝世灭后，功名不立，不是明智行为。所以隐忍不死，终定累世之功。他们的功业，足以与三代之王媲美流芳；他们的荣名，也可与天地共长不灭。

燕将读了这封信，痛哭了三天，迟迟不能决定。

他心里明白，自己和燕王嫌隙已生，归燕一定没有好下场；在齐国杀戮太众，降齐即便不死也要遭到困辱。左思右想，终觉不妥，最后颤声叹息道："与其人刃我，毋宁我自刃！"遂引刀自决。

燕将一死，城内顿时大乱，田单趁乱收复了聊城。

就这样，在田单连年的征战下，齐国全部收复了失地，田单也因此成了名震天下的英雄人物。赵王仰慕田单，愿割济东三城五十七邑给齐国，以交换田单入赵为将。田单遂于公元前264年，入赵任将军，攻燕，取三城。次年，任赵相，封平都君，后不知所终。

吕不韦以商人的身份入主朝堂已经创造了一个奇迹，而他以商人的身份成就了《吕氏春秋》一书，并使《吕氏春秋》名噪当时、流传后世，千百年来绝无仅有。吕不韦的投资让他本人得到了丰厚的收益，中国历史的进程也因此得以大幅度地提速，但他没能审清时势，及时抽身，终于招致身败名裂的结局，令人扼腕长叹。

第十一篇

活跃在政坛上的商业巨子——吕不韦

一 一个巨大的商机

且说，在苏秦和乐毅的游说下，韩、赵、魏、燕、秦五国伐齐，攻入齐都临淄。田单率军奋力抗击，齐国得以复国，国力却一落千丈，无力再与秦抗衡。

于是，秦国将打击的对象锁定在了楚、赵两国身上。

公元前279年，秦昭王屡败赵师，震慑赵国，与赵结盟于渑池。次年，秦国大举伐楚，秦将白起攻破楚郢都（今湖北江陵）。楚迁都于陈。不久，秦昭王分置黔中郡、北地郡。至此，秦有上郡、陇西、北地，并筑长城以拒戎狄，成了同时代的最强国。秦国穰侯魏冉借五国伐齐之机，于公元前284年夺取陶邑（今山东菏泽市定陶区一带），为己加封。而后，他又想要攻打齐国夺取刚、寿两城，以扩大自己在陶邑的封地。

秦昭王在谋士范雎的帮助下，罢免去穰侯的丞相职务，收回陶邑改设为郡。

宣太后和穰侯下台，秦昭王的心腹之患即去，于是大展拳脚，实施范雎进献的"远交近攻"策略，进一步东向扩张势力。

"远交近攻"，具体来说，就是隐藏自己的战略目标，以地理上的远近为准则，将地理位置比较靠近秦国的韩国、魏国作为秦国兼并的主要目标，同时与地理位置较远的齐、赵、楚、燕等国保持良好关系，这样就可以一步步兼并山东六国，一统宇内。

为了交好齐、赵、楚、燕等国，秦国除了向这些国家输送大量的财物和奢侈品外，还配备了一样必不可少的特殊工具：人质。

这些人质可不是任何一个阿猫、阿狗可以当得了的，得是国君的儿子或孙子，要结交的国家分量越重，送到该国家的王子或孙子就应该越重要，有时候，太子做人质也不是什么新鲜事。

事实上，秦昭王的长子悼太子就在魏国的国都大梁当着人质。

秦昭王的身体虽然没有哥哥秦武王那么强悍，但也很硬朗，做了四十年君主，仍是身体倍儿棒，公元前 267 年，悼太子衰老病死了，秦昭王还显得那么龙精虎猛，精气神十足。

接替太子位的是秦昭王的次子安国君。安国君有二十多个儿子，这些儿子，都是充当人质的理想人选。

异人是安国君众多儿子中毫不起眼的一个，他的母亲出身一般、姿色一般，与安国君的感情也很一般。出于战略上的需要，他被秦昭王送到了赵国的邯郸。

在邯郸的日子里，异人每天醉生梦死、浑浑噩噩，他看不到未来，看不到希望。在外人看来，他是王室子弟，血统高贵、身份尊荣。而实际上，他不过是一名羁居他国的人质。这种人质，平时虽然有吃有喝，但脑袋其实是拴在腰上的，日子朝不保夕。他的生死存亡全系于两国间关系的好坏之上：两国友好，就可以苟活在世上；两国感情破裂，他就将成为结束这段感情的一件祭奠品。说白了，就跟豢养在人家鸡舍里的一只鸡、猪圈里的一头猪差不多。

最可怕的是，异人是知道范雎的"远交近攻"策略的。他知道，自己的国家一旦灭亡了韩、魏，接下来，就该是攻赵了，那时，迎接自己的，将是一把寒光闪闪的鬼头大刀。每想到这儿，异人就激灵灵地打冷战，不寒而栗。

他经常做噩梦，午夜梦醒，冷汗湿透前胸后背。偏偏，他什么也做不了，什么也不能做。他只有选择消沉，拼命地麻醉自己，不分白天黑夜。麻醉的首选工具是酒精，其次是美人。所以，酒楼和青楼是他流连忘返的地方。每天，异人不是泡在酒楼，就是泡在青楼，或者是在酒楼通往青楼的路上，又或者是在青楼通往酒楼的路上。

醉里乾坤大，壶中日月长。就在这样的颓废和荒唐中，异人做梦都没想到，有一双充满精明、狡黠的眼睛盯上了他。这双眼睛的主人，还从嘴里吐出一句流传千古的名言："此奇货可居。"

奇货可居，是一句商业用语，是指把少有的货物囤积起来，等待高价出售。说这话的人，显然是一个生意人。

这个生意人姓吕，名不韦，卫国濮阳（今河南省濮阳县城西南）人，出身商业世家。其本人是个商业奇才，很早就进入商界打拼，走南闯北，在列国间倒买倒卖，打造出一个庞大的商业帝国，也创造出一段商业传奇，家有亿万家财。

然而，吕不韦并不满足于此。

吕不韦是一个有追求的商人，攫取财富只是他人生中的一个过程和手段，而绝非终极目标。尽管家里的财富足够他花上八辈子，尽管貂裘鞍马、有酒盈樽，吃穿不愁，但他并不快乐。在那笙歌沸腾、花柳灿烂的最繁华、最热闹的背后，藏着他无限的惆怅和忧伤。

人生一世，草木一秋。

如果就这样在酒池肉林中度过这一生，最后不过一具冢中枯骨，神随形灭——遍寻这个世界，再也没有关于自己曾经来过的消息，悲哀啊，可耻啊。

吕不韦有商人的狡猾、好利，却没有商人的市侩、奢靡。

酒阑、夜静、人散，看着窗外天空上的弯月，吕不韦体味着寂寞空虚冷。他时时追寻着另一条路，一条可以让他建功立业、扬名后世的路。

在邯郸，在一个灯红酒绿的交际场上，他发现了异人，知道了异人的身份，他突然意识到，这条路，他已经找到了。

回到家里，他压抑着内心的兴奋，跟父亲说："如果从事农业生产，种田的收成是投入成本的几倍？"

父亲不知他何故有此一问，如实回答："应该有十倍多吧。"

吕不韦兴致勃勃，又问："如果从事商业活动，所获利润应该是投入资本的几倍？"

父亲预感到他有重大新发现，也兴致大增，高声答道："运营得好，可有百倍。"

吕不韦忍不住说："如果从事政治活动，扶立一个人为王，掌握山河，可以获利几倍？"

父亲拊掌大笑，徐徐起立，说："你有本事扶立国君，获利岂止千倍万倍，根本难以估量。"

二　黄金堆积的从政路

商人牟利，就不会计较江海之险、路途之遥，就算千难万难，也是不达目的誓不休。

吕不韦拿定了主意，直接到异人府上造访，一入门，就对异人道："这门太小了，我有办法帮你把它搞大。"

注意，吕不韦这话，是有深意的。

在当时，一扇门的大小，不是一个工匠可以决定的，门的规格必须和主人的身份相配，主人的身份越高，宅邸的门户才能越大。显然，吕不韦不是一个工匠，他也不准备请工匠。他说自己可以把异人府上的门扩大，言下之意就是可以把异人的身份相应提高。

异人也不傻，当然明白吕不韦的意思，但看吕不韦虽然财大气粗，却不过一介白丁。异人看他口出狂言，便回了一句，道："拉倒吧你，帮我把门搞大，你能把自己家的门搞大就不错了。"吕不韦笑了，说："傻小子，我只有帮你把你家的门搞大才能把我自己家的门搞大呀。"

异人一听，不得了，这个人不简单，是来跟自己谈交易来了。可是，自己也就一摊烂泥，能有什么价值呢？人家主动来找，那是老天爷开眼了，忙不迭地将吕不韦请入密室详谈。

吕不韦也不废话，直接开门见山，道："秦王年事已高，去日无多。阁下的父亲安国君身为太子，很快就会成为大秦国的下一任国主。据我所知，安国君最为宠爱的是华阳夫人，偏偏华阳夫人膝下无子，这样，谁做安国君的太子就是个未知数了。不过，鉴于华阳夫人的地位特殊，将来无论谁来做太子，很大程度上都取决于她的意见。试想想，你在你的二十多个兄弟中，既不年长，又不见宠，还长年留在赵国做人质，算是远离了核心决策圈。一旦秦王薨，安国君继任为秦王。阁下你可以说没有任何机会和长兄子奚争夺太子位，更何况还有一大帮兄弟旦暮在朝相争。"

异人听了，惨然一笑，笑声中充满了无限的悽怆和苍凉，说："先生认为我会跟他们争太子位吗？我能跟他们争吗？我，现在就是一堆垃圾，一个人渣，身在异国，苟延残喘，活得一天是一天，还争什么争？"

吕不韦正色道："错！阁下完完全全错了。"

错了？异人被吕不韦说愣了，一脸茫然，问："我怎么错了？"

吕不韦点点头道："华阳夫人无子，这是一个天大的机会，机会面前，你和你那二十多个兄弟人人平等，谁能胜出，就取决于争取者的态度。"

异人听了，怦然心动，精神也为之一振，说："先生的意思是，只要我不自弃，只要我肯奋力争取，也一样有机会？"

吕不韦简短有力地答："当然。"

"那……"异人急了，一把抓住吕不韦的手，焦灼地问，"先生教我，我该怎么做？"

吕不韦道："你长期羁留在赵国，财用不足，无力献好于亲朋及结交四方宾客。我本人愿意出千金入咸阳帮助阁下去说服安国君及华阳夫人立阁下为太子。"

异人喜出望外，说："如果事情能成，日后我必与先生分秦共治。"

合作谈成，吕不韦便给异人提供了五百斤黄金，让他通过这笔钱去结交邯郸城的社会名流，以扩大他在上层社会的影响力和国家间的知名度。

吕不韦的希望是，这五百斤黄金绝不能藏着掖着，也不能一点点地花，而要大把大把地挥霍，大把大把地砸，可劲地折腾，动静越大越好。

异人炫富、耀富和花钱的本事与生俱来，根本用不着吕不韦嘱咐。他花起钱来如流水，与各国使节、达官贵人打得火热，并且扶贫济困，以慷慨和贤能而名达诸侯。

吕不韦运着另外五百斤黄金进入咸阳，开始公关。当然，他不可能直接见到安国君和华阳夫人。他先用黄金敲开了阳泉君的门。

这阳泉君是华阳夫人的弟弟，攀上了他，就等于向安国君和华阳夫人靠近了一步。

吕不韦见了，当头一句，道："君之罪至死，君知之乎？"

阳泉君脸色大变，说："吾何罪？"

吕不韦慢条斯理地说道："君之门下，个个得居高官，人人得享厚禄，骏马盈于外厩，美女弃于后庭；而太子门下，无一人得享富贵，无一人得掌权势。现在秦王春秋已高，一旦山陵崩塌，太子嗣位，太子门下众人久怨于君，君之危亡指日可待！"

阳泉君听了，黄豆大的汗珠从额头冒出，说："那该当如何是好？"

吕不韦悠然答道："鄙人有计，可以使君长命百岁，安比泰山，君可想知晓？"

阳泉君扑通一声跪倒，急切地说道："先生速讲。"

吕不韦一把将他扶起，一脸诚恳地说："现在，不但秦王年高，安国君的岁月也不浅，而华阳夫人无子，论资排辈，继承王位的将是安国君的长子子奚。到那时，秦国虽大，却再也没有你和华阳夫人的位置了。在我看来，安国君的众多儿子中，异人贤孝闻于诸侯，却被抛弃在赵国做人质，其日夜引领思归。你若能请华阳夫人和安国君言于秦王，使异人归国，并且让华阳夫人认他为子，尔后又立为太子，则异人从无国变有国，华阳夫人从无子变有子。阁下的危险也就消除了，而且会有恩于太子，且世世无穷，爵位可长久拥有。"

阳泉君连连称道："谨遵教诲！谨遵教诲！"

不过，阳泉君虽是华阳夫人的弟弟，但仍不方便出入后宫。于是，阳泉君就拉了自己的另一位姐姐，即华阳夫人的姐姐入伙。

通过华阳夫人的姐姐，吕不韦把自己用五百斤黄金买来的珍奇玩物全部进献给华阳夫人。

在华阳夫人姐姐面前，吕不韦大谈特谈异人的聪明贤能，并称其所结交的诸侯宾客遍及天下。华阳夫人的姐姐明白弟弟和吕不韦的意思，就劝华阳夫人，道："以色事人者，必有色衰而爱弛之忧。现在夫人侍奉太子甚被宠爱，遗憾的是未曾育有一男半女，不如趁早在太子的儿子中选择一个有才能而孝顺的人为适子，待如亲生。则丈夫在世，可尽享荣华，丈夫过世，适子继位，亦可保富贵不失。这就是人们所说的'一言而万世之利'啊。不在容貌美丽之时树立根本，到了人老珠黄、容貌衰竭之际，再想和太子说上一句话也是奢求。现在太子的二十多个儿子中，异人声名远扬，而且他也知道自己排行居中，按次序是不能被立为继承人的，他的生母又不受宠爱，因此主动依附于夫人。夫人如果能够将异人定为适子，异人必将厚报夫人，夫人一生在秦国都可以受到尊宠啊。"

一语惊醒梦中人。

华阳夫人仗着年轻貌美，一直以来都是只知享乐，还没认真思考过自己的将来，突然听姐姐说起，惊讶之余，又频频称是。

于是华阳夫人向安国君大吹枕头风，说异人才华横溢，是不世出的治国之才，又哭着闹着要安国君安排异人做自己的适子。她说："臣妾有幸能进入后宫，但却憾而无子，臣妾希望能立异人为继承人，以便妾身日后有个依靠。"

说实话，安国君和华阳夫人年龄差别太大了，安国君已近知天命之年，而人家华阳夫人正值妙龄，听华阳夫人这么一哭闹，也知道什么意思了。自己这老胳膊老腿，不定哪天腿一蹬，留下华阳夫人一个弱女子，孤零零一个人在世上，岂不可怜？岂不造孽？再者说了，华阳夫人没有生育，主要原因还在自己。看着楚楚可怜的华阳夫人，安国君心都要碎了，当即同意了她的要求，并刻下了玉符为凭证。

改日，安国君和华阳夫人都备下了礼物送给异人，并正式下聘书邀请吕不韦为异人的老师。

这么一来，异人的名声在诸侯中就更大了。

三　生儿和拜母

吕不韦的这桩买卖算是成功一半了，另一半，谁也急不来，得慢慢等，等现在的秦昭王死了，然后再等，等继位的安国君死了，这样，自己才可能有收成。

这可真是一段漫长的等待。如果没有足够的耐心和信心，谁愿意做这种长远的投资？

显然，吕不韦具备了应有的耐心和信心，他坚信，有了这项投资，他其他所有的商业行为都可以停顿了。回到邯郸，他什么也不做，每天都和异人一起沉浸在声色犬马之中。

这期间，他结识了一个姿色过人又长袖善舞的邯郸女子，就带回家中一起同居。

异人整天和吕不韦混在一起，两个人的共同利益已经捆成一体，彼此间无话不谈，经常互相串门。这天，异人突然在吕不韦家里看到了这个邯郸女子，一双眼珠子差点掉落地上。

自古以来，"风流茶说合，酒是色媒人"，几杯黄汤下肚，异人就开始春心拱动，情难自抑，忍不住大着舌头、结结巴巴地向吕不韦索要此女。

吕不韦差点没大嘴巴扇过去。

毕竟，吕不韦是做大事的人，很快，他的理智战胜了情感，他克制住了自己，想，花费在异人身上的资产何止千万亿万？自己的下半生已经押在他身上了，自己的功名事业也全依靠他来建立了，自己又何惜这一女子？于是，怒容换成了笑脸，痛痛快快地答应了异人的要求，将女子送到了异人府上。女子到了异人府上，成了异人的宠姬，因为是赵国人，所以史称赵姬。

八个月后，赵姬产下一子，取名为政，即嬴政，也就是历史上威名赫赫的千古一帝秦始皇。

只不过，只有天才知道这秦始皇到底是吕不韦的种还是异人的种了。

异人的得子之喜很快被随之而来的时局所冲刷掉。

公元前260年，秦、赵之间发生了长平之战，战神白起坑杀了赵国四十万降卒。不久，又发生了邯郸之围，赵国亡国在即，赵国人因此对秦国人的愤怒和痛恨达到了极点。

异人的处境相当危险了。

关键时刻，吕不韦的金钱发挥了作用，那些安插在赵国朝廷中的耳目将这个消息透露给了吕不韦。

事不宜迟，吕不韦斥黄金六百斤，贿遍各处关卡，托称自己举家从阳翟到邯郸行贾，不幸遭遇战火，为能免于大难，愿将所存资本尽数分散，只求能放自己一家出城逃生。

看在钱的分上，守城的军卒便睁一只眼闭一只眼，让吕不韦携带着已装扮成仆人的异人逃出了城。

回到秦国，异人要做的第一件事情就是拜见华阳夫人。对于这次见面，异人多少显得有些惴惴。

须知，华阳夫人是在吕不韦的极力撮合下认异人为儿子的，其实两个人并没有见面。虽然吕不韦把异人的贤能和孝顺形容得天花乱坠，而一旦华阳夫人发现并不是那么回事儿，那么，其推翻之前的约定也是完全可能的。

所以，异人回到咸阳，连亲生母亲也不敢去见，把心思都花在了拜见华阳夫人的准备上。他把拜见华阳时什么该做什么不该做、该说什么话不该说什么话全都默记于心，每一举手每一投足甚至连怎么呼吸都反复操练。

吕不韦看见他的紧张样，笑了，鼓励他要沉住气，并支了个招，说："华阳夫人是楚国人，殿下既已认她为母亲，就应该穿戴楚服入见，以表依恋之意。"

这一招杀伤力果然巨大。见面之日，华阳夫人看见异人头顶南冠，足穿豹舄，短袍革带，赫然楚人装扮，一下子就被戳中了泪点，大感异人孝顺难得，珠泪涟涟，泣不成声地问："我儿困居在邯郸，为什么穿戴起楚人装束？"

异人也不嫌自己说话肉麻，拜禀道："不孝孩儿日夜思念慈母，故特制楚服，以表忆念。"

华阳夫人大为受用，用绢帕拭泪，喜滋滋地说："妾本是楚人，儿子也有一半属于楚人！"

安国君投其所好，说："从今日起，我儿可改名为'子楚'。"

异人福至心灵，赶紧跪倒拜谢。

四　丰厚的回报

公元前 251 年，秦昭王辞世。如吕不韦所料，安国君年迈体弱，守孝一年，加冕才三天就驾鹤追寻父亲去了，谥号为孝文王。子楚继位，是为秦庄襄王。

秦庄襄王尊奉华阳王后为华阳太后，生母夏姬则被尊称为夏太后，并按之前的协议，任吕不韦为相国，封文信侯，将河南洛阳十万户划为他的食邑。

吕不韦稳赚了一笔。当然，这还不是吕不韦的最后收益。

当上了相国的吕不韦在秦国的对外政策上并不用做大的调整，只要依据范雎先前所制定下的策略和方针照办就可以了。

公元前 248 年，秦军继续东进，先灭掉了建都于巩的东周小国，然后侵略韩国，夺取了成皋、荥阳。吕不韦将这些新得的土地连同原来占领的西周、东周土地合并而成三川郡。同年，秦军跨过赵国北击燕国，夺得燕城两座。燕国举国震惊，燕王赶紧遣使求和，愿献出河间地区的大片土地和十座城池。秦庄襄王便将河间十城赏赐给吕不韦作为封地。

这么一来，吕不韦就意外获得了一块远离本土的封地，待遇竟如当初的穰侯。

得了河间十城，秦国停止了对燕国的打击，掉头猛攻赵国。赵国惨遭长平大败后，元气已伤，根本抵挡不住秦军的凌厉进攻，节节败退。半年时间不到，秦军就攻占了赵国榆次、新城、狼孟等三十七城。

不久，秦军又攻占了魏国的高都、汲邑。

紧接着，秦军再次全部占领韩国的上党郡，夺取了晋阳，又一次建立了太原郡。

值得一提的是，在战国时代，战争总是此起彼伏、连绵不绝，而每一场大战伤亡的人数经常高达数十万以上，长平之战赵国四十万战俘被坑杀则是其中的惨烈例子之一。吕不韦本人在邯郸亲历了战争给赵国造成的创伤，知道民间的疾苦，所以，他在秦国执政后，极力反对在战争中大规模屠杀，提出了兴"义兵"的思想。他认为，义兵必须是"兵入于敌之境则民知所庇矣，黔首知不死矣；至于都国之郊，不虐五谷，不掘坟墓，不伐树木，不烧积聚，不焚室屋，不取六畜得民房而归之"。所以，他在对外战争中力倡讲究计谋、避免硬仗恶战，以减少战争带来的灾难。

在这种思想的指导下，吕不韦于公元前247年设计破坏了东方五国的合纵联盟。

这一次东方五国的合纵联盟是正因为秦军这一连串猛烈攻伐而迅速联结起来的，联军首领为战国四公子之一的信陵君。

面对来势凶猛的五国联军，吕不韦沉着冷静，对症下药，抓住信陵君和魏王之间互不信任的特点，进一步将他们的关系搞僵。最终，信陵君被撤，合纵联盟宣告瓦解，秦国对六国渐成虎吞之势。

公元前246年的夏天，秦庄襄王薨，嬴政登位。

嬴政登位，带给吕不韦的实惠那是相当大的了。

一方面，嬴政尊吕不韦为"仲父"。

仲父，什么意思？

当年周武王就尊开国元勋吕尚为"尚父"；而齐桓公也尊自己的股肱之臣管仲为"仲父"。

不用说，嬴政尊吕不韦为"仲父"，那是将吕不韦视为自己的吕尚和管仲了。这种尊荣，可是秦国前所未有的。

另一方面，独守空房的赵姬可以与吕不韦再续前缘了，毕竟，嬴政年纪还小，用不着太多顾忌。

五 一字千金

秦王年少，由太后代执政。太后赵姬一介女流，哪里懂得军国大事？大权实际上就旁落到了吕不韦手上。有了这样庞大的权力资源，吕不韦就可以随心所欲地干任何事了。

不过，欺男霸女、鱼肉百姓的事吕不韦是不屑于干，也耻于去干的。前文说过，他是一个有追求的人。

功业已经建立，接下来，就是扬名立万，并想办法让名字流传于后世，千古不灭。

怎么才能做到这一点呢？很简单，著书立说。

什么？著书立说，你吕不韦说白了就是一生意人，你行吗？

吕不韦是个有自知之明的人，他也知道自己不行，但他知道，只要有钱和权两项，就没有什么事是干不成的。自己不行，可以让行的人代劳。

而且，遍观六国，贵族高层最时髦的事儿就是养士，看看齐国的孟尝君、赵国的平原君、楚国的春申君、魏国的信陵君就是养士的杰出代表。不过，他们养士，只知道利用这些士替自己在鞍前马后做活。现在，秦国国力远强于六国，我身为秦国首席大臣，凭什么不能养士？而且，我养士，要做的是一件超越千古、文雅非常、风光无限的事，是他们远不能相比的。

吕不韦以优厚的待遇招来门客三千多人，让他们将各自的所见所闻记下并综合在一起，准备辑之成册，刊行天下。

文章汇总，可谓包罗万象，古往今来、四方八极、世间万物、兴废治乱、士农工商、三教九流，无不涉及。

吕不韦专门钦点了几位文章高手对这些文章进行筛选、归类、删定、综合，分八览、六论、十二纪，共二十多万字，取名《吕氏春秋》。成书后，吕不韦又让门客反复修改，以求字字珠玑、尽善尽美。

书稿一改再改，改到已无地方可以着笔，吕不韦这才罢手。

对于这部书，吕不韦的宣传口号是：此书内容包含天地、万物、古今，乃是不世杰作。

全书总序中，对十二纪的论述也扬扬自得地称："凡十二纪者，所以纪治乱存亡也，所以知寿夭吉凶也，上揆之天、下验之地、中审之人，若此，则是非可不可无所遁矣。"

不过，一味单方面的自吹自擂实在不过瘾，吕不韦又玩了一个刺激的。他命人把全书誊抄整齐，悬挂在咸阳的城门，效仿当年商鞅变法前夕，打出悬赏广告，声称有人但能改动一字，即赏给千金。

这一下，就像发生了大爆炸一样，整个咸阳被震住了，整个秦国被震住了，全天下都被震住了。

人们蜂拥前来阅读、看热闹。可是，包括诸侯各国的游士宾客在内，自始至终都没有一个人敢对书上文字进行改动。

这"不敢"，体现在两个方面上：其一，以今天的眼光看，《吕氏春秋》并非一个字不可改，但可改、可替换的文字与原文差不多，属可改可不改状态，如强作改动，不能把原文变得更好，反而可能会把原文变得更坏，所以，实在是无处可改；其二，吕不韦的威势太大，如果找不出书中的明显错误，只是为了挑刺而挑刺、为了找碴而找碴，搞不好会掉脑袋。

这么一来，《吕氏春秋》名声大噪，有一字千金之誉，远播诸国。

吕不韦的名字也随着这部书的流传，名垂千古。

六 成易退难终自误

财富、权势、名声，该有的全都有了。

正是，人生如意有几何，得意之际宜抽身。如果吕不韦能在这时急流勇退，抽身归隐，那么，他的人生将是完美的。可是，贪、嗔、喜、怒、痴、妄、欲七项，又有几人能够抗拒、几人能够勘破？

此时吕不韦所考虑的，不是从政坛上抽身，而是从绣榻——赵姬的绣榻上抽身。

怎么办呢？

老奸巨猾的吕不韦想出了一个自以为绝妙无伦的办法：找替身。

后来的事实证明，这是一个烂得不能再烂的馊办法。

吕不韦从民间找来了一个名叫嫪毐的猛男。吕不韦找来这个猛男的目的，是想让他代替自己。

按理说，嫪毐和太后做的是见不得人的勾当，一定要低调，低调，再低调。他倒好，生怕人家不知道他和太后有一腿似的，竟然向太后要官要职要地盘，封长信侯，食邑西河、太原两地，还学着吕不韦的样子，广招门客，准备要与吕不韦分庭抗礼。

真还别说，看着他一步登天，俨然朝中新贵，各路大臣纷纷出入他门下以求升迁。甚至，魏国为了交好秦国，还专门给嫪毐赠送了大量土地与财富。

吕不韦彻底傻了眼。

这还得了？！真是天作孽犹可违、自作孽不可活。

公元前238年，秦王嬴政已经二十二岁了，血气方刚，听到了有关嫪毐这些污辱人格、国格的言论，怒不可遏，周身的血管都快要爆裂了，立刻命人查明此事，屠灭嫪毐家三族人众，其中包括嫪毐和太后所生的两个小孽种。太后则迁到雍地居住。

事还没完，秦王派人顺藤摸瓜，发现嫪毐之事与吕不韦有莫大关联，于是一查到底。

公元前237年十月，秦王就地免去了吕不韦的相国职务，遣出京城。

又过了一年多，秦王觉察各诸侯国的宾客使者络绎不绝地前往吕不韦的河南封地问候吕不韦，恐生有变，于是写信谴责吕不韦，说："君何功于秦？秦封君河南，食十万户。君何亲于秦？号称仲父。其与家属徙处蜀。"要将他遣往蜀地。

吕不韦知道蜀地也不是自己的最后归宿，秦王这是步步紧逼，非置自己于死地不可，与其这样日日生活在生死煎熬里，不如自我了断，早日解脱。于是，他用一杯毒酒了结了自己荒唐却又不平凡的一生。

韩非是中国古代历史上的伟大思想家，他的作品中闪耀着时代的思想火花，他的作品彰显出缜密的逻辑思维，他的遣词造句表现出排山倒海的气势……凭借这些，他当仁不让地位居"大家"的位子；也凭借这些，他征服了嬴政——中国历史上的第一个帝王，秦始皇。可是，剥离掉这些光环，我们却发现，现实中的韩非其实很简单。他有口吃，不善言辞，不善与人相处，在韩国不得势，到了秦国更是落落难合、形单影只。而且韩非想法单纯，近乎天真幼稚，有时甚至接近于白痴；生活自理能力差，别人随便的设计，就让他轻易地自杀。思想大家和行动懦夫竟然就这样综合在了韩非一个人的身上，令人瞠目结舌、错愕不已，而将这两种极端分隔的，只是数卷竹简上的若干文字。

第十二篇　战国时代的最后一位思想家——韩非

一　不世奇书《韩非子》

秦王嬴政写信谴责吕不韦说："君有何功于秦？秦封君河南，食十万户。君有何亲于秦？号为仲父。其与家属徙处蜀。"言辞理直气壮、掷地有声。其实，细究起来，吕不韦对秦国的功劳还是可圈可点的。别的不说，单说他立异人为嫡嗣一事，虽然是投机心理支配下的一项谋私利行为，但客观上也稳定了秦王室。要知道，当时在位的秦昭王已年近古稀，而太子安国君也到了知天命之年，安国君生育有二十多个儿子，迟迟没有确立嫡嗣王室，这种状况潜伏着极大的不稳定因素。一旦发生安国君二十多个儿子互相争夺王位的行为，秦国内乱将不可避免，秦国形势发生逆转也将成为可能。而正是吕不韦通过华阳夫人确立异人为嫡嗣最终稳定了秦王室，更是吕不韦以丞相职位辅佐异人使秦国在秦昭王、安国君死后没有停下继续发展的步伐，维持了对东方六国的高压态势，从而加快了统一中国的步伐。甚至，退一万步说，如果不是当初吕不韦的这个投机行为，王位就根本不会属于嬴政。

其实，嬴政也并非不明事理的人，但吕不韦无论如何都必须死。

权力斗争，从来就不是温情脉脉的东西，伴随和充斥其内的除了鲜花和美酒之外，还有刀剑、鲜血和白骨。

这个道理，很多人都懂，嬴政当然也不例外。但拜一部书所赐，身处特殊地位的嬴政懂得比别人更多，悟得更远，感觉更深，体会更切。

这部书为韩国王室公子韩非所著，故后人给该书冠名《韩非子》。

韩非大约出生于公元前 280 年，比嬴政大了差不多二十岁，学识渊博，尤其精于刑名法术之学。他本人感愤于韩国积贫积弱，多次上书谏劝韩王，希望改变当时治国不务法制、所养非所用、所用非所养的情况，但其主张始终得不到采纳。韩非由此悲叹廉洁正直之士不为邪曲谄谀之臣所容，潜心考察往古得失的变化，遂退而著作了《孤愤》《五蠹》《内外储》《说林》《说难》，洋洋十万余言。

在这些文章中，韩非继承了荀子的唯物主义思想，吸收了儒、墨、道诸家的一些观点，着重总结了前期法家的经验，将法、术、势融为一体。

法，指已经颁布的成文法律以及实施法治的刑罚制度。术，即君主驾驭臣民、掌握政权、推行法令的策略和手段。势，即权势，主要指君主的统治权力。

韩非的理论源于荀子"性恶论"思想。他认为人与人之间都是互相利用、互相伤害的，人人之间没有信义可讲，人人都有私心，人的本性都是追求利益，人人都会趋吉避凶，仅靠道德的力量是没有办法维持社会稳定的；只有凭借强大的法律武器去约束人们的行为，才能将种种恶念和恶行限制住；而君主的职责就在于利用重刑来治理国家，让人们弃恶从善，畏威归利。

韩非还把这种"性恶论"思想集中并放大到朝廷上来论说。他认为，君臣之间、国君与其家庭成员和左右亲近之间，其实都存在着你死我活的矛盾。表面上，群臣服从国君、宗亲间一团和气，这不过是因为有国君权威的束缚，实则朝廷里是"上下一日百战"。他提出，臣之所以不弑其君，是因为羽毛尚未丰满，条件尚未成熟，而一旦他们等到他们所需要的时机，是非常有可能对国君取而代之。

那么，怎么才能消除这种危险呢？

韩非一语道破天机，说："事在四方，要在中央，圣人执要，四方来效。"即加强中央集权，把一切大权都集中在国君一人手中，巩固国君的地位，全国各地都对国君负责。

韩非还断言："能独断者，故可以王天下。"

由此可见，韩非可以说是提出君主专制中央集权理论的第一人。

估计嬴政就是被韩非的这些论点所倾倒了，而吕不韦必须死、嬴政最后成为中国历史上第一个一统宇内的帝王也和韩非的这些论点不无关系。

要知道，这之前，孔、孟儒家所力倡的一直都是"以德治国""以德服人"啊。而对于君臣相处之道，孔子说的是："君使臣以礼，臣事君以忠。"强调君臣间必须互相尊重，互相扶助。孟子说得更直白，他说："君之视臣如手足，则臣视君如腹心；君之视臣如犬马，则臣视君如国人；君之视臣如土芥，则臣视君如寇仇。"甚至，孟子进言，国君如果不施行仁政，人民就应该把他流放。他还说，人民杀昏暴之君不叫杀君，而叫"诛一夫"。

从嬴政的角度看，到底是喜欢孔孟之道还是喜欢韩非的法术势，一望而可知。

人家韩非说了，国君对待臣下不能太好，更不能太信任，要善于耍威风，要善于运用权术，更要"审合刑名"，即时时以法律来规范他们的行为。而且，"刑"必须是"严刑""重罚"，这样才能杀一儆百，震慑群臣，从而"以刑止刑"。

对于臣下既是这样的严酷，那么，对于君主，应该注重哪些方面呢？

韩非在《解老》《喻老》两篇文章中坦言，说自己的思想部分也源自老子，支持"无为"的思想。但他所倡议的"无为"，仅仅体现在统治者的身上。

原本，《老子》对"无为"的理解是处世不需要拘泥固定形式与方式，只要顺着大道即可。而韩非所认为的"无为"，是指君主不应该做太多事情，也不应该有什么特定喜好，更不应该有什么施政习惯和统驭方式，这样才不会被臣下推测与掌握，从而就不会出现反被臣下驾驭的现象。他说："明主之行制也天，其用人也鬼。天则不非，鬼则不困。势行教严逆而不违。"君主根本没必要像儒家所说的那样，要具备什么特殊的学识和高尚的情操才可以通过自己个人的影响力来统治臣民。其实，君主只要集法、术、势于一身，牢牢紧握手中的权柄，执法严明，整个国家就可以正常运作了。

他说："万乘之主，千乘之君，所以制天下而征诸侯者，以其威势也。"

韩非的最后结论是："君无为，法无不为。"

读着这些文章，领悟和感受着这些论点，秦王嬴政喜不自胜，时时释卷鼓掌大呼过瘾，甚至放话说："嗟乎！寡人得见此人与之游，死不恨矣。"他成了韩非的超级"粉丝"，日夜渴求能一睹偶像风采。

二 《存韩》

韩非出道前曾跟随赵国人荀况学习，当时，同在荀况门下学习的还有楚国人李斯。

李斯学成入秦，先是做了吕不韦的门客，因才能不凡，被任以为郎，后被秦王嬴政任为客卿。

公元前237年，秦王嬴政下令驱逐六国客卿，李斯上《谏逐客书》，被秦王接纳，改官为廷尉。

李斯久在秦王嬴政身边，觉察到他思慕韩非日久，便投其所好地说："这书是我的同学韩非所著，韩非是韩国王室公子，现在就在韩国。"

嗯，秦王嬴政若有所思地点点头。既是韩国王室公子，一般意义上的邀请是请不来的了，那么，就配合武力来邀请。

于是，公元前234年，秦军大举伐韩，指名道姓，要求韩王交出韩非。

说起来，秦军攻打韩国早不是什么新鲜事了，只是这次的理由特别新鲜。

自从范雎规划好了"远交近攻"政策，韩、魏两国一直是秦国力求侵略和削弱的国家。

尤其是韩国，屡遭重创。其中，公元前263秦陷韩南阳（河南焦作修武县以西），绝太行山道。公元前256秦陷韩阳城、负黍；公元前249年，秦拔韩城皋、荥阳；公元前247年，秦悉拔韩之上党；公元前244年，秦又拔韩十三城。

秦军这一连串狂风骤雨般的攻城拔寨，使承位未久的韩王安坐立不安。得知秦军这次进攻的目的只是为了索要韩非一人，韩王安先是一阵释然，然后忙不迭命人找来韩非，隆重送到秦营。

秦军得了韩非，果然很快收兵。

但韩非知道，这次秦国虽然收兵，但秦国要兼并山东六国的行动不可能就此停止，如果不想办法制止，韩国迟早会亡于秦人之手。好，既然秦王是我的"粉丝"，喜欢读我的文章，那就让我为保存韩国出一点点绵薄之力，知其不可而为之，写一篇文章劝告秦王放弃攻打韩国，即使失败，也是我力所能及的事了。

于是，经过韩非的一番殚精竭虑，一篇被后人称为《存韩》的文章问世了。文章大意是这样的：

韩国侍奉秦国三十多年了，出则充当秦国的袖套和车帷，入则充当秦国的席子和垫子。秦国每出锐师攻取别国，韩国总是不辞辛劳，追随于鞍前马后，以致怨恨悬于天下，利益归于强秦。而且韩国每年进贡纳税，一如秦国的郡县。如今我听说陛下的贵臣商议要发兵伐韩。殊不知，现在赵国聚集士卒，收养策划合纵的辩士，声称不削弱秦国则诸侯必灭宗庙，其正准备赞天下之兵西向攻秦。如若秦国置赵国之患不顾而要除掉像内臣一样恭顺的韩国，那么赵国的意图很快就能实现了。

韩国，不过是一个蕞尔小国，平日就要应付来自四面八方的攻击，主辱臣苦，上下同仇敌忾，同甘共苦，常常修守备，戒强敌，有蓄积，筑城掘池以便固守。秦国若坚持伐韩，不是一两年可以成功的。拔一城而退，势必为天下所轻，则天下之兵必然联合摧秦。其时，韩国背叛，魏国响应，赵国又有齐国在后助阵，便成赵福秦祸之态势。那时，陛下即便同金石一般长寿，也等不到兼并天下的日子到来。

依据贱臣之愚计：可先派人安抚楚、魏两国，然后再率韩伐赵，彼时，就算赵、齐一体，也不足为虑。而赵、齐一灭，韩国就传檄而定。这么一来，秦国可以一举兼并三国。兵威之下，楚、魏也必定自动顺服。"兵者，凶器也"，陛下不可不慎用，臣窃愿陛下周密考虑。

显而易见，这封信的观点与韩非先前作品所着力提倡的天下大统一的理论是背道而驰的，和范雎的"远交近攻"策略也是格格不入的。这让秦王大为扫兴，他对韩非感到非常失望，热情一下子就冷了下来。

另外，韩非这封"策论"所述，因为脱离了实际，反衬出的书呆子气极其浓厚，显得幼稚可笑，大大地降低了自己在秦王心目中的地位。

李斯敏锐地捕捉到了秦王心理和情绪上的变化，知道自己上位的机会来了。

他针对韩非的文章，也给秦王写了一封信，信中内容大意如下：

> 臣李斯对韩非所言深不以为然。
>
> 秦之有韩，就如人之有腹心之病，时时难受，若再居住于潮湿之处，瘤而不治，略一运动，病就发作。韩说是已臣服于秦，若事有缓急，韩必不可信。若秦专心对付齐、赵，韩就一定会成为心腹之病而发作起来。到时，韩与楚一起谋划攻秦，则齐、赵、韩、楚四国联兵，秦国就可能会再次出现兵败崤山的祸患。
>
> 所以说，韩非就是希望通过存韩来求得韩国的重用。其辩词巧妙，掩过饰非，无非是钓利于秦，而以韩国利益窥探陛下。秦、韩两国交亲，则韩非就可以倚之自重，这是便利他自己的计谋。
>
> 今以臣愚议：秦国可以以发兵讨伐别国为由，由我去见韩王，请他前来晋见大王，彼时将他扣留，就可以大量割取韩地，并在国境上大陈兵甲，就可以以威擒韩，以义服齐，则赵人胆破，楚人狐疑，魏人不足为患，诸侯可蚕食而尽。

秦王览罢大悦，同意李斯入韩。

要知道，韩国若诚如韩非所说，对秦国忠心耿耿，则韩王必定乖乖入秦，则李斯之计得逞，韩王被擒，韩国可破；而韩王拒绝入秦，则证明韩非所说全是一派胡言，从而彻底堵住韩非的嘴，给他一个教训，以后少出歪主意，老老实实帮秦国办事。

李斯这一招实在够狠。

　　果然，韩王不但拒绝入秦，反而大为紧张，赶紧与赵、魏、楚等国大搞合纵运动，神经兮兮地防备着秦国。

　　韩国的反应，本来就在秦王的意料之中。得知韩国同另外四国搞合纵，秦王并不慌张，备下车百辆、黄金千斤，命外客姚贾前去分化这场活动。

　　姚贾当仁不让，穿戴起特别准备好的衣服、帽子、佩剑，带着千斤黄金往关外而来。

　　千斤黄金的杀伤力巨大，而姚贾的辩才也很给力，四个国家的当家者在收到黄金后都闭上了嘴巴，合纵抗秦之事再也没人提起。

　　姚贾圆满地完成了任务，得赐千户封地，拜为上卿。

　　韩非恨死了姚贾。

　　姚贾这么一搞，韩国就离灭亡不远了。

　　韩非对秦王说："姚——姚——姚贾以——以秦国的珍珠重宝出使——使四国，其——其——其实四国合纵之事未必有，而姚贾所带珍——珍——珍珠重宝全——全部散尽，乃是以大——大——大王之权、秦国之宝，外自交于诸侯。我——我私下知道，姚贾本是魏国大梁城看——看——看门人之子，为盗于魏国，又遭赵国所逐，这才流落到了秦——秦——秦国。大王与之共商国是，实——实——实在有辱大秦国的尊严与诸位大臣的脸面。"

　　韩非文采虽斐，但却是个天生结巴，一说话就口吃，不以刀笔而以口来挑战伶牙俐齿的姚贾，乃是以短攻长，胜负已定。

　　旁边的姚贾听了韩非的话，冷笑着说："曾参孝敬母亲，天下母亲皆愿以曾参为子；伍子胥忠君，天下之君皆愿以伍子胥为臣；贞洁的女子容工手巧，天下人皆愿以贞洁的女子为妻。如今姚贾忠于大王，大王却视而不见，姚贾不结好四国，更待何为？假如姚贾不忠于君主，则四国之君又怎么敢用姚贾？桀听谗而诛其良将，纣闻谗而杀其忠臣，此二人最终身死国亡。大王若听信谗言，则满朝再无忠臣了。"

　　秦王故意用韩非的口吻问："姚贾本是魏国大梁城看——看——看门人之子，为盗于魏国，又遭赵国所逐，这才流落到了秦——秦——秦国？"

　　姚贾听秦王学韩非学得惟妙惟肖，笑了，朗声答道："太公吕望，在齐地被惨遭放逐，到了朝歌成了一介屠夫，文王用他而王天下。管仲，曾是粗鄙的小生意人，南阳城的流浪汉，鲁国的阶下囚，桓公用他而霸天下。百里奚，曾在虞国乞讨，在奴隶市场上的标价不过是五张羊皮，秦穆公用之而独霸西戎。还有，晋文公用中山国的强盗才取得了城濮之战中的大捷。这四个人，出身都不光彩，为天下所弃，而明主用之，知其可与立功。所以说，明主不取其污，察其为己用，可以成就大功业；反过来，即使有高世之名而无咫尺之功者也不应得到赏赐。"

"说得好！"秦王用力鼓掌，大声赞扬。

韩非在秦王的掌声中臊得脸红到了脖子根，恨不得找个洞钻进去。

三 《说难》

韩非深知游说国君是一件极其艰难的事，他所写的《说难》一文就描述得很详细，可他自己却是知难而进，终于使自己陷入了一个危险的境地。

《说难》中一些内容叙述如下：

一切游说的困难，不在于游说者的智慧，不在于游说者的口才，也不在于游说者能不能充分表达自己的意思。一切游说的困难，全在于游说者的语言能不能适合被游说者的心理。

如果被游说者意在博取高尚的名声，而游说者却想用厚利去游说他，游说者就会被视为品德低下而受到卑贱的待遇，必然被遗弃疏远。

如果被游说者意在追求厚重的利益，而游说者却想用高尚的名声去游说他，游说者就会被视为缺心眼和没有诚意，必定不会被录用。

如果被游说者实际上追求厚利而表面上装作要博取高尚的名声，游说者用高尚的名声去游说他，就会出现表面上录用而实际上被疏远；游说者用厚利去游说，就会出现暗中接纳而公开谴责的现象。这些是游说者不可不知的。

行事以保守秘密而成功，言谈以泄露秘密而失败。有时候不一定是游说者本身泄露，但言谈中涉及君主的隐私，则游说者就有危险。

君主有过错，游说者就通过明白的语言和光明正大的议论来推究该过错的害处，则游说者也同样有危险。

游说者还没有得到君主的恩宠深信时便口无遮拦，把自己想说的全都说出来，就算意见正解被采纳，并且被实施，最后产生了功效，游说者也不可能有尺寸之功；如果意见行不通而且出现失败，那么游说者就会受到怀疑，并且有生命危险。

君主已有成算并按此实施，游说者参与其事，就有危险。

君主行某事而另有深意，游说者窥知其计，就有危险。

强行劝说君主做不愿意做的事，尽力阻止君主想做的事，游说者都会有危险。

还有，和君主议论地位高贵的人，你会被认定为挑拨离间；和君主议论地位卑贱的人，你会被认定为挟诈卖权。和君主议论他所喜欢的人，你会被认定为别有用心；和君主议论他所憎恶的人，你会被认定为有所图谋。你的言辞简略直接，会被认定为弱智；你的说辞绚丽溢彩，会被认定为夸夸其谈。顺着君主的意思说话，会被认定为唯唯诺诺；深思熟虑畅谈所欲，会被认定为粗野傲慢。凡此种种，都是游说的难处，游说者不可不察。

……

综上所述，可见，韩非是很清楚劝说君主的艰辛的，可他还要知耻而后勇，为了自己的祖国，硬着头皮也要上，精神可嘉。但是，他向秦王的游说乏力，而且，游说的论点落伍、陈旧，不合时宜，跟他文章里所表现出来的许多真知灼见简直是背道而驰。让人们有理由怀疑，《韩非子》一书的作者语言冷峻、气势瑰丽，有思想、有血气，和这个在秦王面前嗫嚅无语的韩非到底是不是同一个人。看看，他对姚贾的指责，甚至拿姚贾的出身说事，这就近乎泼妇骂街了，弄得自己风度全无，形象大损。

有意思的是，在《说难》的结尾，韩非别出心裁编就的几则寓言颇堪玩味，千百年来人们百读不厌。

这几则寓言里，似乎竟隐含有韩非悲惨的人生结局在里面。

寓言一：

> 宋国有富翁，家里的墙壁因连日暴雨而崩坏，他的儿子提醒说："墙崩了，不尽早修筑就会失窃。"邻居老者也这样说。当天夜里，家里果然丢失许多财物。富翁大赞自己的儿子有先见之明，却认为是邻居老者偷的财物。

寓言二：

> 从前，郑武公想攻打胡国，为了麻痹胡人，就先将自己的女儿嫁给胡国国君为妻。他还装模作样地询问群臣说："我想对外打仗，说说看，哪个国家可以讨伐？"大臣关其思回答说："胡国可以讨伐。"郑武公勃然大怒，说："胡国是我的女婿之国，你说要攻伐它，到底是何居心？"命人把关其思推出去杀了。胡国国君得知此事，以为郑国是自己的亲属之国，就不再防备。结果，郑国军队突然袭击胡国，一下子得手了。

韩非指出，邻居老者和关其思的判断都很准确，但是前者受怀疑，后者被斩杀。由此可见，不是判断某种事情的结果困难，而是处理所判断的事情困难。

寓言三：

从前，美男子弥子瑕得到卫国国君的宠幸。卫国的法律明文规定，私自挪用国君车驾的人罪至断足。某天，弥子瑕的母亲得了急病，人命关天，弥子瑕无暇多想，匆匆驾着君车而出去救人了。卫国国君知道了，高声赞美说："此孝感天动地，为了救治母亲而甘冒断足之罪！"还有，弥子瑕与卫国国君在桃园游玩，弥子瑕吃鲜桃，没吃几口，就把剩下的献给卫国国君。卫国国君情意绵绵地说："真爱无敌，忘记将桃放入自己的嘴而一心想着我！"然而，等到弥子瑕年老色衰、宠爱消退，终于触怒了卫国国君。卫国国君新仇旧恨一起清算，说："贱人，曾经擅自挪用我的车，又曾经把吃剩的桃子给我吃！该死！该死！"实际上，弥子瑕的德行与当初并无变化，从前受赞后来却获罪，究其原因，是卫国国君的爱憎发生了极大的变化。

韩非的结论是：受到君主宠爱，说是便是不是也是；受到君主憎恶，说不是便不是是也不是。所以，游说之士必须先详察君主的爱憎再进行游说。

可悲可叹，韩非对游说之事分析起来头头是道，可是自己实践起来，却是处处受到别人的掣肘，而自己本身又无比蹩脚。

四 狱中仰药

当年，同在荀子门下学习，李斯一直欣赏韩非的学识比自己丰富，见解比自己独到、深刻；现在，他却极不愿意看到韩非在秦国有所作为，他深知，凭韩非的智商和才气，一旦得势，秦国将没有自己的位置。看到秦王对想象中的韩非和真实的韩非心理上产生了落差，便决定快刀斩乱麻，尽快除掉韩非，不让韩非在秦国有出头之日。

李斯私下对秦王道："韩非是韩国的贵族公子。如今大王要兼并诸侯，韩非终究要为韩国而不会为秦国尽力，这是人之常情。大王不任用他，让他久留于秦而后回去，这乃是自遗祸患，不如因其过失以法律处死他。"

李斯的话俨然是当年公叔痤劝魏武侯杀商鞅所说的翻版，杀气腾腾，阴森可怕，却不无道理。

秦王嬴政不是魏武侯，当即表示赞同，下令将韩非打入死牢。

韩非万念俱灰。

韩非本人崇尚严刑、酷刑，而秦国经过商鞅变法，各种酷刑名目繁多、数不胜数，比如车裂、腰斩、弃市等等，单听名字，就令人不寒而栗。

李斯以老同学的名义偷偷给韩非送上了一瓶毒药，看着毒药，天真的韩非感恩不尽。

其实，李斯看到韩非虽已下狱，但秦王迟迟不下令处决，生怕夜长梦多，特意来送老同学尽快上路。他知道，韩非为人单纯，看了毒药，会认为行刑日子已到，是老同学提前通风报信，势必会赶在刑期之前服药自我了断。

李斯的判断很准。

　　韩非摩挲着盛药的小瓶子，自怜自叹了一番，吞药自尽，离开这个纷纷扰扰的世界。

　　此时嬴政已经改变了想法，正派人去监牢释放韩非呢。嬴政一时偏信李斯的话，但静下心来细想的时候，却发现李斯也在玩弄用错误的前提进行正确的推理最后得出错误的结论的把戏。

　　韩非是人才不假，但仅限于学术方面，对秦国并不构成威胁，况且韩非知道秦国再多的机密又能如何？他的朝廷并不信任他，因此嬴政没有必要杀一个无害于秦的偶像。

　　实际上，秦王嬴政很快就反悔了，觉得不应该这样对待自己曾经的偶像，而且，这个曾经的偶像根本对自己构不成什么威胁，他派人去监牢准备释放韩非，可是为时已晚。

　　韩非虽然死了，韩非所提出的法、术、势相结合的法治理论却为秦统一六国提供了理论武器，也为以后的封建专制制度提供了理论根据。秦王嬴政和李斯按照韩非提出的种种主张，逐一践行，终于结束了诸侯割据，建立统一的中央集权的封建国家，一个漫长而分裂的春秋战国大时代终于降下了帷幕。